我的父亲郑凯卿

中国共产党第一位工人党员

郑季霞◎著

人民日报出版社

图书在版编目（CIP）数据

我的父亲郑凯卿 / 郑季霞著. -- 北京：人民日报出版社, 2021.7

ISBN 978-7-5115-7096-3

Ⅰ.①我… Ⅱ.①郑… Ⅲ.①郑凯卿（1888-1966）—传记 Ⅳ.①D263

中国版本图书馆CIP数据核字（2021）第155100号

书　　名：我的父亲郑凯卿
Wode Fuqin Zhengkaiqing
作　　者：郑季霞

出 版 人：刘华新
策　　划：湖北日报传媒集团楚天书局
责任编辑：曹　腾　万方正
特约编辑：周　凌
封面设计：吴婧仪

出版发行：人民日报出版社
社　　址：北京金台西路 2 号
邮政编码：100733
发行热线：（010）65369509　65369527　65369846　65363528
邮购热线：（010）65369530　65363527
编辑热线：（010）65369523　65369522
网　　址：www.peopledailypress.com
经　　销：新华书店
印　　刷：武汉德福印务有限公司

开　　本：710mm × 1000mm　1/16
字　　数：220 千字
印　　张：17
印　　次：2021 年 7 月第 1 版　2021 年 7 月第 1 次印刷

书　　号：ISBN 978-7-5115-7096-3
定　　价：58.60 元

中国共产党第一位工人党员郑凯卿（郑武安 绘画）

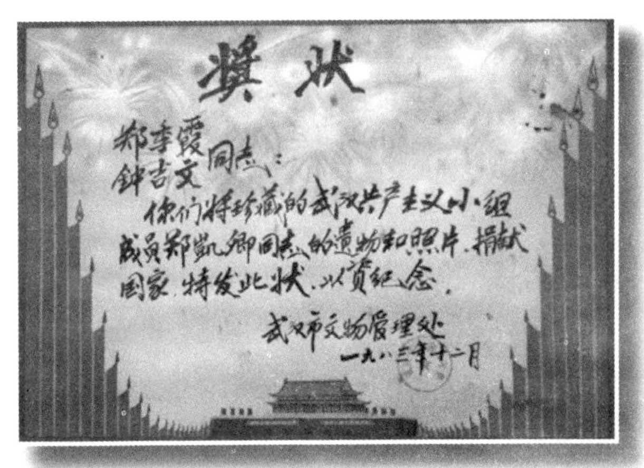

1983 年 12 月，武汉市文物管理处向捐赠郑凯卿遗物和照片的郑季霞颁发奖状

郑凯卿（1888-1966）
曾与董必武等人创建了湖北武汉第一个共产党支部，1923年支援领导京汉铁路工人大罢工，鼓励、引导青年参加革命、抗日。1966年病逝

武昌石门峰荆楚名人文化公园纪念墙上的“郑凯卿”介绍文字

武昌石门峰荆楚名人文化公园纪念墙一角

序　言

怀念我的父亲郑凯卿

郑季霞

作者郑季霞

我有一个心愿，这个心愿已经很久了。我想把我父亲传奇的革命生涯写成书，让我们以及我们的后人了解老一辈无产阶级革命家为劳苦大众求解放而进行的艰苦卓绝的伟大斗争，为民族独立、国家富强、人民幸福所建立的不朽功绩。

20世纪50年代初，我得知父亲早在20世纪20年代初就与董必武、陈潭秋等人在一起工作和生活过。我记得在我小的时候，父亲在家的时候不多，我们兄妹都觉得他好神秘，突然就不知道去哪儿了，过一阵子，突然又回来了，母亲和我们对此从来都不问。新中国成立后，在我的询问下，父亲才陆陆续续地讲述了一些有关他参加革命的经历。

萌生写书这个想法是在20世纪90年代。1996年，《武汉党史》刊登了党史专家李婉霞写的《第一个中共工人党员确系郑凯卿》的文章，再次引起我对我父亲革命经历的关注，我先后整理了父亲的一些生平事迹和资料。时隔10多年后，2011年《光明日报》发表华中师范大学周挥辉同志写的《陈独秀与中共历史上第一个工人共产党员》的文章。不久，《光明日报》、《新京报》、《湖北日报》、《长江日报》、《武汉晚报》、湖北卫视、武汉电视台、楚天广播电台等媒体，以及人民网、光明网等知名网站登载了许多有关郑凯卿的文章，这些文章说到我父亲在中共党史上的重要地位和为中国革命做出过很大贡献。读这些文章时，我的心被深深地触动了。父亲离世早，我为我没有在父亲在世时将他革命的一生、光辉的一生写出来而懊悔。

我的父亲郑凯卿，是中国共产党成立之初全国50多名党员中的工人党员。在中华民族遭遇内忧外患、中国人民深陷苦难之时，父亲等老一辈革命家肩负起实现民族独立和人民解放的历史重任。他们义无反顾地投身于反抗外来侵略和封建统治的斗争中，将自己的使命与国家的命运紧紧连在一起，抛头颅，洒热血，出生入死，英勇奋斗，书写了壮丽的人生篇章。

父亲1888年3月24日出生于湖北武昌青山铁铺岭郑家力山一个雇农家庭，早年他的父母相继病逝，哑巴妹妹给人家做童养媳，人力车工人陈万年夫妇收留了他。父亲少时做过小挑夫，卖过烤红薯、荸笋，当过书童，艰难度日，饱经人世沧桑。

1906年，父亲进入武昌文华大学（今华中师范大学前身）当校工，为食堂挑水、做厨师，后成为学校劳作老师、童子军技师。文华大学开放、包容，父亲在这里受到新思想启蒙，积极参加革命团体“日知会”活动，在“日知会”图书报刊阅览室与董必武相识，日后与董必武成为生死相交的挚友。1911年参加武昌首义，冒着枪林弹雨救护伤员，协助校长余日章为革命军筹集数万石大米，为首义成功做出贡献。后投身五四运动，表现出极大的爱国救国热情。

1920 年，父亲迎来了他人生道路的重大转折，从一个普通工人走上了革命道路，成为共产主义的信仰者。这一年的春天，陈独秀来武昌文华大学讲学，学校安排父亲照顾陈独秀的生活起居，数日朝夕相处，两人关系甚为融洽。陈独秀在闲暇之余，给父亲讲解《新青年》《湘江评论》上的文章，父亲并不完全明白共产主义理论，但他听得出来，陈先生讲的是为穷人谋福祉的。在聆听间，他仿佛看见黑暗之中出现了一条光芒万丈的大道，看到了穷苦百姓过上好日子的希望。同年秋天，陈独秀叮嘱来汉筹建共产党早期组织的刘伯垂与父亲联系，父亲出席了武汉中国共产党早期组织成立会议，成为中国共产党早期组织创始成员之一，负责劳工工作。

1921 年中共一大召开后，武汉党组织开展了一系列活动，创建了武汉马克思学说研究会，父亲通过学习马克思主义，阶级觉悟有很大提高。父亲参与创建武汉社会主义青年团，担任社会主义青年团教育委员会委员、劳动运动委员会委员。父亲深入工厂、码头，开办工人夜校，组建工会，传播马克思主义，促进马克思主义与工人运动相结合。父亲根据陈独秀建议，组织文华学生对武昌织布局、纺纱局、铜币局、银币局、麻布局的工人状况进行调查，写出《武昌织布、纺纱、铜币、银币、麻布五局工人状况》发表于《新青年》杂志。父亲和中国劳动组合书记部武汉分部同志一起，组织成立人力车工人工会，领导了声势浩大的汉口租界人力车工人大罢工，拉开了武汉工人阶级在党的领导下为反抗剥削压迫、争取自由解放而斗争的序幕。

1922 年 7 月，中国第一个地方总工会组织——武汉工团联合会成立，父亲任组织部秘书。次年，他和陈潭秋、林育南、施洋等组织了著名的京汉铁路工人大罢工。二七惨案发生后，父亲沉着机智勇救林育南撤离，组织人力车工人收殓施洋烈士遗体。在那白色恐怖、腥风血雨的日子里，李大钊《艰难的国运与雄健的国民》的时论强烈震撼和鼓舞了父亲，他站在反帝爱国斗争的前沿，为推翻军阀统治，配合北伐军，组织人力车工人将枪支弹药和粮食等物资运送到北伐军中转站；武昌城被困月余粮食断绝，父亲和陈潭秋指导群众坚持斗争，直到北伐军取得胜利。在收回汉口英租界斗争中，父亲指挥工人“水陆夹击”冲破英国巡捕的阻拦，经过各界人民的坚决斗争，迫使英帝国主义交还侵占了 60 多年的租界。

1927 年大革命失败，周恩来从上海赶来武汉，父亲接应周恩来从汉口过江到武昌与贺龙进行历史性会晤。不久，周恩来、贺龙在江西领导举世闻名的南昌起义，打响了武装反抗国民党统治的第一枪。在武汉的董必武遭反动派悬赏通缉，父亲将生死置之度外，在雨夜化装成人力车工人，秘密护送董必武脱离险境，安全离汉。

随后，父亲按照董必武离汉时的指示，奔赴江西、江苏协助陈潭秋开展工作。后遵陈潭秋嘱回武汉，仍以文华大学作掩护，从事革命工作。武汉各级党组织在大革命失败后遭到严重破坏，幸存的党员全都转入地下。父亲奉命长期隐蔽，在白色恐怖笼罩下，他把对党的信仰深植在心中，把党员的责任扛在肩上。他精心制作了挂有“工人烤火处”牌子的木板房，成为地下党组织秘密传递信息的联络点，成为工人们盛夏避暑、严冬御寒的地方，成为他为工人们讲授革命道理的场所，他让工人们在“工人烤火处”感受到温暖和希望。

抗日战争时期，董必武回到武汉筹办八路军驻武汉办事处，父亲与董必武离别 10 年后再次重逢并在一起工作。1938 年武汉沦陷前，父亲组织救援人员经历千难万险，护送汉口保育院难童撤离到云阳、重庆等地，后以四川云阳县大华炼油厂、云阳县孤儿院、云阳县中心小学作掩护，为游击队送药送粮。

抗战胜利后，父亲于1946年秋回到阔别8年的故乡武汉，组织上安排他到文华大学，后到童子军师范学校（今湖北教育学院附属师范学校）工作。父亲在学校建立党的外围组织，把师生团结在党组织周围，热情鼓励进步学生到解放区、到大别山投奔刘邓大军，送他们走上革命道路。

1949年10月1日新中国成立，父亲看到自己为之奋斗的事业取得成功，感到无比欣慰。人民安居乐业，到处是欣欣向荣的景象，他心里非常高兴。他让子女搀扶着登上蛇山，观看武汉三镇飘扬的五星红旗，他教孩子们唱革命歌曲《你是灯塔》。晚年的父亲特别想念老战友，他经常翻看董必武、陈潭秋等人送给他的书籍，他拄着拐杖让子女陪伴寻访故友的家乡，到施洋烈士墓地扫墓，回忆当年一起并肩战斗的情景。武钢第一炉铁水出炉、长江大桥通车、荆江分洪、人力车退出历史舞台等大事喜事，父亲都不忘与战友们“分享”。

1966年11月15日，父亲走完了他不平凡的一生，在湖北潜江总口农场辞世，享年79岁。父亲走了，留给我们无尽的悲痛。父亲一生对党忠诚，信念坚定，从他加入中国共产党那天起，他就把自己的一切交给了党，交给了人民。不论是公开地领导工人轰轰烈烈闹革命，还是在白色恐怖下进行秘密斗争，他始终牢记使命，保持着共产党人坚定的革命精神。父亲一生以解救国家破碎、民族危亡、人民苦难为己任，不屈不挠，一往无前，挺起的是民族的脊梁！父亲一生保持着对党、对人民的赤子之心，心里只装着穷苦的阶级兄弟，唯独没有他自己。为救战友舍生忘死，为国家舍小家，无私奉献。他为共产主义奋斗的坚定信仰、无私无畏的思想品格、善良正直的人格魅力成为我们子女人生的航标灯塔、前进的动力源泉、宝贵的精神财富。

20 世纪 80 年代，郑季霞整理父亲郑凯卿的传记资料

多年来，我先后搜集整理资料，撰写了一些纪念父亲的文章。在此基础上，完成了《我的父亲郑凯卿》一书的写作，追寻父亲的革命足迹，缅怀父亲的伟大一生。父亲在中共党史上的重要地位和他对中国革命的贡献，使得他的名字永远飘扬在党的旗帜上。我们永远怀念他！

不忘初心，继续前进。中国共产党走过百年风雨历程。从建党之初几十人，到今天 9100 多万党员，一代又一代共产党人为民族振兴、国家富强、人民幸福进行着不懈的奋斗，中华民族的伟大复兴是一定能够实现的！

目　录

第四章　思想觉醒

第五章　同心同行

第六章　坚定信仰

第七章　投身革命

第八章　传播真理

第九章　工运先锋

第十章　屹立风暴

第十一章　赤胆忠心

第十二章　爱国反帝

第十三章　挺立洪流

第十四章　风雨如磐

第十五章　重返文华

第十六章　救亡图存

第十七章　川东岁月

第十八章　情注云阳

第十九章　离川回汉

故乡武昌

诞生于松树湾

在湖北武昌东北部，有一个风光秀美的村湾，名为松树湾。松树湾以村庄漫山遍野的松树而得名。

在村后山坡茫茫松林的入口不远处，有一棵古松，其树干粗大硕壮，弯弯曲曲犹如龙身，树皮粗糙呈块状，好似龙鳞，树冠茂密地交织在一起，盘旋弯曲地向四面伸展枝翼，高大而优美，苍劲而有力，令人敬畏。走进松林深处，可见郁郁葱葱的松树，碧绿娇翠的松针形成绿色的海洋，大风掠过，阵阵松涛声响起，宛如千军万马呼啸奔腾。

清晨，白纱似的雾霭弥漫在松林里，缓缓翻腾浮动，迷迷茫茫地增添了松林的神秘。朝霞投射到林中，万道霞光染得树木花草一片绯红。红得如火的木棉花、粉得如霞的芍药花、白得似雪的梨花竞相斗艳，把林海点缀得色彩斑斓。

村前的月亮湖，碧绿似一面翡翠玉镜，白云倒映在湖面，恍若一堆堆洁白的冰雪；阳光照射在湖面，微风吹过，泛起点点银光，好像湖面上泛起点点繁星。一叶扁舟荡过，柳影在涟漪中轻轻晃动，水面上留下粼粼波纹，晃晃悠悠地传送到远方……在季节的转换中，大雁在湖面上飞翔，野鸭在湖水中嬉戏，将湖岸土坡东头的茅屋和松林衬托得格外幽静。

松树湾有大片的庄稼地，坡旁是旱地，湖边是水田，一片连着一片，村民祖祖辈辈在这块土地上辛勤劳作。

1888 年 3 月 24 日，一名男婴诞生在这个美丽松树湾的茅屋农舍里，因生下时重有八斤，起乳名“八斤”。这个小名为“八斤”的男孩就是后来的武汉中国共产党早期组织成员、中国共产党第一位工人党员郑凯卿。

郑凯卿是郑氏“锅八块”的后裔，到了郑凯卿的祖父郑山富这一代就落脚在湖北武昌青山铁铺岭郑家力山。在人们的眼里，郑山富是一个有着高高的个头，头发灰白，面部清瘦，腰间别着一根旱烟杆的诚实庄稼汉子。

1870 年夏天，长江流域发生了一场“数百年未有之奇灾”。滂沱大雨七天七夜下个不停。特大洪水导致宜昌至汉口之间大量堤坝决口，圩堤普遍溃决，田满了，堰满了，湖也满了；路淹了，房淹了，树也淹了。天上的暴雨和地上的洪水将郑家力山淹没在一片汪洋大水之中，民舍漂没殆尽。无奈之下，郑山富带着妻儿背井离乡、外出逃荒。

洪水退后，郑山富一家人重返郑家力山，来到距离郑家力山不远处的松树湾安家落户。在松树湾，郑山富和儿子郑根尧靠给地主做长工、打短工，养活家人，一年四季一家人勤扒苦做，节衣缩食，勉强糊口。在郑根尧 30 岁那年，他娶了同村贤惠姑娘刘喜梅为妻。一家四口人居住在破旧窄小的房子里，结婚第二年喜梅怀上了孩子，为了迎接新生命的到来，郑山富决定和儿子一起，在村东头建一座茅草屋。

为了建茅草屋，父子两人白天忙完农活后，傍晚又披星戴月到很远的地方去割茅草，手足和衣裤常常被树枝荆棘划破。他们将一担担茅草挑回来码成垛。在备足茅草后，再用黄色的泥土制作好土砖。然后将黄色土砖一块块砌起，搭建成两间小屋，屋顶铺上一层层厚厚的金黄色的茅草。用半年时间，茅草小屋终于筑成，太阳照在茅草小屋上，闪耀着金色的光芒，远远望去，万绿丛中镶嵌着一座“金色”的小屋。

一天，郑山富吸着旱烟，坐在老屋前的小凳上，高兴地对儿子说:“根尧啊，我昨晚做了一个梦，梦见一颗亮晶晶的星星从天空落了下来，滚进了我们家。你媳妇快要生了，你们搬到新屋去住吧。”根尧低声说道:“爹，还是您和我娘搬到新屋吧，我和喜梅就住这旧屋。”郑山富连连摆手，大声说道:“不行、不行，新茅屋是给我小孙儿住的，你们赶紧搬到新屋过新年吧。”于是，在入冬前根尧和待产的媳妇喜梅住进了新建的茅屋。

茅屋坐北朝南，黄泥土将四周的墙壁裱糊得平整光滑，南面墙的右边开有一扇小窗，说它是一扇窗户，其实只不过是一个方形的小洞。茅草屋一大一小两间房，大间是堂屋，屋的中间是左右平开的两扇大门，门槛较高，厚厚的，可当凳子用，人累了可坐在上面休息。屋檐下挂着几个葫芦和一些老丝瓜，还有几大串红色的干辣椒。堂屋内正面靠墙处用几根“蚱蜢腿”一样的木条支撑起一块一尺宽、五尺长的木板，木板上面摆着香炉，供着天地君亲师的牌位。左面墙上挂着牛鞭子、蓑衣、斗笠、簸箕，墙根放有镰刀、锄头等农具。右面墙边有一口灶和烤火的土坑，灶的旁边摆一口水缸、一个小饭桌和简单的家具。小间是睡房，房里摆着一张床，床边的小桌子上有个小木箱和一盏小油灯。刘喜梅用自己织的土布，染上各种花纹和图案，缝制了被套、床单，将房间布置得干净、整洁。

1888年的春天，一对小燕子衔得几片桃花瓣，双双飞进郑根尧的茅屋。3月24日清晨，茅屋传出“哇哇、哇哇……”一阵阵婴儿响亮的啼哭声，宣告一个小生命来到人间。

“生了，生了……”头发花白的接生婆激动的声音打破了紧张的气氛，她高兴地对站在房门边焦急等待的郑根尧高声说道：“恭喜！恭喜！您家添了一个宝贝儿子。”郑根尧闻讯快步来到喜梅的床边，看到母子平安，他长长地舒了一口气。妻子疲惫、苍白的面容，让他心疼不已。当他望着儿子粉红色、胖乎乎的小脸时，一股幸福的暖流流过心田。

奶奶笑得合不拢嘴，用布将婴儿包好，取来秤称了一下，笑盈盈地说：“哎哟！八斤，真是个胖小子呀，就用‘八斤’作他的小名吧。”

故乡松树湾的一草一木、一山一水在郑凯卿的脑海里留下深深的烙印，在郑凯卿投身革命后，松树湾曾被他作为地下工作的秘密活动地。多年以后，他经常向他的儿女们津津乐道地叙说故乡的美丽：旖旎的湖光山水，高大挺拔的青松，如诗似画般的田园风光……在郑凯卿的心中，生他养他的故乡美如一幅诗中画、一首画中诗。

童年庭训

郑凯卿的降生，让全家人沉浸在幸福欢乐之中。三年后，郑根尧、刘喜梅夫妇又添了一个乖巧、可爱的女儿，从此小茅屋更加热闹起来。

小凯卿非常懂事，小妹由于早产，身体比较弱，作为哥哥，他对小妹倍加呵护。父母亲和爷爷外出干活时，他就在家帮奶奶一起照顾妹妹，陪伴小妹玩耍。家里虽然贫穷，但是爷爷、奶奶和父母亲给了凯卿兄妹最温暖的爱。

盛夏时节，清香甜脆可口的莲蓬籽、鲜嫩清脆香甜的菱角，都是凯卿和妹妹最喜欢吃的。夕阳西下，父亲带着凯卿来到月亮湖边，摘莲蓬、采菱角。月亮湖有一方阔大的荷塘，层层叠叠的荷叶像一把把绿色的伞，撑在水面上，粉红的荷花在荷叶丛中绚丽地盛开，娇小嫩黄的莲蓬藏于繁荣的荷花瓣中，煞是好看。父子两人划着小船，在荷塘里穿梭，荷塘里的荷花、荷叶、莲蓬，高高低低，错落有致，凯卿机灵地避开荷杆上的尖刺，用镰刀快速地割下一个个莲蓬。

月亮湖有大量的菱角，青青菱角上生长着尖尖的刺儿，想采到菱角，就不能怕它扎手。不大一会儿工夫，他们就摘了一大布袋的莲蓬和菱角。每次归来，凯卿都不忘给奶奶带一些荷叶，给小妹采几朵荷花。

爷爷总是小心翼翼地用刀去掉菱角硬硬的外壳，取出新鲜、脆嫩的菱角米。接着再剥去莲蓬翠绿的外皮，将白嫩的莲子米掰成两半，去掉中间的莲子心，然后把菱角米和莲子盛于小碗里，给凯卿和小妹吃。爷爷、奶奶喜欢挑选外皮颜色已经斑驳、老一点的莲子，连同莲子心一起吃，爷爷说吃这样的莲子，虽然有点苦涩，但可以清热解毒去心火。奶奶有时将菱角、莲米和大米掺和在一起用荷叶包裹起来蒸，那样的米饭渗透着荷叶的清香，口感好；有时也将菱角和莲米一起放到锅里清炒当菜蔬，营养价值高。每年夏天，奶奶都要留一点莲子晒成干莲子，将老菱角去壳磨成菱角粉。秋冬季时，再将干莲子煮汤，菱角粉拌饭，分给凯卿和小妹吃，懂事的凯卿常常将自己的那份留给了妹妹。

家里虽然很穷，但童年的小凯卿是快乐的。他有很多小伙伴，常和小伙伴们一起到月亮湖打水仗、捡野鸭蛋、玩耍嬉戏。月亮湖的水质、草质、地理环境很适合野鸭生长。穷人家，每天只能吃两餐，上午、下午各一餐，过年时，才有点鱼、猪肉吃。遇到收成不好时只能挖野菜充饥，野鸭蛋就成为贫穷人家改善生活的食品。

凯卿和好友金宝、小俊几个穷伙伴结伴来到湖边，捡野鸭蛋对他们来说驾轻就熟。他们先往岸边的草丛里扔几块石头，野鸭听到动静，受惊吓飞起，水花四溅。野鸭飞起的地方，十有八九有野鸭蛋窝，一般一窝有十来个野鸭蛋。望着水面上徘徊的野鸭，小伙伴们赤着脚，呼叫着飞奔过去，他们分头仔细寻找，不一会儿，就发现几窝野鸭蛋，小伙伴们快活忙碌地捡着白中泛青的野鸭蛋，一个一个地把它们放进口袋里，每个人脸上都挂着惬意的笑容。

凯卿眼疾手快，捡得比较多些，回家后，母亲就将这些野鸭蛋煮熟，让凯卿送一些给乡亲们分享。母亲还告诫凯卿，在捡野鸭蛋时，不要将窝里的蛋全部拿完，要留下几个。当时凯卿听了不理解。后来有一次，凯卿他们在捡野鸭蛋时发现，母鸭受惊吓飞起后并没有离开，而是在附近低空盘旋，“嘎、嘎、嘎”凄惨地悲鸣着，“瞭望”他们的动向。此刻，凯卿完全明白了母亲的话，他把已经放到袋子里的野鸭蛋，又拿出几个放回窝里。当他们离开野鸭窝后，他看到野鸭又飞回降落到窝里，继续孵化它的小崽。

捕蝉也是凯卿和小伙伴们喜爱的，每年六七月份，就有郎中到村子里收蝉做中药。炎热夏季的中午，一阵阵“知了、知了……”的蝉鸣打破寂静，凯卿和小伙伴们带上粘蝉儿的工具——竹竿和面筋去捕蝉。捕蝉讲究动作快速、准确、灵活。他们来到松树林里，循着蝉声，扬起小脑袋，一棵一棵树地寻找，发现蝉的踪迹，立即用裹了面筋的竹竿去粘。有时，小伙伴们在院子外面平地上点燃一堆火，然后用长竹竿搅动附近大树的树枝，蝉受惊后就会飞向火堆，此时便可轻而易举地将它们收捕起来了。

雨过天晴时，凯卿经常和小伙伴们去松林采蘑菇和摘野果子。他每次出去采蘑菇，都不忘给奶奶和小妹带些酸枣、桑葚等好吃的果子，有时还将鲜花和草藤编织成花环带回家送给奶奶和小妹。

有一阵子，树林里的黄鼠狼常常偷食村民们喂养的鸡，凯卿便和小伙伴约好去松林里逮黄鼠狼，这需要智慧、胆略，更需要毅力。他们自己制造了弓箭、标枪，当发现黄鼠狼的踪迹，若是在近处，他们便围成一圈布成“网”，逐渐逼近，围攻拦截，使它无处逃生；若是在远处，大家就一起张开弓箭，举起标枪向黄鼠狼投去。“狩猎”的过程很辛苦，他们渴了，就饮泉水；饿了，就摘野果子吃；累了，就躺在老松树下听凯卿讲故事。由于爷爷、奶奶和父母亲闲暇之余经常给凯卿讲故事，所以小凯卿能够讲许多故事。凯卿讲故事绘声绘色，小伙伴听得津津有味。听完故事后马上投入新的“战斗”。小伙伴们在一起玩耍快乐极了。

松树湾除了郁郁葱葱的松林和碧波荡漾的月亮湖，还有一大景观，那就是许多人家的房前屋后都栽了枣树。春天，枣树长出的新叶呈椭圆形，很茂盛；夏天，树枝上开出一串一串、密密麻麻米黄色的小花；秋天挂满枝头的枣子，开始是微黄色，后来慢慢变成白色，最后又由白变红。中秋前后，枣子成熟了，一颗颗像红玛瑙一样，缀满枝头，风儿吹过，老远就能闻到枣儿的清香。

枣子成熟的时候，熟透的枣子会从树上掉落下来，母亲就将那些掉落的枣子拾起。大多数时候，她都会拉着凯卿在自家几棵枣树下“收”枣子，凯卿拿着长竹竿，不断地敲打枣树枝，母亲在枣树下，用大布块撑着，接从树上掉落下来的枣儿。母亲经常给凯卿和小妹煮红枣饭，有时将枣儿去核后捣成枣泥喂给小妹吃。新鲜的枣儿脆生生，甜润润，煮熟的枣子滑润绵软，各有不同的风味。

“收”枣儿多的时候，母亲会将枣儿盛到竹篮里，篮口覆盖一块红布，让凯卿随她一起将新鲜的枣儿送到周奶奶等乡亲们家。母亲脸上满是笑容，迈着颤巍巍的小脚走在乡间的路上，好似跳着优美的舞蹈。凯卿提着竹篮，紧跟其后，母子俩将甜美的果实与乡亲们一起分享。在郑凯卿的人生记忆里，他在松树湾的童年是快乐的，爷爷、奶奶和父母教给他许多做人的道理，他们纯朴、善良、正直的品格深深地影响着他。

少年智勇

松树湾离古城武昌只有一步之遥。武昌城发生什么事会很快传到这个小村庄，也会影响着这个小村庄。历史上武昌城里的那些事也总在老人们口中娓娓讲述。武昌这个古老的地名，始于东汉末三国初。孙权与刘备争夺荆州，把都城从建业（今南京）迁至鄂（今鄂州市），改名为“武昌”，寓以“以武治国而昌”之意。公元223年，孙权在武昌建夏口城，元代武昌成为湖广行省之所。历史上武昌曾发生过许多重大事件：宋朝岳飞屯兵武昌，奠定北伐基础；元、明末期农民起义领袖陈友谅、张献忠都曾在武昌建立政权；林则徐在武昌阅马场焚烧鸦片；太平军三占武昌；这里还出了明末名将熊廷弼等历史名人。松树湾流传的武昌城里的许许多多历史故事，给了少年凯卿潜移默化的影响。父母亲在凯卿很小的时候就教育他为人要诚实厚道，遇到需要帮助的人要尽力帮一把，做人要正直善良有骨气。这些使少年凯卿养成一种忠诚、勇毅的品格。

松树湾有个地主叫王天财，欺压盘剥穷人，收租谷、放高利贷，一年到头变着法子坑穷人。王天财的儿子王小贵游手好闲，仗势欺人。有一天，小凯卿逮了一些黄鳝鱼，在回家的路上被王小贵拦住，王小贵抢走了凯卿的黄鳝鱼，还口口声声说他是外来户。小凯卿回到家告诉爷爷奶奶和父母。大人们告诉他，不要怕，外来户也是人，做人要正直善良，做好人，多做好事，不做恶人，不做坏事，也不怕恶人。小凯卿点点头说，王小贵还欺负了很多小伙伴，我们都不能怕他。

凯卿的小伙伴喜柱家境贫寒，父亲早逝，他和母亲相依为命。有段时间，母亲由于劳累过度，生病卧床不起，喜柱心中非常着急。这天，他外出为母亲请郎中，路过王天财屋前稻场边的枣树，看见地上有几颗掉落的枣子，便捡起来准备带回家给母亲吃。正准备离开时，被王天财的儿子王小贵撞见，王小贵不问青红皂白，冲上去抢过喜柱攥在手里的枣子，扔在地上，用脚踩烂。他嘴里一边吼叫着“去你的，让你捡”，一边对着喜柱就是一顿拳打脚踢。喜柱被打得鼻青脸肿，跌跌撞撞地回到家里。

这时，金宝和小俊正好来找喜柱，看见他们母子两人抱头痛哭。得知情况后，小俊气愤地说:“王小贵真是太坏了，我们要为喜柱出这口气！”金宝说:“我们个子小，又打不过他，这气怎么个出法？”他们在一起商量了好一会儿，也没想出一个好办法，他们决定去找凯卿。在小伙伴们的心中，小凯卿是足智多谋的“小诸葛”。

可是，凯卿一大早随父亲出湖打鱼还未归来，金宝和小俊两人只好来到月亮湖旁等候。天气阴沉，灰蒙蒙的阳光洒在湖面上，他们用力向湖面上甩着石头片。金宝向右倾斜着身体，伸出右手用力甩出一片石片，湖面被石片激起一串串涟漪，一个个银色的圆圈向四周扩展，你推我挤地扩展到岸边的水草里。小俊则以更大的力气甩石片，石片打起“漂漂”，在水面上跳动了数下之后，才慢慢沉入湖中。“打漂漂”本来是一种少年喜欢玩的游戏，但是，现在他们不是在欢乐嬉戏，而是通过“打漂漂”发泄心中的愤慨和不平。

傍晚，太阳西斜，一束暮霭透过云层，抹红了月亮湖，远处的湖面上隐约出现了几条渔船，金宝、小俊蹦跳着，高声地呼喊着凯卿。船靠岸了，小伙伴们一边帮着卸鱼，一边向凯卿诉说喜柱的遭遇，凯卿听后气愤极了。回到家里，他向父亲说明喜柱和他娘的情况，父亲马上从鱼篓中挑出几条鱼，母亲装了一小袋红枣，凯卿和小伙伴们带上鱼和枣儿，匆匆来到喜柱家。

看到喜柱受伤的样子，凯卿十分心痛，低沉着声音说:“王天财父子收租、放贷，变着法子害人。前年收成不好，黄大爷交不起租子，央求王天财能够宽限几天，王天财不但没答应，还放出恶狗咬伤黄大爷，黄大爷腿上至今还留有疤痕。”

“黄大爷是地主放狗咬伤的，喜柱可是他儿子亲手打伤的，真是欺人太甚，这次跟他没完，我们一定要为喜柱出气。”凯卿沉思片刻后，愤愤地说，我有一个好办法。于是，他神秘地跟两个小伙伴耳语了一阵，然后与他们共同发誓：“我们三人谁也不准泄露秘密！”

第二天三更时分，月亮躲进了云层，大地一片漆黑，四周悄无声息，人们已进入梦乡，只有远处传来隐隐约约的狗吠声。这时，三个人影弯着腰，从月亮湖岸柳林边的小路上一路疾跑，经过一段田埂，来到王天财家的大院前面。

人影不是别人，正是凯卿和金宝、小俊三人。他们先向狗窝扔去锅巴饭团，堵住狗嘴，不乱狂吠，然后来到稻场。金宝看到那枣树似黑爪般的枝条在空中挥舞，禁不住眼冒火花抡刀就砍。凯卿赶忙制止，示意声音会惊动老财主。

于是，他们小心翼翼地把绳子系在枣树的主干上，一起用力拉，但是枣树只是抖动了几下，枣树坚硬结实弄不断，怎么办哪？小俊着急地一屁股坐在地上，不小心碰到稻场边上的石磙，他痛得“哎哟”直叫唤。凯卿应声望向石磙，突然计上心来。

凯卿拿着绳子，机灵地爬上枣树，这次他将绳子系在树的侧枝上，然后跳下来，把绳子的另一头拴在石磙架上。他示意两个伙伴和他一起推动石磙，随着石磙向前滚动，树枝被绳子拉得低下了头，枝叶不住地颤抖，石磙推得更远了，枣树颤抖得更加厉害，最后，三个少年再次用力推动石磙，只听得“咔嚓”一声，树枝终于被折断。成功了！他们如此反复折断了好几根树枝，枣子稀里哗啦滚落一地。随后，他们闪电般解下绳子，钻进松林，绕道回到村庄，不声不响闪进了各自的家。

清晨，太阳出来了，人们又开始了新一天的劳作。此时，乡亲们听到王天财和王小贵在咆哮，知道原来是他们家的枣树被人折断了。松树湾的穷人都非常憎恨王天财，被他家欺压，又无力反抗，现在，终于有人为松树湾的穷苦人出了口气，大家都在心里高兴。

父亲听到凯卿低声和小伙伴们谈论此事，明白这是凯卿和小伙伴们所为，他默默地称赞凯卿是一个正直的、充满智慧的好孩子。同时叮嘱凯卿，果树与人无冤无仇，今后不要简单地把仇恨报在不相关的事物上，要注重用大家的智慧和力量促使地方恶势力转变对劳苦大众的态度。

祸不单行

少年时代的郑凯卿家中贫穷，父母无钱供郑凯卿读书，小小年龄就开始帮助家里干活。他春天挖野菜，秋天帮助收稻谷，冬天还要捡柴火、牛粪。有时跟着爷爷一起割猪草，回家后帮奶奶劈柴、烧火……煮饭烧灶大多是用柴火和牛粪，烧灶火有技巧，火大火小掌握不好，不是烧煳了锅，就是煮不熟饭，常常还因吹火弄得一脸黑，烟熏泪流。年少的郑凯卿饱尝着生活的艰辛。

有一年遭灾，冬天的寒冷和饥饿威胁着郑凯卿一家。无米下锅，一家人只得靠吃野菜度日，爷爷、奶奶由于年老体弱，经不住贫困生活的折磨，二老双双病倒在床。

为了给爷爷、奶奶补养身体，让他们早日恢复健康，凯卿到月亮湖钓甲鱼。母亲烹调甲鱼，精心照顾爷爷、奶奶，他们身体有了一些好转。可是没过多久，两位老人的身体状况急转直下，已吃不下东西了。最后，受尽苦难的他们依依难舍地离开心爱的孙子、孙女相继去世。凯卿眼看着爷爷、奶奶离开人世，却无能为力，这是他有生以来第一次体会到人世间生离死别的痛苦。

就在全家人沉浸在无比悲痛中时，小妹突然发高烧，几天后，体温慢慢降下来时，小妹却不会讲话了。父母亲悲恸欲绝，抱着小妹不停地摇晃着，凯卿惊慌失措，大声哭喊："小妹，小妹你讲话呀！小妹，你叫哥哥、叫哥哥呀！”可是小妹只是流着泪，一句话都说不出来。小妹一下子变成了哑巴，这再一次沉痛地打击了年少的凯卿。

天灾人祸一起到来。旱灾过去又是涝灾，连绵阴雨一直下，太阳就是不肯露面。过去的小茅屋，现在到处漏雨，摇摇欲坠。郑根尧万般无奈，只得把能卖钱的家当全都卖了，带着妻子和凯卿，用箩筐挑着哑巴女儿，一家人和乡亲们一起逃荒。

凯卿随父母来到武昌沙湖边，父亲郑根尧在村东头搭了一个简易人字形草棚，作为一家人的栖身之所。草棚只有屋顶，没有墙壁，前后用两张草席挡住风雨，后面的草席是固定的，前面的草席可以活动，掀起来当作门帘。村子里有许多这样的人字形棚子，居住的全是逃荒而来的穷苦人。

沙湖中漂浮着杂物，湖畔一堆堆腐烂的水草，经太阳一晒，散发出阵阵难闻的臭味。湖岸边搭着一个长长的木跳板，村民们在这里淘米、洗菜、洗衣，在距跳板 10 多米远的地方涮马桶。由于生活环境恶劣、饮用水源不卫生，人们易患各种传染病，病情严重又无钱医治，常常危及生命，贫穷和疾病像魔鬼一样纠缠着他们。这些悲惨情景，给郑凯卿留下难以磨灭的印象。

为生活所迫，凯卿小小年纪只好扛着扁担，带着绳子，跟随父亲到车站、码头去当挑夫。父亲凭一副扁担出卖劳动力赚钱养家糊口，母亲则起早摸黑地为别人做针线活贴补家用，日复一日，年复一年。他们辛勤劳作，节衣缩食，仍然无法改变贫苦的命运。

1898 年，在凯卿 10 岁那一年，父亲郑根尧感染了肺痨病，再也不能外出做工了。他身体极度虚弱，躺在草棚里奄奄一息。临终时，父亲用骨瘦如柴的手拉着儿子说：“凯卿，本想等家境好一些就让你去读书。现在不仅不能实现这个愿望，反而需要你来照顾你母亲和哑妹，这副担子你怎么挑得起呀！”

凯卿泣不成声，强忍悲痛，安慰父亲道：“爹，您会好起来的，您不能撇下我们哪！”郑根尧心痛地抚摸着儿子的头，不禁潸然泪下。剧烈的咳嗽让他好一阵子才缓过气来，他接着说：“你要多学些本领，照顾好你娘和哑妹……”父亲的声音断断续续，越来越微弱，最后平静地闭上了双眼。

母亲撕心裂肺、悲怆地呼喊着，一家人哭得天昏地暗。因经受不住打击，悲伤过度的母亲精神崩溃，一病不起。在父亲去世的第二年，母亲也去世了。弥留之际，母亲拉着凯卿的手，把哑妹的小手放在一起，她无力地望着兄妹俩，眼里流露出难以割舍的爱。“娘，娘，您不能走，不能走哇！”凯卿声嘶力竭地呼唤着母亲，恳求她不要离去。但是，母亲还是走了，永远地离开了这个世界。

母亲的离世对凯卿的打击无法用语言描述，凯卿不相信这是事实，他想母亲只是太累、太累了，睡一会儿就会起来的。邻居高奶奶和刘大叔几个人得知凯卿的母亲不幸去世，赶紧过来探望，帮忙料理后事。凯卿和哑妹兄妹俩守护在母亲的遗体旁，说什么也不让邻居收殓，他们要留住母亲。

高奶奶伤心地抚摸着凯卿的头，流着眼泪说：“两年时间连续失去父母双亲，这叫伢们怎么活呀！”她张罗着让邻居刘大叔几个人帮忙，把凯卿和哑妹从母亲遗体旁抱开，简单地将凯卿的母亲安葬了。

第二章 孤身漂泊

痛别哑妹

失去了父母亲，凯卿兄妹成了孤儿。哑妹先天体质虚弱，加上后天患病失语，父母亲对她格外疼爱。父母不在了，哑妹非常可怜，望着哑妹痛苦、无助的眼神，凯卿心灵受到强烈的震撼，哑妹是他唯一的亲人，他是哑妹唯一的依靠，他突然感到自己长大了，为了哑妹，他得活下去，坚强地活下去，他要向命运抗争！

一大早，天阴沉沉地下着雨，凯卿扛起扁担，带上绳子，告别哑妹，来到曾经与父亲一起招揽生意的码头。还是那样熟悉的码头，熟悉的船只，熟悉的人来人往，就是再也见不到父亲熟悉的身影。蒙蒙烟雨，阵阵寒意，凯卿伫立在水岸边，心头顿时涌上对父母亲无尽的思念。

临近午时，天空放晴。远处的江面上几艘船若隐若现，岸边等待的人们开始躁动起来，一会儿船慢慢靠岸了，那些接客的、卖杂物的和挑夫都迫不及待地跳到船上。以前，凯卿跟随父亲当挑夫，父亲一般都是用扁担挑运货物和大的行李，凯卿跟随在父亲身后拎一些小物件。现在只剩下他独自一人在人群中穿梭，寻找搬运物品的机会。他好几次迎上去，想帮别人搬运货物、行李，都因为自己年纪小个子矮而遭到拒绝。谁愿意雇用一个十一二岁、羸弱无力的小挑夫呢。

直到傍晚太阳西沉，其他的挑夫回家吃饭，他才找到一点活儿，当他从那些达官贵人手中接过铜板时，他想到哑妹，眼泪就禁不住流淌。此时，凯卿在码头已忙活了一天，感到眼冒金花，饿得实在难以忍受。他突然想到自己出来一天了，哑妹在家一定饿得厉害，他赶紧收起扁担、绳子，在路上买了一个馒头，快速往家里奔。

到家时天已黑，棚子里一点动静也没有，凯卿突然心中一紧。“小妹、小妹”，凯卿一边急切地呼喊着，一边借助微弱的月光寻找哑妹，好一会儿才在屋子的一个角落找到哑妹，原来哑妹蜷缩在那里睡着了。他轻轻叫醒哑妹，将她搀扶到铺着稻草的床上，拿出馒头一掰两半，大的一块给哑妹吃，小的一块留给自己。哑妹吃着馒头，脸上露出了笑容。

随后的日子，凯卿来到码头车站，揽到的活儿也不多，他非常沮丧。凯卿失望地回到家中，呆呆地坐在墙角，茫然不知所措。这时，邻居高奶奶送来一些锅巴稀饭，让兄妹俩充饥。高奶奶眼看着兄妹俩住的草棚，除了床、桌子和灶台，家里空荡荡的，什么吃的东西都没有。她摇摇头叹了口气，对凯卿说："孩子啊，这样下去你们兄妹俩都会饿死的，要不让哑妹到黄伯伯家做童养媳吧。"

黄伯伯是高奶奶家的远房亲戚，家境虽不富裕，但是为人善良，乐于助人，他们非常同情凯卿兄妹俩的遭遇。黄伯伯夫妇见过哑妹：大眼睛、长睫毛，樱桃小嘴，模样俊俏。又听高奶奶介绍说，哑妹聪明能干，年龄虽小，会干一些简单的家务活。她不是天生的聋哑，是发烧留下的病，能听见别人讲话，明白意思，能咿咿呀呀地发声。所以，黄伯伯夫妇表示愿意领养哑妹做童养媳。

凯卿并不明白童养媳是怎么回事，只知道哑妹如果送给别人当童养媳，就会离开家，离开自己。高奶奶说了几次，他死活不同意，他担心哑妹在别人家里挨饿受气，得不到呵护。

凯卿每天早出晚归，在车站、码头揽不到多少活儿，兄妹俩吃了上顿没有下顿，只有依靠邻居们接济。凯卿的父母在世时，经常帮助乡亲，邻里关系很好。因此，大家都想照顾他们兄妹俩，可是乡亲们的生活也很窘迫，长时间、更多的资助对于乡邻来说，也是心有余而力不足。凯卿年纪小，哑妹跟他在一起只会受冻挨饿。他知道自己没有能力养活哑妹，在高奶奶一再劝说下，他流着眼泪只得伤心地答应了。

凯卿年长哑妹三岁，父母亲去世后，兄妹俩相依为命，他就像母亲一样怜爱呵护着哑妹，也只有他能听懂哑妹说的话，明白她的意思，知道她的冷暖。他不忍心让哑妹离开自己，到一个陌生的家庭生活。一想到黄伯伯夫妇要将哑妹领走，手足分离，他感到撕心裂肺的痛。

他用母亲生前留下的一把小木梳，照着母亲的样儿，轻轻地为哑妹梳理蓬乱的长发。母亲在世时，每天都会为哑妹梳头，将头发扎成两条长辫子。自从父母亲去世之后，懂事的凯卿从来不在哑妹面前落泪，而这一刻，他再也无法控制住自己，泪水禁不住地流淌，滴落在哑妹的发上。

凯卿想到第二天就要与哑妹分别，一夜未眠，他想要为妹妹做点什么！他把妹妹的几件旧衣服收拾折叠好，把邻居送的一个馒头和两个红薯用荷叶包起来留给妹妹，家里再也没有什么可以送给妹妹的东西了。最后，他把从哑妹头上梳下来的头发清理齐顺，拿出母亲留下的绣有梅花的手帕，小心翼翼地将哑妹的头发包好，收藏起来，这些是他能够为妹妹所做到的事啊！黑夜里，他捂着脸痛哭。

第二天下午，高奶奶带着黄伯伯夫妇来到人字形棚子，看到凯卿和哑妹的生活状况，一直摇头叹气，他们一边安慰凯卿说："你放心，我们一家人会好好待她的，你有时间可以常来看望她。"一边从凯卿手中牵哑妹。凯卿紧紧地抱着哑妹，两个人哭作一团。凯卿一次又一次试图拉住哑妹，都被高奶奶阻拦。"凯卿啊，你养不活妹妹的，让她去也许还有条生路。"高奶奶拉着凯卿不住地劝着。

此刻的哑妹悲痛不已、万般无奈，生性柔弱的她无力反抗命运，她不住地呜咽哭泣。黄伯伯夫妇牵着哑妹的手转身离去，哑妹扭回头，泪水像断了线的珠子流个不停。走了好远好远，还回过头来依依不舍地望哥哥。

凯卿对妹妹强烈不舍，泪流满面的他突然快速追赶上黄伯伯夫妇和哑妹，从怀里掏出母亲留下的小木梳交给哑妹，大喊道："小妹，你要听话，你要照顾好自己啊……"目睹此情此景，黄伯伯夫妇泪水盈眶，他们向凯卿挥手示意他回去，可他却一路跟在他们后面，一直来到沙湖边。直到小妹的身影越来越模糊，最后渐渐地、远远地消失在暮霭中。

萧瑟的秋风卷着湖水苦涩的寒气，侵袭着凯卿的身躯，一直渗透到骨髓，使他周身透凉。他流着泪踉踉跄跄地回到草棚子里，高奶奶还在棚子里等待着他，她不停地安慰着凯卿，鼓励他好好地活下去。夜深了，凯卿睡在稻草床上，望着棚子外清冷的月光，想着哑妹。他担心哑妹，不敢想象哑妹将会是怎样的命运，哑妹成为凯卿一生的牵挂。

流浪沙湖

草棚子只剩下凯卿孤零零的一人。父母亲离开了他，现在哑妹也离开了他，好长一段时间，凯卿陷入痛苦之中。他不能当挑夫挣钱，只好另谋生路。他来到沙湖边的沼泽地，那里生长着许多野生的茭笋。扯茭笋是一份艰苦的体力活，特别是在湖沼的水位超过人的腰部时，需要憋住气，潜入水中，用双手拽住茭笋靠根的部位，使劲将茭笋拔出来。

特别是气温变冷，若遇上刮风下雨，在刺骨的湖水里拔茭笋，他全身冻得发紫，大人干这活儿都很吃力，何况凯卿一个小孩子就更困难了。为了生存，他不得不咬紧牙关坚持着。他把扯到的茭笋一层一层地剥去外皮，扎成把，然后拿到市场上去卖。卖茭笋挣的钱不多，只能换很少的食物。

没有茭笋的时候，凯卿就到别人已挖过红薯的地里，刨别人漏收的红薯，这样的红薯地都是一些很难刨的地，他用小耙子费劲地一耙一耙地把红薯刨出来，有时要很长时间才能刨到红薯。

凯卿找来柴火，在空地上烧起来，等火烧完，剩下一大堆灰烬，将带着泥土的红薯放进去，小心地盖好。过一会儿扒开火堆，这时，红薯在炭火里面烤熟了，凯卿便挑选出大一点的红薯，拿到街上去卖。将一些细小的红薯根和红薯滕留着自己充饥。

在饥肠辘辘时，即使是烤焦了的红薯根也喷香扑鼻。每当凯卿闻到红薯根的香味，就会想到哑妹，不知她现在是否有饭吃，天冷了是否有衣穿，在公婆家有没有受委屈，他满脑子里想的都是哑妹。

凯卿宁愿自己忍饥受饿，也要把省下来的钱一点一点地积攒下来，隔一段时间就给哑妹家送去。凯卿的到来，黄伯伯夫妇和哑妹未来的丈夫都非常高兴。哑妹每次见到哥哥，都兴奋得哇啦哇啦地说着谁也听不懂，只有哥哥才明白的话。一开始，哑妹总是拉住哥哥不让他走，长大后懂事了，她就默默地抹着眼泪送哥哥。凯卿每次见着哑妹时，脸上总是挂着笑容，离开哑妹家后，都要哭一场。

探望哑妹时，凯卿把积攒的钱全部送给了黄伯伯，他的手中已没有分文。由于没有钱，草棚子年久失修，一遇到下雨，很多地方漏水。凯卿只得把一床破旧棉絮放在棚子的角落里，晚上就挤在角落里睡觉。深秋的一天傍晚，他卖完茭笋回来，发现人字形草棚子不见了，只有坍塌在地的一堆草。连日来风雨交加，使凯卿唯一栖身的地方都没有了。

夜已深沉，凄风苦雨，在一片废墟中，凯卿寻找他仅有的那床破棉絮。可破棉絮也被人“拿”走了，这对他来说，无疑是雪上加霜。他后来回忆说这个夜里的“冷”深深地刻在了他一生的记忆里。他漫无目的地走着，不知走了多久，看到前面有两排房子，他蹒跚地走过去，蜷缩在过道冰凉的地上睡着了。

凯卿做了个梦，他梦见和父亲一起出湖打鱼，突然一阵狂风把渔船掀翻，他和父亲掉到湖中，渔船在浓雾中漂啊，漂啊，漂向远方。啊，好冷啊！他冻得直哆嗦，拼命向岸边游去，他仿佛看见母亲拿着一件棉袄站在岸边。可是等他游上岸后，在岸边没有看到母亲的身影，在湖中也没有看到父亲，他着急地大声地呼唤着父亲、母亲，在梦里不停地抽泣……

“这是谁家的孩子呀？这么冷的天，躺在地上，这样会冻坏的。”凯卿隐隐约约地听见有人说话，他渐渐苏醒，努力睁开眼，看到一位穿着蓝棉袄、黑棉裤的大妈站在面前。大妈的眼圈红红的，慈祥的脸上挂着泪珠，心疼地说道：“你家大人呢？怎么不管你，唉，可怜的孩子。”

当得知凯卿家的境况时，大妈又一次流泪了。大妈叫唐秀芝，住在武昌沙湖旁边的周家大塆，她的丈夫叫陈万年，是个人力车工人。夫妇俩有3个孩子，老大是个女儿，已经出嫁了，老二、老幺都是男孩，老二叫锁儿，跟凯卿年龄差不多，老幺叫三毛，只有3岁。唐大妈家生活贫困，虽然时常是吃了上顿愁下顿，但是她毫不犹豫，伸出温暖的手，将凯卿领回了家。

凯卿成了唐妈妈家的一员。陈万年把他带到人力车行当小工，帮忙擦洗车子。夜里就住在唐妈妈家，唐妈妈把小儿子三毛抱上床睡觉，凯卿睡在三毛的摇窝里，双脚吊在摇窝外面，用一个小板凳搁着。虽然生活还是很清苦，但是，凯卿感到甜，感到暖，他终于又有了一个家。

车行小工

身体瘦瘦的凯卿浓眉大眼，和他父亲一样忠厚老实，做事认真负责。小小的年龄到车行当小工，擦洗车子很不容易，通常在傍晚时分，人力车工人不接客，车子回行后再擦洗，特别是在下雨天，车上沾满了污泥，常常把车子擦洗干净了，自己却是满身汗水和泥水。

人力车漆的都是黄色，又叫“黄包车”。凯卿看到这些拉“黄包车”的工人都跟陈万年伯伯一样，十分辛苦，为了有一口饭吃，不分白天和晚上，无论晴天和雨天，拉着装有铜喇叭、脚铃和车灯的人力车，满大街跑。坐人力车的官老爷们和富人家的太太小姐等有钱人，夏天出行要有帆布防雨篷，冬天则要挂棉暖篷。下雨时，要车夫从门前护送到车上，下车时要车夫从车上护送到门前。而车夫们只能风里来雨里去，人力车工人的生活太不容易了。

凯卿干活勤快，又肯吃苦，大家都喜欢这个穷苦的孩子。和人力车工人在一起的时间里，凯卿与人力车工人有了很深的感情。人力车工人拉着车在小巷中穿行，随时随地应乘客要求停下，拉很长一段路，也挣不到多少钱。还要交各种名目的租金和费用，受车商和包头的气，凯卿心里感到很愤懑。

陈万年的搭档叫李大山，两人是同一车行的。他们每天奔跑在马路上，风刀霜剑，昼夜奔忙，异常辛苦，然而所得甚微。陈万年租用一辆人

武昌街道中的人力车

力车每天需向车主交纳 0.85 元租金，租车时间为从下午 3 时到次日凌晨 5 时 14 个小时。李大山从凌晨 5 时到下午 3 时租用人力车，需另外再交付 0.85 元租金。扣除租金，他们每月的平均收入在 12 元左右。陈万年跟凯卿说，有钱人视车夫的生命如稻草，花几个铜板坐上人力车，要车夫拼命跑，有的车夫跑得吐血倒地，车上的人，根本不管你，换一部车子扬长而去。不少人力车工人由于劳累过度，拉不上几年车，就劳瘁而死。人力车工人是生活在社会底层的人。他们雨沐风餐、劳碌奔波的身影，在少年凯卿的心里打下了深深的烙印。

陈万年伯伯和唐妈妈很心疼凯卿，不让他去拉车，担心他小小年纪身体受不了，落下病根。陈万年忠厚正直，和凯卿如同父子，把温暖给了他，不想让凯卿过早地接触小孩子不能承受的不公道的事。

时隔多年后，凯卿加入党组织，成为工人运动的先锋，他多次领导武汉人力车工人、码头工人罢工，在罢工斗争中得到陈万年、周贺亮、张计储、樊一荀、易明发等工人们的拥护支持。凯卿 1927 年护送董必武脱险离开武汉，陈万年是他最可靠的助手。

勤奋书童

为了帮唐妈妈家减轻一些负担，凯卿傍晚在人力车行当小工，白天将从田里挖来的红薯烤熟后拿到街上去卖。郑凯卿烤的红薯粉糯香甜，许多人都喜欢买他烤的红薯，他因此认识了不少人，其中有一位年仅 10 来岁的小少爷——孔宏志。孔宏志每次外出逛街，必到郑凯卿这里来买烤红薯吃，日子一久彼此混熟了。

一天，孔宏志领着孔府的管家孔老大来找凯卿，说孔家需要给少爷找个书童，少爷想让凯卿去。那天，凯卿没有卖烤红薯，而是在沙湖边剥茭笋。因为近来唐妈妈身体不好，常犯头昏病，凯卿想多扯些茭笋卖点钱，能够买点肉给她补补身体。他将剥好的茭笋扎成捆，准备拿到街上去卖。这时孔老大和孔宏志经过一路打听，来到沙湖边，找到了凯卿。孔老大一眼就看上了这个浓眉大眼的少年，他说小少爷眼光不错，说着拉上凯卿就要他立刻去孔府。

凯卿得知他们来意，心中很高兴，他从小因为家里穷没有条件上学，如果能到孔府当书童就有机会读书识字。但是他想，应该先征询一下唐妈妈的意见，于是，他带着孔老大去见唐妈妈。唐妈妈听说孔家想让凯卿去当书童，很是不舍。但是，考虑到以后凯卿就不用风里来雨里去，辛辛苦苦地到湖里扯茭笋、到街上卖红薯、帮车行擦洗车子了，她没有迟疑，当即给凯卿清理了一些衣物，让凯卿跟孔老大和孔宏志一起去了孔家。

孔府坐落在武昌胭脂路北端，由东西两栋外观设计完全相同的两层楼房组成，两栋楼房中间有一个小花园，楼房与花园相互映衬，显得富贵荣华。花园里有形态各异的山石盆景，梅、竹、桃、李、牡丹、芍药、月季、菊花……各种名花异草供主人一年四季观赏。

孔老爷很富有，祖上在哪个朝代当过官无从考证。孔老爷经常身穿长袍马褂，反背双手在花园里踱步。出门时，头上戴一顶宽沿边的礼帽，手里拄着一根拐杖，那副模样土中带洋，活像一个假洋人。孔老爷的太太是个守本分、吃斋念佛的大家闺秀，不太过问家中的事，她生的两个女儿都已结婚嫁人。大姨太能干泼辣、是一个争强好胜的女人，家中一切大、小事都由她说了算。大姨太生了个儿子，就是小少爷孔宏志。孔老爷老年得子分外得意，对大姨太宠爱有加，少爷聪明、淘气，是全家人的心肝宝贝。凯卿见过孔老爷、大姨太，他们对这个浓眉大眼、朴实机灵的少年很满意，便让用人郝妈带他去洗澡、换衣、安排住处。

凯卿开始了他的书童生涯，每天的任务是陪少爷读书，以及打扫院子。家庭教师王秀才给孔宏志上课时，凯卿在一旁陪着。从小就渴望读书的凯卿如获至宝，他抓住这个难得的机会，贪婪地学习。有时在打扫院子时，嘴里还念念有词。由于他记性好、悟性强，很快掌握了老师讲授的知识，并且还经常提醒少爷，特别是在写文章时给他一些具体帮助。王秀才也发现凯卿在偷偷跟着识字、读书，与少爷相比，凯卿学习更加认真、刻苦。王秀才看在眼里，喜在心里，常常给这个小书童一些指导、关照，

郑凯卿早年学习读书用的木柜，该木柜陪伴郑凯卿度过一生

在这段时间里，凯卿学到了很多知识，感到从未有过的充实。

孔府里的人生活不平等，老爷家过着花天酒地的生活，用人们只能吃些残羹剩饭，大姨太、小少爷吃不完的宁可浪费，也不让用人们吃。一次，凯卿看到水沟里漂浮着一些白色的东西，捞起来一看，发现是饺子。这些饺子中间的肉馅都被咬掉了，只剩下两头尖尖的饺子皮。看见这些模样古怪的饺子皮挨挨挤挤躺在水沟里，就这样浪费了，凯卿感到愤愤不平。

孔府的花匠石林由于长期营养不良病倒了。凯卿无奈只有向王秀才求助，王秀才为石林拿脉，然后开了药方。凯卿去药铺为石林抓药。石林按法煎服中药，过了几天，病情果然好转。王秀才说石林虽然病好些了，但是身体仍然很虚弱，需要补充营养。

凯卿想到老爷家宁可把食物浪费掉，也不给用人们吃，心想：我这次就拿你孔老爷家的食物来为石林补补身体。前段时间在为石林煎药时，凯卿曾看见烤火房的火炕上方挂着许多腊鱼熏肉……深夜，他和石林的好友秀妹去烤火房，取下一块熏肉，用刀刮去熏肉表面黑褐色的油脂放在一边，然后切下一块肉，再把油脂均匀地涂抹在切过的地方，这样几乎看不出熏肉被动过的痕迹。凯卿让秀妹将熏肉煮熟了给石林补充营养，石林的身体逐渐康复。

王秀才出身中医世家，凯卿十分佩服他的医术，对中医产生了浓厚的兴趣，他向王秀才求教。王秀才见凯卿忠厚善良，学习刻苦，遂将他家祖辈流传下来的《神农本草经》手抄本和家传秘方传授给凯卿。王秀才还给凯卿讲“神农尝百草”的故事和中药的配伍禁忌，郑凯卿深为感动，知道行医用药不能有一分半毫的差错。后来，在革命工作和生活中，凯卿学的这些知识发挥了很好的作用。

“虎口”救人

孔府的西楼让人感觉特别恐怖。墙壁上生长着绿色的爬山虎，爬山虎藤蔓粗壮，手掌形状的叶子连成一片，相互叠连没有缝隙，形成一道碧绿的墙。春天爬山虎枝叶茂盛，显得生机勃勃；到了冬天，叶子飘落，干枯的藤蔓像无数条蛇，相互缠绕，攀缘在墙壁上，显得特别阴森、可怕。西楼也很神秘，用人们私下传说里面住着一位美丽的“狐仙”，孔府内除了用人郝妈可以到西楼给“狐仙送供品”外，其余的人一律不许进去。

萧瑟的秋风吹得树叶沙沙作响，庭院落满黄叶。凯卿正在打扫院子，隐隐约约听见西楼传来女人的哭声，声音凄凄切切、如泣如诉。凯卿很好奇，他拖着扫帚，蹑手蹑脚地来到西楼，想探个究竟。西楼一楼的房门被一条铁链锁着，从门缝望去，屋内几件简陋的家具积满了灰尘。一个头发蓬乱、面容憔悴，身穿红衣的女子坐在椅子上哭泣。

这是怎么回事，这个女子是谁？难道郝妈每天给“狐仙送供品”就是送给她吗？凯卿想起曾经听石林说过，孔老爷以前还有一位漂亮、娇巧的二姨太。但是人们好长时间没有看到她，有的说她早已魂归西天，有的说她可能变成狐仙藏在西楼里。

“你是谁，为什么被锁在这里？”凯卿疑惑地问道。女子一双泪汪汪的眼睛透着惊恐的神情，“别害怕，我是少爷宏志的书童，你有什么困难，我能帮你吗？”女子听后沉思了片刻，抹着眼泪，痛苦地讲述了她的经历。

女子名叫何珠妹，老家在湖北省沔阳县，被孔老爷买来做丫头，后收房做了姨太太。专横跋扈的大姨太对何珠妹怀恨在心，百般刁难。何珠妹想学绣花，看了一下小姐的绣花手帕，想照着花样学习刺绣。大姨太硬说她想偷小姐的手帕，借此谩骂、毒打她。她忍受不了侮辱，与大姨太争辩了几句，却遭来更残酷的折磨，被打入“冷宫”关了起来，不许与人接触。

孔老爷对大姨太奈何不得，后来太太出面调解，才让郝妈为何珠妹送饭。凯卿非常气愤："天底下竟有如此狠毒的人，真该千刀万剐！"

"我想爹娘，我想回家，求你帮帮我吧。"说到这儿，何珠妹已泣不成声。凯卿很同情这个柔弱女子，望着她那悲伤、乞求的目光，凯卿想到哑妹，心一阵阵紧缩。他不能拒绝她的请求，他不能眼睁睁地看着穷人家的姐妹遭受苦难，自己却袖手旁观。他思索片刻后，对何珠妹说："你把老家的地址告诉我，我想办法找人救你。"

出身贫苦的郑凯卿，在心灵深处埋藏着对贫苦人的同情，对恶势力的憎恨。他找到唐妈妈，让她托人帮忙，设法与何珠妹的家人取得联系。两个月后，在一个风雪交加的夜晚，凯卿、唐妈妈领着何珠妹老家来的亲人们将她悄悄接走。何珠妹万分感谢郑凯卿。之前，何珠妹曾请求郝妈帮助，但是郝妈怕连累自己，不敢为何珠妹传递消息。让何珠妹没有想到的是，郑凯卿不惧危险，出手相救，使她终于逃离"虎口"，与家人团聚。

两年后，孔宏志进了洋学堂，凯卿结束了书童生活，王秀才也准备离开孔府。分手时两个同样孤身漂泊的人依依惜别，凯卿向王秀才鞠躬，感谢王秀才教给他知识，生活上给予他照顾。王秀才要凯卿离开孔府后再去找事做，凯卿点点头说：这一别不知什么时候再见面，王秀才听了伤感得什么话也说不出来。

第三章

文华校工

挑水昙华林

1905 年，郑凯卿离开孔府后，生计又没有了着落。陈伯伯和唐妈妈家负担那么重，不能再给他们增添麻烦了。他打听到可以从长江挑水送到离胭脂路不远的昙华林，获取力资收入，谋得生路。水是江里水，这活儿只要出力就能有口饭吃。他跟陈伯伯说了这事后，就到昙华林一带送水卖。那时没有自来水，百姓人家用水一般是自己到江河湖塘挑水，有钱人家用水就付钱雇挑水工挑水。

昙华林是一条长约千余米的古巷，位于湖北武昌西部，南倚花园山，北靠螃蟹岬，依山而建。这里青瓦小院，梧桐花园，麻石幽径，曾是清政府地方军事衙门所在地。昙华林一带民房多，又是秀才云集的地方，因房租便宜，离司门口武昌贡院考场只需步行十来分钟即可到达，当时湖北全省各地秀才都选择在这个环境幽静的地方，苦心读书备考。

在昙华林花园山南麓，有佛教丛林正觉律寺，山脚下（今螃蟹岬）有六通寺、城隍庙、灵瑞道院等寺庙，寺庙的周围林木郁郁葱葱。1861 年汉口开埠后，洋人和豪门就看中了这个地方，美国圣公会、英国伦敦会、瑞典行道会、意大利圣方济等也在这里建有各种西式小洋楼，先后有意大利、英国、美国和瑞士的传教士，在这里传教、办学、施医。在昙华林这个不大的片区居住、生活的外国人和达官贵人们，吃水用水都需要穷苦的挑水工挑水。郑凯卿在这里卖水，热情豪爽，待人诚恳，在挑水工和雇他挑水的顾客中口碑很好。

每天清早，郑凯卿就要挑着满满一担水，一步一步艰难地行进在昙华林蜿蜒、幽深的巷子中。沿路经过各式精美的建筑，高耸的屋顶，宽大的院落，其中有砖木结构的，有深幽回廊的，有浮雕拱门的，有民居，有洋楼。可凯卿无心，也无时间去看，他要多挑水，多挣钱，好为哑妹和唐妈妈送点钱去。

凯卿为百姓人家送水，不计较报酬；给洋人和达官贵人挑水，一分一厘都要算得清清楚楚。他节衣缩食，把这些用汗水挣来的钱慢慢积攒下来，送给哑妹、唐妈妈和其他的穷人。他珍惜每一文钱。一次，他在瑞典领事馆结账时，拿到了三个铜板，小心翼翼地拿出一块布准备将钱包起来，一不留神，一个铜板从指间滑落，滚到泥水沟中，凯卿找来树枝拨弄未找到，他又用手在淤泥中一点点地摸索，花了很长时间才把那个铜板找到。洋人很不理解，不屑地说：一个铜板有那么重要吗？在饥寒交迫的年头，多一个铜板哑妹家人和唐妈妈家人就能够多买一口活命的口粮啊。

凯卿给盲人孙大伯家挑水从不收钱。一年冬天，他准备去孙大伯家送水。寒风凛冽，滴水成冰，凯卿挑着满满一担水，每走一步都很沉重。这时，突然从巷子里跑出一个十一二岁的小男孩，一头撞在他的身上。他打了一个趔趄，虽然没有摔倒，但桶里荡出的水打湿了他的裤子和双脚。撞他的孩子看了他一眼，慌忙调头跑了。凯卿不顾寒冷，把剩下的半桶水送到孙大伯家后，又返回江边将水桶舀满再送到孙大伯家。

结缘“文华”

转眼几年过去，郑凯卿 18 岁了，已长成身材高大的青年。在这一年里，郑凯卿送水最多的是文华大学。学校领导看到凯卿老实忠厚，吃苦耐劳，一直坚持为“文华”送水，决定留郑凯卿在学校当校工，专门为学校送水。从此，郑凯卿因挑水与“文华”结下不解之缘。他在这里学厨、当劳作老师、童子军技师，前后陆陆续续近 30 年。

文华大学的前身文华书院，1871 年 10 月 2 日由美国基督教圣公会创办于横街头，后迁入武昌花园山，即今武昌昙华林（现址湖北中医药大学），是中国内地最早开办的新式现代学校。1890 年学校增设高中，1903

年又增设大学部，逐步发展成文华大学。凯卿每当路过教室，听到琅琅读书声，就有发自心底的读书欲望，他很想跟那些学生们一样能坐在教室念书、写字，坐在教室里学知识、学文化。可是，他没有钱缴学费，不能上学，他心情沮丧。

学校人多，厨房用水量大。黎明，伴随着学校的钟声，郑凯卿就要忙碌着到长江边挑水了。他挑着水桶到江边将水桶舀满，然后走过好几条街道到学校，每天都得这样来回跑上几十次。一年四季，春夏秋冬，不论是三伏酷暑，还是数九寒冬，不论是烈日当空，还是雾雨风雪，凯卿要从早到晚挑水，累得喘不过气，也没有时间再想上学的事情了。夏天天气炎热，汗流浃背，凯卿晒得肩和背脱了皮；冬天天气寒冷，双脚常常被水打湿，脚上长满冻疮，让他疼痛难忍。

常年挑水很劳累，有时还会遇到危险。有一年冬天，他身穿一身棉布缝制的裤褂，脚穿一双草鞋，挑着水桶来到江边。江水翻腾、浊浪滚滚，江浪卷着泡沫和漂浮物涌向岸边。为了舀到干净水，他将裤腿卷得高高的，小心翼翼地走到江边，舀好水后挑在肩上，扁担在肩头颤动了几下，他稳住身、慢慢转身，准备往岸上走。这时，突然一阵浪涛向他袭来，差一点将他掀倒。他抬眼一望，一艘外国轮船正快速驶过，江面上的一些小木船像一片片树叶浮上沉下。外国轮船在江上横冲直撞掀起大浪要弄着小木船，郑凯卿看着艄公们驾着小船在风浪中左躲右闪的危险情景，他的心久久不能平静。

在回学校的路上，郑凯卿见几个小混混将一位衣衫褴褛的老人推倒在地，忙放下水桶，气愤地抡起扁担将几个小混混赶跑了。老人双手抱拳，感谢凯卿，凯卿低头一看，原来是王秀才，凯卿和王秀才都没有想到会在此重逢，两人不禁嘘唏不已。原来王秀才离开孔府后，一直没有找到差事，断了生活来源，穷困潦倒的他只有摆摊号脉看病，或卖点字画，有时向路人乞讨。凯卿赶紧扶着王秀才在路边坐下，把身上仅有的钱给了他。交谈中王秀才得知郑凯卿以挑水为生，辛苦赚钱不容易。他一开始不愿意接受，推让了好一阵，后来实在推辞不掉，才收了下来。两人再次相逢，王秀才主动提出教凯卿读书，这让郑凯卿喜出望外。从此，凯卿白天挑水，晚上读书，有不认识的字、不明白的意思就请教王秀才。凯卿从书本中学到不少知识，明白了许多道理，这在凯卿后来的人生中起到了很大作用。他常挂在嘴边的一句话："我能认字读书，全靠先生不收学费白教我这个穷学生。"郑凯卿非常尊重这位私塾老师，和他保持着多年的情谊，不论自己的生活多么拮据，总想方设法给予他资助。

骂洋人水

"文华"的教师多是中国留学欧美和日本的学士、硕士，还有一些美国和英国的外籍教师，大多数外籍教师为人友善，极个别的瞧不起中国人，优越感十足。

和郑凯卿一起挑水的伙伴小石头，身材瘦小，挑水很吃力，挑满一担水，走起路来很费劲。特别是冬天长江水位下降，石阶要比夏天多出许多，小石头体力不济，凯卿不说二话，先帮小石头将水桶挑到江堤上，再折转回去挑自己的水桶。凯卿常告诉小石头，"挑不动，就少挑一点，少收一点钱，不要把身体压坏了。"小石头懂事地点着头："凯卿哥，这世上就数你最关心我，和我最贴心。"

一天傍晚，夕阳坠入西边，暮霭笼罩着文华校园，忙碌了一天的凯卿，正坐在树下看书。这时，小石头满脸沮丧地来找他，说是被洋教授史密斯踢伤了。

郑凯卿感到很奇怪，小石头说的史密斯，平时举止斯文，风度翩翩，嘴角带着微笑，一副温文儒雅的模样，今天怎么竟会这样对待小石头？

小石头委屈地说："史密斯家里的地板刚擦洗过，很滑，他站在厨房的走道上，我挑水路过他身边，脚没站稳，滑了一下，水洒到他的皮鞋上，他一下火了，用脚使劲朝我的腿上踢，大声斥责我，叽里呱啦不知道讲些什么。那皮鞋踢得我好疼啊！你看我的腿上还有两块乌紫印子。”小石头一边说，一边哭着卷起裤腿，露出腿上的伤痕。

郑凯卿心疼地摸了摸小石头腿上的伤，安慰道：“别哭，我们一定帮你出这口气。”小石头疑惑地说：“帮我出这口气，那怎么可能，算我倒霉，许多人怕洋人，见了他们都点头哈腰，这口气怎么出？”“不让洋人逞威欺负我们，不给他挑水，灭灭他的威风。”郑凯卿愤怒地说，他让小石头找到几个要好的伙伴，分头串联昙华林一带其他挑水工人，大家约好谁也不给洋人挑水。

第二天过去了，第三天过去了，一连几天洋教授史密斯以及他的左邻右舍的洋人都没有水用，他们着急了，眼睁睁地看着没水洗衣、没水做饭，连喝的水也没有。小石头呢？街上挑水的工人呢？怎么都不见了，他们都到哪里去了？

郑凯卿年少挑水时用于盛水的大水缸

史密斯更着急，他找到校长和总务主任，尴尬地道出实情，校长对总务主任会心地一笑，说：“你带他去找校工郑凯卿，他跟挑水工人很熟。”史密斯向凯卿说明来意，郑凯卿故作惊讶地问：“发生了什么事？不是小石头为你挑水吗？”史密斯承认踢了小石头。“那我不管，你自己去找他吧！”

郑凯卿说完转身就要走。史密斯连忙拉住他说："NO！ NO！ NO！还是请你帮个忙吧！"凯卿语气缓和了些说："我去找他，除非你跟他道歉。"

史密斯知道自己碰到了一群什么样的中国青年，他猜想"罢水"这件事可能就是郑凯卿的主意。他知道踢伤小石头背了理，更知道自己和邻居家没有水是不行的。但是，要让他一个堂堂的洋教授向挑水工人道歉，面子上实在过不去。

于是，史密斯估摸着能不能用什么办法来赖掉道歉。这时，他看到学校墙壁上的一幅标语，便指着墙上的标语对郑凯卿说："你能认出并解释上面字的意思，我就依你向他道歉。"郑凯卿看着标语，心里暗暗高兴，这是他听王秀才讲过的，记得烂熟，他不慌不忙地念道："'己所不欲，勿施于人。'洋先生听着，己：自己。欲：想、希望。勿：不要。施：加。这句话是出自《论语·颜渊》。意思是自己不愿意的，不要强加给别人。我们中国人是不会随便打人的，如果错了，就一定会给人道歉的。"

史密斯被眼前这个青年的言行惊住了，他没有想到郑凯卿一个挑水工人，不仅认识字，居然能讲明白道理。自己选的标语简直是一条教训，他表示一定向小石头道歉。

郑凯卿见目的达到，劝说小石头：为史密斯送水，并且如此这般地变"戏法"。小石头高高兴兴地挑着水来到史密斯家，史密斯一看傻了眼，这样浑浊的水怎么能用啊！史密斯向小石头道歉，让他帮忙换一担清水。这时，小石头不慌不忙地从腰间取出一个竹筒，在水桶里顺时针方向搅动，不一会儿，水就变清了。史密斯一下愣住了，后来才恍然大悟：原来，小石头的竹筒里面装有明矾，竹筒下部有几个小孔，明矾和水反应生成一种胶体，这种胶体会吸附水中的微小颗粒，然后沉淀下去，使浑浊的水变清，达到净水效果。这就是郑凯卿教小石头的变"戏法"。

"罢洋人水"的故事，在"文华"师生中，在挑水工人中，像长了翅膀一样传开了，大家称赞郑凯卿有骨气，不仅有不畏洋人的斗争勇气，而且善于用"己所不欲，勿施于人"的中国古训说服教育"洋先生"，并且让小石头采取明矾变"戏法"巧妙地赢取斗争的胜利。

拜师学厨

后来，学校打了一口水井，并建立了供水设施水塔，用抽水机将井中的水抽上塔顶蓄水池，再通过管道分送到全校。这是在武昌城有自来水以前，最早用水塔供水的地方。

郑凯卿不用挑水了。学校厨房的颜师傅见凯卿聪明能干，又吃得苦，很想收他做徒弟。一天，颜师傅笑嘿嘿地说："凯卿呀，做我的徒弟怎么样？我教你红案、白案，'十八'般武艺全教给你。""真的吗？太好了！"郑凯卿不敢相信自己的耳朵，过去自己凭劳力干活挣钱，现在如果学会烹饪，以后就可以靠手艺吃饭了。望着颜师傅，郑凯卿无法表达自己的感激之情。

郑凯卿从颜师傅那里知道了饮食营养学始祖的彭祖，决心像彭祖那样，学会烹饪技艺，做一个好厨师，为学校师生服务。颜师傅在传授烹饪技术时，总是一边讲一边做示范，并且经常手把手地教。因此，本来应当三年的学徒，郑凯卿不到一年就学有所成，能够单独操作了。师傅教得尽心尽力，徒弟学得专心致志。凯卿很快掌握了"选料、切工、配料、调味"以及怎样掌握火候等技艺。他常说各个地方的人，生活习惯不同，其口味也不同，酸甜苦辣咸，能调百味鲜，味道鲜美的食物能刺激味觉，增加食欲。

郑凯卿肯动脑筋，学会了做一些特色菜肴，颜师傅教他做鱼丸子，他仔细听、认真学。反复多次实践后，郑凯卿编了一个做鱼丸的口诀"斤鱼两粉二钱盐，温水下，火不大"。按照口诀操作，每次成功做出的鱼丸子，白白嫩嫩的，像白鹅浮在水面上煞是好看。除了特色菜肴，郑凯卿做的家常小菜，如韭菜炒干子、大蒜烧凌豆腐（冻豆腐）等，师生们也吃得有滋有味。但凡品尝过凯卿烹调的食物，对他的烹饪技艺都称赞不已。

消息传出，好几家有钱人家以高于学校的薪金聘请他为私人厨师，都被他婉言拒绝了。他不为金钱动心，宁愿留在“文华”为学校的师生做饭烧菜。

“文华”思殷大楼一楼为文华大膳厅，文华大、中学生一日三餐皆汇聚于此。食堂的饮食重视营养和卫生，每餐得摆五十多桌，每桌坐八人。三荤二素，星期日中餐加一荤菜（蒸肉或肉丸子）。进餐时间，钟楼钟声大鸣，大家齐聚膳厅，各按座次入座。领班按响“台铃”后，全体起立，谢饭毕，再一起坐下进膳。每位学生各有一双筷子，两把汤匙，筷子只用来拣菜，不得入口。用白色汤匙舀菜和汤，放入蓝色汤匙内，再入口啜饮，蓝色汤匙也用以扒饭进食。师生进餐后餐具统一煮沸消毒，防止疾病传染。

学校有外籍教师和 10 多位海外华侨学生习惯吃西餐。因此，郑凯卿除了中式的烹饪、烧菜、煮饭外，还学会做各种西点和中点。他心灵手巧，善于学习，做的西点受到外籍教师和华侨学生赞扬。做的“文华饼”酥脆可口，很有名气，当时凡是来校探视子弟的家长无一不购买“文华饼”品尝。

“万能”师傅

“文华”是当时一所很有名的教会大学，“文华”，有文章华国的意思。初办时是一所男生寄宿学校，主要是为扩大美国圣公会的影响培养传教人员，是武汉地区影响较大的新式学校，1871 年 10 月 2 日开办时只有一名教师，5 名学生。教学方法和中国旧式私塾基本相同。学生一半时间学中文，主要是“四书五经”，一半时间学基督教教科书，包括教义问答、公祷文、圣诗等。为了打开局面，引起社会广泛关注，吸引生源，美国传教士、校长贝鼎礼亲自上街做宣传。1898 年的一天，他携带一部留声机，到汉口河街（今汉正街）一家由广东商人韦紫封开办的遐泰昌茶行内，把留声机放在当街的二楼大声播放音乐，围观的人群纷纷议论：这机器能说话会唱歌呢，洋人本领蛮大呀。贝鼎礼校长见产生效果，乘机大肆宣传，他介绍说，如果你们把子弟送到文华读书，我们就教他们制造这种会说话的机器，还教他们标准的英语。经过宣传和发展，学生人数逐年增多。

1901年学校建立学生军，开展西方体育教学，即把锻炼身体的军事体育课（体操与兵式操）列入必修课程。1905年，文华学生军由学校英文教师余日章先生主持。1906年，郑凯卿到学校当校工时，学生人数增加到300多人。为了鼓舞学生军士气，1906年余日章和张纯一共同创作《文华学生军歌》。余日章（1882—1936），湖北蒲圻人，文华书院学生，后赴美国哈佛大学专攻教育，毕业后回到母校文华任教，1911年被推荐任文华大学校中学部首位中国校长，曾参与过孙中山先生《建国方略》的编纂工作。张纯一（1871—1955），湖北汉阳人。清末秀才，1904年在文华学院教授国文，1909年任上海《大同报》编辑，1920年起在燕京大学、南开大学等校任教。余日章和张纯一创作的《文华学生军歌》后来成为武昌起义时的起义军军歌，1907年他们又创作了《文华校歌》，高唱："真理与正义兮，发挥维护期吾曹，决不避任何牺牲，志愿要达到，矢我忠诚爱我祖国，人类皆我同胞。"首次将"爱我祖国"和"维护真理"写进校歌，昂扬着为真理献身的爱国精神。这些让郑凯卿为之一振，在思想上产生了共鸣。1906年，文华书院在武汉首开大学课程，书院分为"正馆"和"备馆"。

1909年文华书院"正馆"实行大学学制，在美国立案获批，定名为文华大学校，内设文学科、理学科、神学科、医学科、国学科，为武汉地区最早的综合大学。"备馆"则改为文华中学。这年，郑凯卿任文华大学的劳作教师，受余日章的委托，郑凯卿和美国籍教师康明德一起加强"学生军"的训练。他们整顿军容，统一学生军军装，学生军夏天穿白色制服，冬天穿深蓝色呢子制服，并发给皮带和绑腿。每星期一、三、五早晨体操、下午兵式操，坚持训练。学生用仿真步枪进行兵操训练，每次操练时，以中队为单位排列，队员各端一支木枪，队长和副队长持指挥棒在前面率领。郑凯卿带学生野外演习，学习战地救护，远足行军，野营野炊等。学生军训队员身着军装，由鼓乐队引领在大街上列队行军，目的地是洪山宝通寺或武昌卓刀泉。他们有时在小东门外的磨盘山进行战斗演习，许多学生不畏艰险，跨越壕沟，穿过荆棘，给人以实战的感觉。这些训练颇受学生欢迎，既锻炼了体魄，磨炼了意志，也学会了一些军事知识。为文弱书生进行军事训练，这在当时是绝无仅有的。郑凯卿带领学生军训练时高唱《文华学生军歌》《文华校歌》，心潮澎湃，歌中弘扬的勇于担当责任、坚持真理正义、忠诚爱国、不怕牺牲的主题，给予他前进的方向和力量！

后来学校又增设“劳作课”作为学生的必修课。郑凯卿热心肯干又爱钻研，心灵手巧，学校让他担任“劳作教师”。郑凯卿给学生上“劳作课”，教学生们学做铁工、木工，用木和铁仿做木步枪，制作小木凳、靠椅、小圆桌，教学生学塑像、烹调和园艺栽培等。

郑凯卿待学生真诚热心，教育学生以鼓励为主，很少批评训斥。他待人和气，轻言细语地教学生怎样用手做事，用心学艺，做个好学生。“劳作课”和“工艺活动”帮助学生提高学习乐趣；培养学生劳动习惯，学会谋生手艺。

新中国成立后，当年受郑凯卿教过“劳作课”和“工艺活动”的文华37届学生杨庆生（同济医科大学、武汉医学院外语教研室副教授）在《文华之光》书中写道：当年郑师傅拿的是工人工资，做的是教师工作。师生们都很喜欢他，叫他“万能师傅”。杨庆生的大哥也是文华的学生，他的大哥从郑老师那里学会了一手做西点的好手艺。他说：“那时学校在课余让学生学做各种手艺活，西点、中点，还有石膏、石蜡工艺品，铁工、木工、藤工，郑老师都能做。”杨庆生也跟着郑老师学了好几样小玩意，做过一个藤编的字纸篓，还翻砂铸制了一个鼻琴。这些少年时期的作品，杨庆生和他大哥视如珍宝一直珍藏了数十年。

第四章

思想觉醒

受蒙日知会

1906 年，郑凯卿进入“文华”当校工后，给他的人生打开了另一扇大门，“文华”校园里浓郁的革命思想深深地吸引着他。在这里，他听到了过去没有听到过的话，看到了过去没有看到过的事，看到了抵制不公平、反抗受压迫的另一种方式。在工作之余，他把精力全部用在关注这些事情上了。

这一年，正值湖北革命团体日知会成立。日知会原是武昌圣公会的图书馆，以“日求一知、不断进取、开启民智”而命名。它的创办者是文华大学的国文教师刘静庵。刘静庵（1875—1911），湖北潜江人，前清秀才，因愤清政府腐败无能，于 1903 年投笔从戎加入新军，与革命党人张难先等人在新军中从事推翻清王朝的革命活动。次年与文华学生宋教仁、高师学生吕大森等成立武汉地区第一个革命团体“科学补习所”。1906 年 2 月，日知会阅览室迁址于文华书院的花园山高家巷圣公会圣约瑟礼拜堂。刘静庵、余日章等文华教师就在文华学校初中二部成立了以“反清、革命”为宗旨的日知会，他们在进步师生中鼓吹革命。郑凯卿被学校的这些新思潮新现象吸引住了。

当时，文华学校里的革命气氛浓厚，可读到许多进步书刊，听到传播进步思想的演讲。凡是能够读到的进步书籍，或听到进步演讲，郑凯卿都要抽时间去读去听，不论干活多累，也要去参加。受进步思想的影响，在这里，他的思想得到了熏陶和升华。

日知会阅览室公开陈列有清政府严令禁止的中国革命书籍，以及欧、美资产阶级革命的大量图书和新闻报刊，这些书籍、报刊对文华师生和新军、市民自由开放，吸引了大批先进青年来此阅览。郑凯卿成了这里的常客。他在阅览室第一次读到了陈天华的《猛回头》《警世钟》等书籍。“长梦千年何日醒，睡乡谁遣警钟鸣？腥风血雨难为我，好个江山忍送人！万丈风潮大逼人，腥膻满地血如糜；一腔无限同舟痛，献与同胞侧耳听……”陈天华在《警世钟》里淋漓尽致地痛斥列强对中国的侵略罪行与清政府的腐败无能，令郑凯卿振聋发聩，深受启发教育，他的思想上产生了从未有过的激情与共鸣。

在日知会阅览室，郑凯卿与同在阅览室阅书读报的董必武相识，这是郑凯卿与董必武的最早相识。董必武（1886—1975），湖北黄安（今红安）人，1905年考入武昌文普通中学堂后，常到日知会阅览室读书看报听演讲。董必武比郑凯卿大两岁，由于年龄相仿，他们常在一起读书看报讨论问题。董必武是秀才，识字多，见识多，董必武常为郑凯卿解疑释惑，时间长了，两人建立起很深的友谊。他们的友谊在后来艰难困苦的革命岁月里愈加深厚。

刘静庵等人以“日知会”为掩护，广泛传播新思想。在周末的晚上举行宣传演讲会，召集中国籍教师和少数学生秘密开会，抨击清廷腐败，主张反清兴汉，倡导民主共和，聚集革命力量。刘静庵在文华是教大学班诸子学的，上课时严肃地解释诸子，从不涉及时政。平时也沉默寡言，但在日知会秘密开会或演讲时，他却激昂慷慨，宣传革命思想。这让郑凯卿、董必武这些青年、学生和新军士官等听演讲的人热血沸腾。每次听演讲，郑凯卿会想起哑妹、陈伯伯一家，以及小石头。他深感国家处在危急的关头，逐渐开始明白推翻封建旧制、建立民主共和的一些道理。

从此，郑凯卿更加积极参加革命活动，在与刘静庵、余日章接触中，刘静庵、张难先“革命非运动军队不可；运动军队非亲身加入行伍不可”的思想，让郑凯卿对用革命的方式争取民族独立的道理有了更深的认识。他向余日章表达自己在文华当校工、技师，接触最多的是文华学生军即革命党的“革命救世军”，可以在“学生军”中开展革命活动，鼓动怀有救国之心的青年学生投笔从戎。

后来，刘静庵、余日章还交给郑凯卿一项任务，帮学生军制作、修理和保管学生军训练时使用的木枪等军训用具。郑凯卿的木工、铁工手艺活都很好，他依照当时清新军装备的新式步枪（仿德国和日本军队制造），仿照制作成的木步枪能够“以假乱真”，堪比当时清新军装备的新式步枪。刘静庵、余日章对此非常高兴，学生们也很喜爱。刘静庵、余日章夸赞郑凯卿手艺高。

郑凯卿还直接参加了日知会的革命宣传活动，利用文华大学作掩护开展各种革命活动，除了经常开会、听演讲外，还秘密翻印、散发《革命军》等革命刊物。通过这些宣传，许多独立的革命团体纷纷并入日知会，武昌各军营和学校的团体还派会员作代表从事联络，日知会的活动范围扩展到湖北省内许多县城及江苏、安徽、辽宁等地。

1906 年 5 月，“同盟会湖北分会”成立，刘静庵率日知会全体会员集体加入孙中山领导的“中国同盟会”。10 月，同盟会的机关报《民报》创刊，孙中山在《民报》发刊词中首次公开提出“民族、民权、民生”三民主义，号召实行民族民主革命。为了促进同盟会务，孙中山邀请法国革命党人欧吉乐来“文华”考察日知会，演讲革命要旨。为了把大会办得隆重，郑凯卿带着学生军布置欢迎会场，在大操场搭台竖棚，做得井然有序，十分成功。

1907 年 1 月，日知会惨遭清政府破坏，刘静庵等骨干人员被捕入狱，文华师生尽力营救未果。刘静庵遭敌人种种残酷刑罚折磨，仍英勇不屈，在狱中关押达 5 年之久，1911 年 5 月 16 日在武昌监狱病逝。刘静庵去世后，余日章带领文华进步师生继续坚持革命活动，指导和鼓舞学生编辑《文华学界》，传播新思想。他通过课堂教学鼓吹革命。课余时间，星期日下午，则由郑凯卿和洋教师康明德组织学生结成队伍，走向武昌各闹市地区向市民进行革命宣传鼓动。为了扩大宣传效果，郑凯卿与学生军一起上街，一起演唱军歌，文华铜管乐队吹号打鼓走在队伍的前列，高举着“十字军”的大旗，大家高唱“向前、向前，伸我自主权，抖擞精神唤起国魂”“愿同胞，团结个，精神气，唱军歌，一腔热血人儿，意绪多。怎能够坐把国事蹉跎，准备指日挥戈，好收拾旧山河。”“新世界能够造得坚牢，便是绝代人豪。浩然气，薄云霄。”……学生军到武昌阅马场、蛇山等人多的热闹场所，以歌声唤起民众。他们走到哪里，就唱到哪里，充满革命激情和战斗精神。

参加辛亥首义

1911 年 4 月，黄花岗起义失败，以文学社和共进会为主的革命党人决定把目标转向长江流域，准备在以武汉为中心的两湖地区发动一次新的武装起义。

两个革命团体在湖北新军中开展革命宣传工作，在新军中发展革命力量，积极准备起义。1911 年初夏，两团体领袖、各标营党人代表见面密谈，大家一致认为“合则力量聚而大，分则力量散而小”，表示要风雨同舟，和衷共济，实行联合共举大事。文学社和共进会的联合是湖北各革命团体的总汇合，当时湖北革命党人已有 5000 多人，大多是湖北新军中的革命士兵。随后，各方代表向革命党人秘密下达准备起义的信息，还大量翻印《文华学生军军歌》，四处散发，很快就在各学校和新军各标营中传唱开来，《文华学生军军歌》成了武昌起义军军歌。这时的郑凯卿按照余日章等人的要求，做了大量学生军用的军训用具，印刷了青年学生们需要的《文华学生军军歌》，很受学生们的欢迎。

通过革命党人的努力，1911 年 10 月 10 日夜，新军工程第八营的革命党人打响了武昌起义的第一枪，革命党人以火把为信号，发动了起义，很快夺取楚望台军械所。武昌起义的枪炮声震惊了昙华林，也震醒了郑凯卿。这时的郑凯卿才真正明白了刘静庵、张难先“革命非运动军队不可；运动军队非亲身加入行伍不可”的含义，他心情激动，毅然投身革命。

在文华学校校长余日章的领导下，郑凯卿和文华学生军快速行动投入战斗。郑凯卿和康明德举着“九角十八星”大旗冲在前面开路，学生军挥舞着平常操练用的仿真枪和指挥刀，高呼着口号紧随其后，呐喊声震天动地。康明德是美籍加拿大人,1906年来文华大学任教，他比郑凯卿大4岁，他们年龄相仿，经常在一起协助余日章校长的工作，结下深厚的友情。郑凯卿和康明德打头阵，学生军勇猛向前。蛇山上守军发现有人冲了上来，而且全都是用的“新式武器”，他们见势不妙，吓得仓皇逃窜。

看到山下起义军攻打总督署，郑凯卿和文华师生又急忙下山支援。战斗非常激烈，起义军伤亡惨重，余日章迅速成立“红十字会”，这是武汉最早的“红十字会”。余日章自任总干事，特地赶制了一面“红十字会”大旗，郑凯卿和文华师生们戴上“红十字”臂章，冒着枪林弹雨，投入火线抢救伤员、掩埋阵亡将士。

不久，汉阳失守，武昌被围，起义军严重缺粮，情况十分危急。余日章校长以“红十字会”的名义，带领郑凯卿等人在汉口筹集数万石大米运往武昌。他们在船上悬挂红十字会旗帜，多次往返于武昌和汉口之间。一天，夜幕降临，大江灰蒙蒙一片，船队行进不久，突遭清军袭击，子弹从郑凯卿的头顶呼啸而过，他机灵地将身体紧贴船舷躲避子弹，和余日章等人冒着生命危险，将大米运送到武昌，解决了起义军缺粮的困难，稳定了军心，激励了士气，为武昌首义成功提供了有力保障。

起义军夺取武汉三镇后，市民兴高采烈地走上大街，庆祝武昌起义胜利，燃放鞭炮欢迎起义军，整个江城热火朝天。武昌首义不久，随即拉开了阳夏保卫战的序幕。阳夏之战是辛亥革命中规模最大、战况最激烈的一次战役，从武昌首义后的第8天开始，其过程之惨烈，昭示了保卫革命成果的艰辛与代价。湖北革命军为保卫武汉，击退清军，在湖南等省的支援下，战斗达40余天，牺牲近万人。文华学校为避战乱而关闭，大部分师生离开学校。其中一部分师生四五十人前往上海，成立了文华旅沪学会，开办了一个附设学校，部分文华学生在此校上课。郑凯卿没有随师生转移去上海，他留在武汉，参加了阳夏战役。

郑凯卿和许多老百姓与起义军一道战斗，铁路数百工人不避炮火，拆毁铁路，使敌军火车头脱轨，列车倾覆轨外。郑凯卿年轻，有的是力气，铆足了劲，和老百姓一起挑着担子，提着篮子，成群结队给起义军送水、送吃的，跑前跑后，不怕劳累。在这次战斗中，郑凯卿在一次偶然的机会，认识了湖北军队同盟会的潘怡如，与潘怡如虽说是一面之交，但印象很深。潘怡如（1881—1943），又名潘康时，湖北黄安（今红安县）人，是董必武的挚友。后来在革命活动中，经董必武安排，郑凯卿与潘怡如有过多次交集。阳夏保卫战有效地牵制了敌军主力，使清政府无力控制和镇压其他各省起义，为各省“易帜独立”赢得了宝贵的时间，促进了革命军和革命力量在全国范围内的发展。以武昌首义为起点的辛亥革命推翻了清朝腐败统治，结束了两千多年的封建专制制度，中国开启了民主共和的新纪元。

童子军技师

1912 年 3 月，文华在武昌复课。郑凯卿和大部分师生回到了学校。为帮助学生形成良好的品行，学校筹建与欧美国家相似的童子军，聘请郑凯卿担任“文华童子军”技师。

童子军起源于 1907 年，英国陆军中将贝登堡当时在非洲召集了 20 名儿童，将他们编成小队，并带他们到英国南部多塞特郡勃朗海岛上进行训练，让孩子们学会生存，遂命名为“童子军”。

1911 年，外国传教士将贝登堡著的《童子军警探》带到武昌文华，文华校长翟雅各派教师严家麟负责翻译并筹备成立童子军。严家麟是湖北武昌人，原系文华大学神学院学生，早年留学美国，曾考察过美国童子军教育事业，是中国童子军创始人。

童子军虽然发端于西方资本主义国家，但引入文华学校时，其目的是发展学生的做事能力，让学生养成良好习惯，使其人格高尚，知识丰富，体魄健全，成为智、仁、勇兼备的人。

仿照英美童子军的组训教育方式，1913 年 2 月 25 日，严家麟、郑凯卿、孟寿彭（童子军的教练）等人组织60名年龄在16岁以下的男生在学校的“文华公书林”举行宣誓，创立了中国第一支童子军，初定名为“童子军义勇队”，随后全国各地竞相效仿。学校要求年龄小的学生都参加童子军，每一个参加童子军的孩子，在加入前都要在孙中山像前进行宣誓，并承诺终身奉行三件事：一是励行忠孝仁爱信义和平的教训，为中华民国忠诚的国民；二是随时随地扶助他人，服务公众；三是力求自己知识、道德、体格健全。

作为童子军技师，郑凯卿把“少年强则中国强”的思想贯彻在训练中，希望通过严格训练，教育青少年有雄心大志、奋发向上。他要求孩子们纪律严明，严格遵守规则，做到诚实可靠、助人为乐、乐善好施、见义勇为、勤奋好学、友爱可亲、服从命令、行动敏捷。在进行训练时，他要求童子军的孩子们不仅要熟读背诵这些规则，而且要遵守，见诸行动。

学校东南部有栋两层楼房，楼上为童子军学生宿舍，楼下为童子军工艺教室和工作室。楼外的草坪有架棍球、网球等体育运动设施。郑凯卿、严家麟、孟寿彭带领童子军训练的内容丰富，除有体育活动外，还有远足行军、野外露营、野炊等，他们分别教学生学习生火、露营、救护、侦察、攀登、支搭栈桥过河等野外生存知识和技能，以及用摇动旗帜作信号来传达信息的旗语，等等。训练时，让孩子们由做而学，由学而做，给予他们与自然界及社会实际接触的机会，以树立对人对物的正确态度。

郑凯卿还培养童子军参加工艺活动的兴趣，教他们学习炼铜、铸铁、雕刻和烹饪等。让孩子们自小掌握一些手工技艺和多种生活技能，锻炼独立生活的能力，提高服务社会的基本技能。他注重培养学生的集体主义精神，树立人生以服务为目的、以服务他人为最大快乐的价值观。

春季踏青，夏、秋季野营，是郑凯卿、孟寿彭实际操练童子军的组成内容。郑凯卿要做大量的工作，野外露营的帐篷、学生的制服都由郑凯卿组织人员制作准备。出发前，童子军全副武装，着统一制服，头戴船形帽，金黄色和蓝色相间的方形领巾系在颈上，肩挎水壶，上装左右两边各有一个荷包，腰间系一根皮带，下穿西装短裤，脚登白色袜和球鞋。每人手持一根五尺长的木棍当“武器”，非常威武雄壮。列队行进时，文华中学铜管乐队吹响军号在前面领路，童子军雄赳赳气昂昂向前行，铜管乐以其深沉浑厚的音响震撼人们的心灵，使人精神抖擞，催人精神焕发，奋发向上。童子军高唱军歌“年纪虽小志敬诚，献此心献此身献此力为人民，忠孝仁爱信义和平都是我们的崇高精神”。

文华中学铜管乐队与童子军有着许多的协作和配合。文华中学铜管乐队是中国教育界最早的西洋铜管乐队。晚清时有位美国人送给慈禧太后一支黑管，慈禧把它赐给湖广总督张之洞。一天，张之洞来到文华中学，观看学生们上体育课后非常欣赏，高兴之余，就把慈禧太后送的那支黑管转送给了文华。可是没有人会摆弄它。康明德来文华时，随身带着一把小号，每天清晨，小号声便在文华校园上空响起，吸引了不少好奇的学生。于是康明德利用课余时间向同学们介绍乐器、乐理、作曲、歌曲等知识，1909 年 10 月，他从美国购进各种乐器 30 多件，正式成立文华铜管乐队。铜管乐队成立后，郑凯卿、康明德经常带领铜管乐队和学生军、童子军整队外出活动，每次文华学生结成队伍外出，高举着校旗，在校旗之后是铜管乐队，整个队伍歌声嘹亮，精神抖擞，威武雄壮。

经过一年多的训练，文华童子军成绩斐然，学校师生与家长们都很满意。文华大学创办童子军的事迅速传播开来，一时间闻名遐迩，全国争相效仿。上海、南京、广州等地学校先后办起了童子军，湖南还派人来汉请郑凯卿、孟寿彭做示范，传授技术，并邀请郑凯卿、孟寿彭带文华童子军去长沙月余，给予实操示范。江西派人来文华数月，学习办童子军的经验。文华还开办“童子军教练员学校”，郑凯卿、孟寿彭为来自武汉各中学体育老师培训，他们结业后再回到原来的学校，担任体育老师兼童子军教练。郑凯卿所训练的文华童子军曾在 1915 年上海举行的第二次远东运动会上，进行会操表演，并参与维持会场秩序等服务工作，得到教育界人士的赞赏。

第五章

同心同行

爱情降临

东方刚刚露出鱼肚白，郑凯卿就醒了，他到学校厨房把水放满，然后去学校操场把学生训练的工具收拾好。学生军的事交给了孟寿彭。等他办完这些事，太阳已照在屋顶上。

他收拾好衣服，还有攒下的钱，打算去看望陈伯伯、唐妈妈。正在郑凯卿带着包袱出门时，唐秀芝、陈万年来到他文华大学的住处。郑凯卿见了唐妈妈、陈伯伯夫妇俩，喜出望外。“我正准备去看望二老的，正好，你们来了，你们有什么事吗？”凯卿问道。唐秀芝、陈万年对凯卿说，李大山伯伯家要请客，让你去帮忙做几样菜。凯卿一听是这事立即满口答应了下来。

李大山是个穷苦人，和陈万年一起靠拉人力车谋生。凯卿在父母去世后，住在陈万年家，在车行当过小工，李大山对郑凯卿知根知底。因为李大山的宝贝女儿李雅卿喜欢上了郑凯卿，李雅卿又不好意思自己开口。那时也没有女方向男方提亲的风俗习惯，而李大山了解郑凯卿，也很喜欢郑凯卿，认为女儿有眼力，凯卿是一个值得信赖、值得依靠、值得托付终身的人。为了促成这门亲事，李大山和妻子来到陈万年家，先征求唐秀芝、陈万年两人的意见。

李大山了解到凯卿还没有对象，便向唐秀芝说出了女儿的心思。唐妈妈知道后特别高兴，她知道雅卿是个聪明、贤淑的姑娘，她认为这两个人再般配不过了。于是，唐秀芝、陈万年一大早来到文华大学郑凯卿的住处，对凯卿说李大山伯伯家要请客，让他去帮忙做几样菜，没有对凯卿提相亲的事。

这天凯卿来到雅卿家，一会儿就做好了一桌饭菜。吃饭时，凯卿发现并没有所谓请来的客人。凯卿带着疑惑去问唐妈妈，唐妈妈脸上笑开了花，高兴地把事情的来龙去脉告诉了他。郑凯卿不敢相信，雅卿这么美丽、娴雅的姑娘会钟情于他。在这以前，郑凯卿只知道白天劳动，晚上挑灯夜读。孤苦伶仃只身一人，除了有长者对他爱怜以外，没有和任何女孩子建立感情。他被这份爱深深地打动了，毫不犹豫地接受了雅卿的爱。

原来，一个夏天的周日，天下着大雨，道路湿滑。李雅卿一手撑着油纸雨伞，一手提着饭篮子给在人力车行的父亲送午饭。走到车行附近时，她脚下一滑不慎摔倒，饭菜撒了一地。这一情景被周日抽空到车行帮忙洗车的凯卿遇见，他赶紧跑过去，伸手将姑娘搀扶起来。随后拿起雨伞为她撑着，看到姑娘的衣服被雨水淋湿，他忙脱下自己的外衣披在姑娘身上。此时这位姑娘红着脸，害羞地低下了头。

凯卿将姑娘搀扶到车行后，才知道姑娘是李大山伯伯的女儿，名叫李雅卿，李大山视她为掌上明珠。凯卿冒雨去附近的小食摊买来烧饼，以代替她父亲的午饭。此时李大山拉完人力车回到车行，知道此事后，连声感谢凯卿的帮助。郑凯卿的热情、善良、乐于助人打动了少女雅卿的心，李雅卿的眼睛湿润了。

正是这次邂逅，郑凯卿撞开了李雅卿的心扉。此后她听父亲和陈万年伯伯多次谈起郑凯卿当书童时冒着生命危险，营救何珠妹逃离“虎口”；在文华大学当校工挑水，不畏洋人权势为挑水工小石头伸张正义；武昌起义时机智勇敢、运送军粮；凯卿还多才多艺，会做铁工、木工、烹饪、雕塑等。这些听闻让李雅卿对郑凯卿原有的朦胧好感逐渐清晰起来，郑凯卿正直、善良、忠厚、勇敢的人格品质在李雅卿的心中打下了深深的烙印，一种从未有过的爱慕之情油然而生，她暗自发誓，此生非郑凯卿不嫁。

与君初相识，犹如故人归。后来，李雅卿非常热衷去车行给父亲送饭，因为那样她就可以见到她喜欢的心上人。但是，有好长一段时间，她都没有看到郑凯卿来车行，心里十分怅然。那时文华大学正在筹建童子军，郑凯卿是童子军技师，他要为学生上课、训练……忙得没有时间去车行了。

转眼到了 1913 年，16 岁的李雅卿出落成亭亭玉立的少女，一头乌黑的秀发，扎成一条迷人的大辫子，一双纯清明亮的眼睛，总是含着笑。雅卿好长时间遇不见凯卿，对凯卿的思念与日俱增，期待着与他再次相遇，却又不便向他人打听。每当夜深人静，凯卿英俊的脸庞浮现在她的脑海。她在心底呼唤着凯卿的名字。

一个隆冬的傍晚，李雅卿终于看见郑凯卿挑着一担水出现在昙华林街，他正急急忙忙地趁在天黑之前，给盲人孙大伯家送水去。这突如其来的发现，让雅卿心扑扑直跳，她一直期待着遇见凯卿，现在遇见了，可她的心却慌乱极了。

她想快点藏起来，怕凯卿发现自己。她又想追上去向他表白，可是少女的矜持与羞涩让她没有勇气向自己心中的恋人倾诉衷情，她心里十分矛盾。这时，凯卿挑着水已渐渐远去，雅卿望着凯卿的背影，深深地叹息，扭头朝家里走去。

雅卿失落地回到家里，她尽力掩饰自己心中的落寞。看到女儿回来，母亲高兴地拉着她絮叨地讲述曾家上门提亲的事。雅卿心不在焉，随声附和着，一会儿把曾家说成郑家，一会儿又不好意思地说刚刚在昙华林街上看见了郑凯卿。女儿虽然没有明说，母亲能揣摩到女儿的心思，她是钟情于凯卿了。

在两家大人安排下，雅卿和凯卿定了亲。李雅卿得到了郑凯卿的爱，她认为自己是世界上最幸福的人。当她大胆追求、痴心向往的爱情真正到来时，却表现得很矜持。而凯卿却不同，他毫不掩饰地把自己全部的爱都投入到雅卿的身上。

佳偶姻缘

元旦这天，昙华林一带车水马龙，来往的人络绎不绝，十分热闹。文华校友们带着眷属子女，从武汉三镇，从四面八方汇聚母校，参加一年一度的文华大学校友会元旦联欢。

凯卿牵着雅卿的手，也早早地来到文华大学。跨进校园，李雅卿仿佛置身于大花园，园内树木苍翠，绿草如茵，花香沁心，景色优美宜人。她对这里的一砖一瓦、一花一草都产生了特别的兴致，因为这里面有她爱着的人的气息。他们一边散步，郑凯卿一边向她介绍学校各种有趣的事。

凯卿告诉雅卿：运动场上有一片草坪，草坪的东南角就是我们童子军训练营，我就在那里带孩子们训练。雅卿说："我能够参加童子军吗？"凯卿说："学校目前没有招收女孩子，等以后招收女生的时候再说吧。你也想参加童子军吗？"雅卿说："当然啊！如果我参加了童子军，就可以天天和你在一起啊。"说着两人的手牵得更紧了。

凯卿和雅卿来到图书馆。这座图书馆是二层砖木结构的罗马式建筑，馆内桌椅都是用坚木制成，沉重厚实。郑凯卿经常在这里读书。图书馆设有编目室、参考室、阅览室、报纸杂志室、书库以及商学书籍、研究中国的外文书籍专藏室。图书馆实行开架阅览，并向社会开放，学校师生可借阅图书，社会人士亦可借阅。凯卿对雅卿说，我们也要多读书，把知识和先进思想带到这里来的都是有文化的教师。我们以后也要让我们的孩子多读书。李雅卿听着脸上掠过一丝不易觉察的绯红。

李雅卿看到学校有几位女孩装扮的学生，感到特别新奇。凯卿说，那是圣希理达女校的学生。过去没有为女子开设的学校，只有培养贤妻良母的家教。文华设立女子教育40年了，比我们俩的岁数都大，那时不叫圣希里达女校，叫布伦女子学校，后来改为武昌圣希里达女校。当时女子离家上学，社会舆论压力大，很长时期内，女学生只有10人左右。我到文华工作时，有60名女学生了。女学校的风气很好，反对缠足与纳妾，提倡女子体操。凯卿的话讲到雅卿的心里去了，雅卿说：这就是你给陈伯伯说的新时代的女性吧。凯卿说，对啊，希望雅卿能像她们一样，做一个新时代的女性。凯卿说完转向雅卿："你是怎么知道我和陈伯伯说的话的呢？"雅卿说："哦，是这样的，你跟陈伯伯讲了你在学校里的事，陈伯伯又告诉我爹，我爹回家说的。他们还说你是个好青年，夸你呢。"凯卿故作认真地说："真的？"雅卿很认真地回答："那还有假啊！你没有看出来啊，我爹和陈伯伯好喜欢你呢！"雅卿停顿一下说："我得做个新时代的女性才行！"几句话说得郑凯卿笑了。

凯卿带着雅卿一路小跑去看文华学生军的军操训练，学生军们"飒爽英姿舞大枪，旭日光照奇操场，文华子弟多壮志，投笔从戎尚武装"。学生军操表演，让郑凯卿引以为自豪，凯卿说学校注重体育教育，学生的校园生活也丰富，除了放风筝、踢毽子，还开展从外国传入的足球、棒球等体育运动项目。这让李雅卿大开了眼界。

郑凯卿要张罗"文华饼"去了，李雅卿就在文华校园蜿蜒的幽径散步。"文华饼"是郑凯卿为了满足校友们的愿望，几天来加班加点赶制的食品。郑凯卿做的这种里面软嫩、外面酥脆、下层焦香的"饼"，层次丰富，口感独特，非常好吃。文华师生称赞这是郑凯卿老师的专利，给它起了个雅号叫"文华饼"。每到元旦新年联欢，文华校友们除自己品尝外，还会带一些回去给家人吃。

后来，只要学校有允许家属参加的活动，郑凯卿就带李雅卿到文华来，他们一起看学生的戏剧表演。在那个时代戏子是不得参与科举考试的，士子也不可登台演戏。但是文华学校冲破这些禁锢，让学生成立剧团，进行戏剧表演。《威尼斯商人》讲的仁爱、友谊和爱情，给凯卿、雅卿留下深刻的印象。

郑凯卿还带李雅卿去看昙华林中式牌坊，欣赏哥特式的教堂，希腊神庙式的圣诞堂，以及有着异国风情的住宅建筑群。郑凯卿休息时，还会约雅卿到陈伯伯的车行里去帮助擦车。凯卿把水提来，每人手里一块抹布，在说说笑笑中把车擦得干干净净。他们在一起有说不完的话，道不完的情，心与心贴得很近。

凯卿惦记着哑妹，很长时间没有见到哑妹了。这天，凯卿跟雅卿说，去看看妹妹，告诉妹妹我们定亲的事，让妹妹高兴高兴。并把当年哑妹未带走的两件旧衣服和断发转交给雅卿保存。雅卿原以为凯卿是孤身一人，现在才知道凯卿还有个妹妹。她听凯卿讲了妹妹的不幸遭遇，心里难受极了。她带上自家做的小吃食品和凯卿来到黄伯伯以前住的地方，让凯卿和雅卿没有想到的是，黄伯伯家在战乱时已经搬走了，这里已经是杂草丛生，满目荒凉。雅卿出生在人力车工人家庭，和凯卿一样，对生活在社会底层的人有着深厚的感情。雅卿说，我们一定要找到妹妹啊，就是我们再穷再苦，也要把妹妹找回来。凯卿和哑妹的苦难经历，让雅卿对凯卿增添了更深的爱。雅卿的善良、贤惠、明理，让凯卿对雅卿心生敬佩之情。在交往中，彼此有了更加深入的了解，感情日益深厚，谁也离不开谁了。

温暖家庭

1913 年，25 岁的郑凯卿和 16 岁的李雅卿牵手结为伴侣。虽然与有钱的人家相比，添置的家庭用品不多，但他们感到自己是世界上最幸福的人。虽然生活贫穷，但是他们相亲相爱，郑凯卿有了雅卿甜蜜的爱情，享受到家庭的温暖，让他不再孤单。郑凯卿爱妻子，教她读书写字，诵读诗文。雅卿爱凯卿，爱他如同爱自己，甚至爱他胜过爱自己。雅卿承担着全部家务，凯卿工作忙，常常很晚才回家。凯卿不到家她绝不先吃饭、绝不先睡觉，一定要等丈夫归来吃上热饭、热菜，照顾好他的生活。

夫妻俩相敬相爱，互相体贴、互相帮助。雅卿看到凯卿一双脚长满了冻疮，忍不住掉眼泪，这是凯卿当年挑水时留下的病根。冻疮引起皮肤糜烂、溃疡，一到冬天天气寒冷就发作。雅卿用鲜姜汁加热熬成糊状，每天早晚为郑凯卿涂在冻疮处，坚持治了好几年才痊愈。

雅卿细心观察丈夫的生活习惯、爱好，丈夫爱吃松散的硬饭，爱穿浆洗得硬而挺的衣服。她每天尽力为丈夫准备好可口的食物，洗净的衣服如果没有米汤浆，便用面粉调成稀糨糊水浆一浆。这些琐碎的生活小事，她都认真对待从不疏忽。

郑凯卿对妻子体贴入微，从不让她干重活、不让她太劳累。1915 年，他们的第一个孩子出世。在妻子怀孕、生孩子和坐月子期间，郑凯卿都精心照顾，即使自己饿肚子，也要想方设法保证妻子的营养，让妻子的身体能够较快地恢复健康。

雅卿怀孕后爱吃酸的食物，他都会及时给她做。即使是在夜晚，妻子说想吃曹祥泰的酸藠头，让郑凯卿第二天去买，他都会当夜买回家。妻子爱吃的东西，他哪怕走遍几条街也要买到。一天晚饭时，雅卿把筷子放在嘴边，眼睛看着菜碗说道:“怎么突然想起油炸臭豆腐干子的味道来了”，她一边说一边不停地咽口水，让人感到油炸臭豆腐干子真的好吃得不得了。郑凯卿二话没说，立即打着油纸雨伞，提着灯笼就去买。当时风雪

郑凯卿和夫人李雅卿

交加，路上行人稀少，这样的天气，一般摊主早早收摊。郑凯卿四处打听、费尽周折，好不容易才找到摊主的家，买到油炸臭豆腐干子。其实当时雅卿也只是那么一想，随口说说而已。郑凯卿却不辞劳苦、冒着风雪，买油炸臭豆腐干子满足了妻子的愿望。当摊主听了凯卿的来意，无不叹羡道，谁家的女人遇到你这样的好男人那真是福大啊。

一生一世一双人，凯卿和雅卿一旦牵手，他们的爱将终生相伴。他们一生养育成人的孩子有六个，三个儿子、三个女儿，女儿中有一对双胞胎。在婚后漫长的岁月中，凯卿是雅卿心目中最坚强的汉子，从不叫苦说累。他们是恩爱夫妻，也是革命伴侣。在郑凯卿参加革命后，李雅卿更加了解丈夫，更加敬重丈夫。她知道丈夫为了穷人的翻身解放闹革命，心中充满敬仰之情。她非常理解、支持丈夫，郑凯卿为革命工作颠沛流离，经常不能陪伴在身边，但是她能理解，从没有抱怨，无论凯卿走到哪里，她都能感受到他的爱。凯卿是她心中的一盏灯，照亮着她前进的道路。李雅卿为了丈夫，宁愿牺牲自己的一切，她在一生中实现了自己的诺言，为凯卿她不辞劳苦，积极协助工作，对秘密革命活动从不打听，对嘱托的任务从不打折扣。特别是大革命失败后，在那血雨腥风的日子里，她曾挺身救夫，用非凡的胆略和智慧解救了自己的丈夫和丈夫的战友，协助他们渡过艰难困苦的时期。他们忠贞不渝的爱情，经历了革命斗争的洗礼。

第六章

坚定信仰

接受新思想

由于资产阶级的软弱性和妥协性，辛亥革命的民主共和成为泡影。在社会动荡的年代，新与旧的交锋，进步与落后的较量，让郑凯卿对社会有了更多的关注和思考。一天，郑凯卿听说文华校友宋教仁在上海被人暗害。宋教仁是近代资产阶级革命家，1903 年就读“文华”，后协助孙中山组织同盟会，1913 年被特务暗杀，32 岁的生命就这样结束，太可惜了。这消息让他难以平静下来。郑凯卿想起宋教仁当年和刘静庵一起组织“科学补习所”的情景，一个年轻的生命说没就没了，宋教仁到底因为什么遭此厄运呢？他放下手头的事，急急忙忙去图书馆翻阅报纸。原来宋教仁因为坚持责任内阁制，在即将出任内阁总理之际，招来杀身之祸。郑凯卿对这位有政治抱负的文华校友的死痛惜不已，对乱世之中的国家命运和时事有了更深的理解。

中国向何处去？社会向何处去？成为当时文华大学和社会上许多进步知识分子困惑的问题。文华大学的中国教师很多是留过洋的，还有外籍教师，他们活跃的思想，影响了郑凯卿。

1915 年，学校的工作更忙了，郑凯卿每天要早早到学校为学生工艺课和训练学生军做准备，还要为文华学生首次参加“远东运动会”国际体育竞赛做准备。由于添了小孩，需要照顾，家里也更忙了。但是他平时把分内的事做完后，再忙再累都要去图书馆看书读报，图书馆有大量的报刊，消息多，特别是周末，总是挤满了人。一天，他读到陈独秀办的《青年杂志》(后改为《新青年》)，让他眼前一亮。郑凯卿反复看了《新青年》发刊词《敬告青年》，文章满怀深情地讴歌：“青年如初春，如朝日，如百卉之萌动，如利刃之新发于硎，人生最可宝贵之时期也。青年之于社会，犹新鲜活泼细胞之在人身。”他还认真读了陈独秀对中国青年提出的六点殷切期望，即：国家所需要的青年应该是自主的而非奴隶的，是进步的而非保守的，是进取的而非隐退的，是世界的而非锁国的，是实利的而非虚文的，是科学的而非想象的。这些论述一扫他往日心头的愁云，点燃了他新的向往和希望。《新青年》成为郑凯卿的启蒙老师，他要像陈独秀所期望的那样，在自己人生青年时期，以“自主、进步、进取”的思想做指引，为国家为社会多做点事，贡献一份力量。郑凯卿比刚到文华学校时更勤奋好学，他还把反帝反封建的爱国主义思想融进学生军训练中，不辞劳苦，教育学生“青年时代是人生最宝贵的，当倍加珍惜；青年于社会十分珍贵，青年当奋发向上，创新进取，为革新社会作贡献”。

当时的武汉处于北洋军阀政权的统治下，封建思想和帝国主义的奴化思想对人们的心灵造成很大的毒害。恽代英受《新青年》的影响，以校报《光华学报》作为阵地，传播西方民主、平等、自由精神，宣传新文化、新思想，从政治上和思想上给封建主义以有力冲击。这是《新青年》拉开新文化运动的序幕后，武汉地区最早的回应。不久，恽代英发起组织武汉地区进步社团——互助社，推动武汉地区新文化运动的发展。1918 年恽代英担任文华中学主任后，郑凯卿成为恽代英组织活动的直接参加者，他参加了恽代英组织的新思想的宣传和讨论，这对郑凯卿的影响很大。郑凯卿和恽代英理想一致，兴趣相同，他们很快成为志同道合的战友和搭档。

在此期间，文华公书林有了很大的发展，图书馆设巡回文库，选择进步读物寄存于武汉各学校，供学生借阅、定期更换。学校组织名人讲演，发展读者队伍，扩大阅读指导。郑凯卿常在图书馆借阅书籍、杂志，并且把《光华学报》等书报、杂志上看到的内容回家讲给雅卿听，要雅卿和他一起到图书馆看书看报，还时常带雅卿参加名人讲演会，雅卿非常高兴。郑凯卿积极参加新文化运动的同时，带着雅卿学习文化科学知识，接受新思想新文化的熏陶。他要雅卿用民主、自由、平等作武器，破除迷信和旧的传统陋俗，从封建精神枷锁中解放出来。

雅卿的母亲信佛，认为神灵会保佑健康平安，常年吃斋，长期营养不良。因年老体弱多病，身体状况很差。家里人都非常着急，要郑凯卿出主意、想办法。为了让身体极其虚弱的老人家尽快恢复健康，郑凯卿做了鱼茸豆腐汤，谎称是竹笋泥豆腐汤给老人吃。老人吃了几天后，身体逐渐好转，脸上泛起红润。一家人感到非常欣慰，老太太很高兴，逢有亲友来探望，连连夸奖女儿女婿孝顺能干。后来不知是谁无意中说漏了嘴，老太太知道自己吃了荤破了斋，心里留下了阴影。她认为吃斋是对神灵的虔诚，吃荤是亵渎神灵，犯了大错，病情一天天严重起来。凯卿让岳母看病吃药，也被老太太拒绝，她只相信神灵能保佑。郑凯卿和妻子耐心地向她讲科学道理，说世上没有什么神灵鬼魂，老太太虽知道凯卿是好意，还要雅卿不要错怪凯卿，可心里还是过不去这道坎，最终未能扛过病魔。临终前，她嘱咐女儿说："你往后就给妈圆圆被打破的斋碗吧。"雅卿说，不相信科学，有病不治，迷信神灵真是害死人啊！后来有人戏谑郑凯卿说："凯卿，你革命革到岳母头上来了。"雅卿不许别人跟丈夫开这样的玩笑，她动怒地警告道："凯卿为了母亲一片好心啊，以后谁要再说这种话，我可就不客气了。"

让郑凯卿切身感受雅卿进步的一件事，是在他的鼓励下，雅卿革除传统陋俗，勇敢"放足"，缠裹了多年的"三寸金莲"终于得到解放。"三寸金莲"作为女性美的象征，在中国封建社会流传了千余年。在旧社会传统风俗下，李雅卿也未能幸免。为了缠成理想中的"三寸金莲"，李雅卿遭受了难以忍受的折磨，"小脚一双、眼泪一缸"。自小缠足，她的脚趾被"窝"起来用布裹着，缠裹的双脚红肿、脚不能贴地，否则便钻心裂骨的痛。她只能在床上待着，痛苦地哭，"三寸金莲"让雅卿的童年留下太多痛苦的记忆。

从前，李雅卿对缠足是盲从的，觉得吃了苦中苦，便可以换来社会公认的美。在新思想新文化的影响下，她重新认识"三寸金莲"这种畸形审美观，是以摧残身体、牺牲健康为代价的。为让更多的妇女免受痛苦，李雅卿自觉加入宣传"放足"的行列。

在五四激流中

1917年十月革命爆发，汉口《大汉报》《汉口新闻报》报道列宁领导的俄国十月革命取得胜利的消息，在文华大学产生了巨大的影响。郑凯卿、恽代英、林育南等一大批进步青年振奋不已。他们立于时代的潮头，又在时代的大潮中成长。郑凯卿特别关注有关俄国十月革命的报道，看了列宁领导的布尔什维克党举行武装起义夺取政权的报道，震惊之余，大受启发。他陆续在《新青年》"马克思研究"专号上系统读了马克思主义的唯物史观、政治经济学和科学社会主义等著作。在图书馆看到李大钊的《庶民的胜利》《布尔什维主义的胜利》等文章，李大钊在文章中说的话让他受到极大的鼓舞："1917年的俄国革命，是20世纪中世界革命的先声""人道的警钟响了！自由的曙光现了！试看将来的环球，必是赤旗的世界"等。郑凯卿和恽代英、林育南都认识到，要打倒帝国主义，求得中华民族的独立和解放，必须向苏维埃学习，走俄国十月社会主义革命的道路。郑凯卿不再感到孤独。此后，他看过不少介绍马克思主义的文章，郑凯卿的眼光看得更远了。

1919年，五四运动震撼了沉睡千百年的中国大地，唤醒了被欺压被奴役的中华儿女，掀起了全国性的波澜壮阔的反帝反封建怒潮。从5月5日开始，《大汉报》《汉口新闻报》先后报道北京爱国学生因中国外交失败举行示威游行的消息，武汉各界压抑已久的对帝国主义和卖国政府的愤慨，像长江巨浪席卷武汉。郑凯卿、恽代英、林育南、陈潭秋等人是这场运动的组织者和领导者。

在1919年初，中国作为第一次世界大战战胜国参加巴黎和会，提出取消列强在华的各项特权，拒绝日本帝国主义提出的二十一条，归还大战期间日本从德国手中夺去的山东各项权利等要求。然而，巴黎和会在帝国主义列强操纵下，不但拒绝中国的要求，而且在对德和约上，明文规定把德国在山东的特权，全部转让给日本。面对这样屈辱的局面，北京政府竟准备在“和约”上签字，消息传来，激起了广大民众的强烈反对。

5月4日，在北京爆发了反对帝国主义、封建主义的爱国运动。这天，北京大学、高等师范学校等13所学校的3000多名学生，冲破军警的阻挠到天安门前集会演讲，随后举行示威游行，提出“外争主权、内除国贼”“取消二十一条”“拒绝和约签字”等口号，同时要求惩办亲日派。游行队伍向东交民巷进发，遭到使馆巡捕的阻拦，转而来到赵家楼胡同火烧曹宅，痛打章宗祥，军警当场逮捕了30多名学生。北京学生实行罢课，爱国运动的影响迅速扩大到全国。

五四时期虽然还没有中国共产党，但是已经有了大批的赞成俄国革命的具有初步共产主义思想的先进分子。郑凯卿、恽代英、林育南等人就是这样的人。北京学生爱国运动消息传到武汉的5月7日，文华大学附中教务部主任恽代英撰写《勿忘五月七日之事》的传单，恽代英、林育南、郑凯卿等人连夜油印了600份传单，第二天在中华大学举行的运动会上散发，成为鼓舞武汉人民投身爱国运动的号角。传播爱国内容的传单，如火种点燃了人们心中的爱国激情。

5月18日，恽代英、郑凯卿和武汉各学校爱国学生3000人齐集阅马场，在阅马场举行声援北京学生大会，随后进行了声势浩大的示威游行，大家挥着写有“誓雪国耻”“灭除国贼”“同仇敌忾”等字样的白色小旗，恽代英、郑凯卿沿路一面演讲，一面散发各种传单。

20日，郑凯卿参加文华大学、圣约瑟学校、博文学院等教会学校千余名师生举行的联合大游行。文华联合大游行，前列有文华大学的铜管乐队，后列是郑凯卿带领的学生军，他们统一着装，步调整齐，高举“宁为玉碎，勿为瓦全，还我山河，保存青岛，提倡国货，还我主权”等旗帜；文华铜管乐队“沿途迭奏哀乐，以示我国民处于卧薪尝胆之状，观者无不感奋泪下”。队伍行至督军署时，遇到了大雨，郑凯卿和学生们仍冒雨前行，“从容不迫，秩序不紊，更形一种刚勇不屈之态度，诚足令人钦敬”。

汉口《大汉报》报道，文华联合大游行有三面大旗，上面写着“力救危亡，提倡国货，唤醒同胞”;“最感动人者，以五色国旗三面，每面以六人捧之，以示祖国将沦，当合群力以扶持，庶救危亡于万一，秩序井然，沉毅悲怆之慨。”学生的爱国游行队伍所到之处，“各商民莫不现一种喜悦之表示，又莫不含有痛恨日人欺侮之怒气”。

武汉学生爱国运动吓坏了湖北反动当局，他们百般阻挠，千般发难，湖北督军王占元派出军警镇压学生爱国运动。6 月 1 日，制造了轰动全国的“六一惨案”。“六一惨案”的发生激起了武汉各界人民的无比愤怒，群众性的爱国运动席卷整个江城。在恽代英、郑凯卿等人的积极发动下，经过青年学生集会游行、宣传鼓动，武汉“提倡国货，抵制日货”运动迅速开展起来，成为促进大众进一步觉醒，激发爱国热情的动力。郑凯卿还通过陈万年、李大山鼓动人力车工人将日产轮胎全部换下，改用国货，以示爱国 。

学生罢课、商人罢市、工人罢工的“三罢”斗争遍及武汉。尤其是武汉工人阶级的直接参与，极大地推动了爱国运动的不断深入。在人民群众的强大压力下，湖北督军政府被迫释放了被捕的学生，查办了残害学生的相关人员。6 月 28 日，出席巴黎和会的中国代表团拒绝在对德和约上签字，五四爱国运动取得了伟大胜利。

1920 年 2 月，恽代英在武昌蛇山北麓横街头 18 号创办了利群书社，致力于介绍新文化、新思想和传播马克思主义。同时以互助社为核心，吸收了日新社、辅仁社、健学会等团体的大部分社员，聚集了恽代英、林育南、郑凯卿等一批为民族新生而苦苦求索的有志青年。利群书社开业后，郑凯卿常到书社看书、参加活动。这里有《共产党宣言》《社会主义从空想到科学的发展》等进步报刊销售，成为传播马克思主义的重要阵地，丰富了郑凯卿的思想。对民众特别是广大青年起了良好的启蒙作用，为人们继续寻找救国救民的真理创造了条件，为马克思主义在武汉的传播打下了良好基础。

1920 年 4 月，董必武在武昌涵三宫创办了新型学校——私立武汉中

私立武汉中学旧址

学，董必武聘请时任《大汉报》《汉口新闻报》记者的陈潭秋住校执教，担任武汉中学英文教员。后来，武汉中国共产党早期组织成立后，郑凯卿和董必武、陈潭秋一起在武汉中学组织开展革命活动。学校开设社会主义课程，向学生传授新思想，使《共产党宣言》《新青年》等革命刊物以及武汉中学自编的《政治问答》等在学生中广为流传。武汉周边各县，以及河南新县、湖南平江等地进步青年纷纷前来学习。武汉中学成为华中地区进步知识分子学习马克思主义，进行革命活动的重要基地。

结识陈独秀

新文化运动有力地推动了马克思主义在中国广泛、迅速地传播，社会主义学说开始成为新思潮的主流。在此期间，郑凯卿读到了一些介绍马克思主义的理论著作和进步书籍，读过陈独秀的《新青年》，懂得了许多革命道理。经过新文化运动和五四运动的洗礼，郑凯卿与恽代英、林育南等成为武汉早期的进步青年，也是武汉早期具有初步共产主义思想的先进分子。郑凯卿真正从旧民主主义革命走向新民主主义革命道路的第一步，是在文华大学结识陈独秀，受到陈独秀的直接影响。

1920年春，文华学生协进会和武汉学生联合会共同邀请北京大学教授、《新青年》主编陈独秀来文华讲学。当时，陈独秀是接受文华大学校长孟良佐的邀请，出席文华大学的毕业典礼并作演讲的。陈独秀应邀来汉宣传社会改革和马克思主义的消息传出后，人们涌向了文华大学，郑凯卿是听演讲的积极分子。

这年春天的脚步早早来到文华大学的校园，小草带着还未融化完的冰雪泥土的芳香钻出地面，星星点点的小花儿点缀在绿茸茸的草丛中。人们没有想到，陈独秀在文华大学的演讲成为武汉中国共产党早期组织成立的思想先导。这是个充满生机和希望的春天。

1920 年 2 月 4 日下午，陈独秀乘上海大通轮到达汉口，文华学生协进会会长兼武汉学生联合会干事长余上沅率领学生代表，踏着积雪到码头迎接，并下榻武昌昙华林的文华大学。2 月 4—7 日，陈独秀先后在文华大学公书林、国立武昌高等师范学校、汉口青年会、汉口堤下段保安会等地作了多场演讲。在文华作了《中国存亡与社会改革的关系》《社会改造的方法与信仰》的演讲。

5 日下午 1 时，陈独秀来到文华公书林演讲厅。这天，大厅热闹非凡，座无虚席，有身着长袍马褂、头戴瓜皮帽、神情严肃的先生；有穿着西装、鼻梁上架着眼镜的学者；更多的则是朝气蓬勃的青年学生，武汉学生联合会和文华学生协进会共有千余人参加了大会。

郑凯卿挤进会场坐在最后一排，他旁边坐着一位有一对炯炯有神的大眼睛青年，经互通姓名，得知此人是陈潭秋。“你读过陈教授的文章吗？”陈潭秋问道。“是的，我读过他写的《敬告青年》，他向中国青年提出了六点希望，包含民主和科学内容，使我受到很大的启迪。”郑凯卿的回答给陈潭秋留下很深印象，陈潭秋认为他谈话很有见地，赞同地点头。两人虽是初次相交，却一见如故。在后来的革命工作中，陈潭秋无微不至地关心郑凯卿，教他学习文化知识，提高他的理论水平。大革命失败后，郑凯卿曾与陈潭秋转辗江西、江苏等地，共同的革命信念把他们紧紧地连在一起。

伴随着雷鸣般的掌声，陈独秀走上了讲台，他向会场的听众环视了一眼，开始了极富说服力的讲演。他在演讲中宣传“平民社会主义”和“新教育之精神”，指出：要改造当今社会，就必须打破阶级的制度，实行平民社会主义，必须打破继承制度，实行共同劳动工作，必须打破遗产制度，使田地归为社会的共产，只有执行这种革命的方法和信仰，才可避免重蹈辛亥革命失败的覆辙。我们要有平等的信仰和劳动的信仰，人人应该受教育，应该常劳动。他说，现时代的恶魔比以前更甚，到了可以革命的时机，我们就非要与那恶魔奋斗不可，希望有社会改造决心的人，要竭力互助，以身作则。

陈独秀从俄国十月革命的炮声震撼世界人民，讲到中国的五四运动点燃了爱国运动的火种，新思想、新文化的革命者纷纷觉醒；从世界东方的中华民族，讲到共产主义的未来。演讲结束后，大家簇拥着他继续谈论着革命。听了演讲，郑凯卿浑身上下好像火焰燃烧一般，他对陈独秀说：听了您的演讲，我突然有一种奇妙的感觉，仿佛感到黑暗之中出现了一条光芒万丈的大道，让我们看到了希望。陈独秀注意到这个工人打扮的青年眼里闪着光，当陈独秀知道他是文华的校工，是那个曾经“罢洋人水”的郑凯卿时，称赞郑凯卿是个有斗争勇气的人。2月6日，陈独秀出席文华大学毕业生典礼，作《知识教育与情感教育问题》的演讲。文华大学从西方民主思想的最早窗口，变成为马克思主义的最早着陆点，这一重大转变是历史发展的必然结果。

此次来汉是陈独秀第一次来武汉，住在文华校园一座两层砖木结构的中西合璧式三合院内（今湖北中医药大学校内）。文华学校专门派郑凯卿照料他的饮食起居，郑凯卿怀着崇敬心情，热情照顾。陈独秀在住的三晚四天中，了解到郑凯卿出身贫苦，阅历丰富，在文华大学多年耳濡目染，对改造社会、自由平等、科学民主等都有一定了解，他又与文华进步师生参加过日知会活动、武昌起义和五四新文化启蒙运动。陈独秀对郑凯卿产生很好印象，很喜欢这位憨厚、敦实的年轻人，几天的朝夕相处，两人相处融洽，经常交谈到深夜。陈独秀把马克思主义与中国革命，“劳工神圣”和“社会改革”的道理讲得通俗易懂。他还介绍了李大钊的文章《我

武昌文华大学文学院旧址。1920 年春陈独秀来武汉就住在此楼的二楼，郑凯卿就是在这里与陈独秀相识

的马克思主义观》，深入浅出地讲述了马克思主义的历史唯物论，以及政治经济学理论。特别介绍了《新青年》和毛泽东在湖南主办的《湘江评论》以及周恩来在天津组织的“觉悟社”。陈独秀的话把革命种子播撒到郑凯卿的心田。郑凯卿明白了马克思主义、劳工革命更好，更符合穷苦百姓的利益，更容易为民众所接受。陈独秀问他愿不愿参加工人运动、投身革命，郑凯卿表示愿意。特别关注武汉工人阶级状况的陈独秀，专门交给郑凯卿一个任务：调查武汉工厂的分布、工人数目和工人生活状况等情况。他一边对郑凯卿讲解具体的调查内容和方法，一边给他画了一张调查表格，郑凯卿毫不犹豫地将调查表格收好放在贴身衣兜里，接受了陈独秀托付的任务。此次相识，陈独秀为郑凯卿指引了革命方向和前进的道路。

陈独秀在武汉的演讲颇受革命党人、青年学生欢迎，但湖北当局却“大为惊骇，令其休止演讲，速离武汉”，陈独秀非常愤懑。7 日晚上，陈独秀乘车北上返京，临行前他送给郑凯卿进步书刊，嘱咐郑凯卿认真阅读，保持联络。郑凯卿和包惠僧等人到汉口火车站为他送行。

“五局”工人状况调查

送走陈独秀以后，夜很深了，郑凯卿回到家，思考起如何完成陈独秀嘱托的调查武汉工人状况的任务来。

中国近代帝国主义列强在武汉设租界、办工厂，建立了采矿、钢铁、机器制造、造船等企业，产生了武汉第一批现代产业工人，现代产业工人有 10 多万，仅次于上海位列第二。帝国主义的不断入侵和洋务运动兴起，武汉地区工业领域中出现了民族资本企业。武汉工厂众多，排得上名次的有好几十家，小工厂有五六百工人、大工厂有上万工人。伴随着近代大机器工业而产生的武汉工人阶级，深受帝国主义、封建势力和资产阶级的三重压迫。怎么调查，调查哪些工厂，郑凯卿拿出陈独秀给他画的调查表格，拟订了调查计划，决定从“布纱麻银铜”五局着手。

郑凯卿处处为他人着想，在文华师生中有很好的口碑，很多师生自愿协助郑凯卿对武汉产业工人的情况进行调查。郑凯卿根据陈独秀所要求的调查内容，带领文华的学生，多次到武昌“五局”（“局”就是现在的工厂，“五局”是麻布局、织布局、纺纱局、银币局和铜币局）了解工人数目，工人生活状况和劳动状况等情况。开办五局是张之洞在武汉兴办洋务运动的产物。当时武汉纺织业兴旺，纺织类的就有纺纱、织布、缫丝和制麻四个局，还有生产银圆和铜币的官钱局。“五局”有近万名工人，纺纱局、麻布局和织布局的人数多则 4000 多人，少则 600 余人。

《中国共产党历史》（中共中央党史研究室著，中共党史出版社出版）一书中记载，为发动工人，提高工人的觉悟，早在 1920 年春，武汉的先进分子就深入产业工人中进行调查，撰写了《汉口苦力状况》《武昌织布、纺纱、铜币、银币、麻布五局工人状况》等调查报告。在“五局”工人状况调查中，郑凯卿与工人们促膝谈心，了解工人们的工作、生活情况，工人们非常感动，视郑凯卿为知己，纷纷向他倾诉不幸的遭遇……

郑凯卿到工人中宣传“劳工神圣”

郑凯卿把调查到的情况认真地记录下来，作为撰写调查报告的资料。当时，工人们进厂做工，需要填写所谓的《入厂志愿书》，资本家在工厂里没有安全防护设施，这实质上是逼迫工人签订的卖身契约，使得工人成为被资本家任意宰割的工具。为了全面地掌握女工和童工的情况，郑凯卿让妻子李雅卿到武昌第一纱厂做调查，女工们向李雅卿低声叙说着受压迫、受虐待的悲惨遭遇。一个工人所得工资无法养活妻儿，为了活命，这些女子只得进了工厂做工。童工只有10来岁，有的更小，但是劳动强度和劳动时间却跟成人差不多，劳累，缺乏营养，身体状况极差，有的童工成了残废，或出事故惨死。

郑凯卿在调查时了解到，织布局、纺纱局、麻布局的工人非常辛苦，工人们分日班和夜班，劳动时间分别达到12小时左右。铸币局每天虽只有一班，但劳动时间竟达16小时之多，工人们除去吃饭、上下班在路上用去的时间，其他时间都在做工，几乎没有时间休息。这不仅突破了劳动日的道德最高限，并且突破了劳动日的生理最高限。尽管如此劳累，工人工资微薄得叫人难以置信，1920年武汉纺织工人日平均工资只有1角2分到2角1分。可是就连这少得可怜的工资也不是全部属于工人，他们还随时可能遇到工头的敲诈勒索。工厂名目繁多的规定，比如给你加上“工作懈怠”“损坏物品”“出言不逊”等罪名就会被罚款，还有在发工资时以“抹零去尾”“银圆改发铜币”等手段进行盘剥。不仅如此，工人人身还受到极大的凌辱。工头手持皮鞭在工厂里走来走去，他们可以任意鞭打工人，有时还用捆绑、罚跪体罚工人，有的工人甚至被毒打致死。

郑凯卿满腔悲愤，将工人们的血泪控诉写入《武昌五局工人状况》调

《武昌五局工人状况》调查报告（局部）

查报告中，在这年秋天经武汉中国共产党早期组织审阅后，署名“文华大学学生”，寄给陈独秀，陈独秀将这份调查报告发表在 1920 年 9 月 1 日《新青年》杂志第八卷第 1 号上。在同一期还有一篇陈潭秋、黄负生和刘子通合写的《汉口苦力状况》的调查报告，文章介绍了汉口一万多码头工人的劳动和生活状况，以充满血泪的事实控诉了资本家对工人的残酷剥削和压迫。

郑凯卿率先调查武汉产业工人生活状况，他的调查为他后来积极投身工人运动、成为湖北武汉工人运动先锋奠定了基础，也使青年学生加深了对工人阶级的了解，增进了与工人的感情，认识到劳动群众的力量，促进了世界观的改造。同时，工人群众也从与郑凯卿接触中，懂得了工人阶级求解放的道理。

郑凯卿与包惠僧是在陈独秀来文华大学演讲期间认识的，包惠僧当时作为新闻记者采访陈独秀。包惠僧是武汉中国共产党早期组织成员之一，他在后来回忆武汉中国共产党早期组织活动时指出，郑凯卿、陈潭秋等人的调查报告深刻地揭露了资本家剥削工人的罪恶行径，是武汉共产党小组早期调研成果，为武汉深入开展工人运动做好了准备。

时隔93年后的2014年6月27日，武昌农民运动讲习所旧址纪念馆为庆祝建党93周年，举办《开天辟地——中国共产党创建史图片展》展览，用100多幅图片和表格全面展示中国共产党诞生的国际、国内背景，中国共产党的创建过程，以及中共一大召开的有关历史。在共产党早期活动的图片中，有几张与武汉有关的图片，其中，就有“中国共产党第一位工人党员、武汉人郑凯卿写的调查报告《武昌五局工人状况》”的展出。武昌农讲所旧址纪念馆原馆长周斌指出：中国共产党成立之初，在全国50多名党员中，只有一名工人党员，他就是武汉共产党早期组织的成员郑凯卿。这份调查报告是当年郑凯卿组织文华大学学生深入武昌五局工人中进行调查后所写。如今，看到近一个世纪前郑凯卿的《武昌五局工人状况》，让我们倍感珍贵。

1920年9月出版的《新青年》第八卷第一号发表了郑凯卿的《武昌五局工人状况》调查报告

第七章

投身革命

参与创建武汉中国共产党早期组织

中国共产党第一位工人党员郑凯卿（1888—1966）

1920 年 8 月的一天，天高云淡。在蛇山脚下武昌抚院街（今民主路）97 号挂着“董必武张国恩律师事务所”招牌的一间很平常的小屋里，董必武、陈潭秋、郑凯卿等七位青年秘密宣告：武汉中国共产党早期组织成立。至此，在荆楚大地共产主义运动第一缕星火点燃。

1920 年夏，在共产国际的帮助下，与李大钊分头进行建党准备的陈独秀、李汉俊等人首先在中国工业和工人运动中心的上海，建立了中国共产党的发起组——上海中国共产党早期组织。上海中国共产党早期组织起草了《中国共产党宣言》，阐明中国共产主义者关于建立共产主义新社会的理想，提出消灭私有制，实行生产资料公有，废除旧的国家机器，消灭阶级的主张。上海中国共产党早期组织将《新青年》作为党组织的机关刊物，并创办了半公开的刊物《共产党》。

上海中国共产党早期组织成立后，其小组成员通过同全国各地的共产主义先进分子联系，促进了各地中国共产党早期组织的建立。与陈独秀等人一起创建上海中国共产党早期组织的李汉俊写信给董必武和张国恩，后又亲自到武汉面见董必武，商谈在武汉成立共产党组织的事；此间，陈独秀的挚友刘伯垂，自广州到上海后，被陈独秀吸收参加了共产党，陈独秀委托刘伯垂联系董必武、陈潭秋在湖北武汉建立共产党组织。

郑凯卿是中国共产党最早的一批党员，是由陈独秀直接点名发展的。

当时的陈独秀已经接受马克思主义，并尝试着马克思主义与工人运动结合，他希望党组织中有郑凯卿这样具有先进阶级觉悟的工人参加，于是他特别关照刘伯垂，联系文华大学的郑凯卿，并给他详细介绍了郑凯卿的情况，以及联系方法。

这年8月，刘伯垂受陈独秀委托，带着一份抄写的中国共产党党纲草案，以及新青年社出版的丛书和俄国革命的小册子，乘船到了武汉，先约董必武、张国恩在武汉关附近的一家小茶馆见面，商谈建立武汉共产党组织。随后，刘伯垂按照陈独秀的嘱咐，和包惠僧一起来到文华大学找到郑凯卿，刘伯垂向郑凯卿转达了陈独秀的意见，郑凯卿表示非常愿意参加共产党。包惠僧曾在他的回忆录中写道：五四运动后，陈独秀曾来湖北讲演，住在武昌文华书院，我作为记者访问过他。该院工人郑凯卿在饮食起居对陈照顾周到，后来，陈独秀对刘伯垂关照过，要他找郑凯卿和我。刘伯垂还找了董必武、陈潭秋、张国恩。刘伯垂找我们几个人个别谈了话，发展为党员。

随后，经过多次开会反复研究，董必武、张国恩、陈潭秋、刘伯垂、郑凯卿、包惠僧、赵子健7位青年秘密聚会，参加会议的7人中，有的虽然早就认识，但现在才知道彼此是“同志”，大家感到格外高兴。刘伯垂主持会议，成立武汉的共产党早期组织。他在会上介绍了中国共产党上海发起组成立经过，传达了陈独秀关于在武汉建立支部的意见，宣读了中国共产党纲领草案，学习了马克思主义的部分论著。大家一致通过成立共产党武汉支部（后通称武汉中国共产党早期组织）。武汉中国共产党早期组织的成立，是武汉地区革命发展史上的重大事件，它标志着长期探索救国救民真理的武汉地区先进分子迈向了无产阶级革命道路。

会议研究制定了武汉中国共产党早期组织生活制度，规定每周开一次会。以读书报告或国内外时事报告为会议主要内容。会议选举确定了包惠僧任武汉中国共产党早期组织支部书记，小组成员进行了分工，陈潭秋分管组织工作，郑凯卿负责劳工工作……会议决定以武昌多公祠五号作为小组的办事机关，并在门口挂上“刘芬律师事务所”的招牌做掩护（刘芬即刘伯垂）。抚院街二号董必武的住所以及“龙神庙”则是中国共产党早期组织进行秘密活动的地方。

在武汉中国共产党早期组织成员中，只有郑凯卿是工人，其他人都是知识分子。有早年参加过旧民主主义革命的老同盟会会员董必武、刘伯垂和张国恩，有在新文化运动中成长起来并经过五四反帝、反封建斗争洗礼的先进知识分子陈潭秋、赵子健、包惠僧，有家庭贫苦，阅历丰富，具备共产主义信仰，革命意志坚定的先进工人代表郑凯卿。这几种出身和经历不同的革命者，因理想信念志同道合，共同走上革命道路。

改革开放后，“谁是中国共产党第一位工人党员”成为党史专家们研究的一个课题。1996年《武汉党史》第1期发表党史专家李婉霞的专文指出：“第一个中共工人党员确系郑凯卿。”文中指出，在1920年8月至1921年7月中国共产党早期组织时期，完全能认定为中国共产党早期组织成员的工人有2人，他们是武汉小组的郑凯卿，上海小组的李中……1920年2月，郑凯卿在武昌文华大学当校工时，结识来汉讲学住在该校的陈独秀；经陈独秀谈话，受到影响；同年夏天，陈独秀嘱来汉筹建共产党组织的刘伯垂与郑凯卿联系，郑凯卿出席1920年秋召开的武汉中国共产党早期组织成立会议，成为中国共产党早期组织成员。中共党史资料出版社1987年出版的《共产主义小组》（上）将李中作为工人成分，并肯定李中是上海小组成员，但不是1920年8月上海小组成立时参加的，具体参加时间没有认定。考证指出“一些团员还参加上海小组的活动：如李中帮助陈独秀组织上海机器工会”。可见1920年秋天李中帮助陈独秀筹建机器工会时，还仅是上海社会主义青年团团员。郑凯卿比李中先入党。郑凯卿应是中共第一个工人党员。

2011年8月3日，华中师范大学教授周挥辉，在《光明日报》上发表《陈独秀与中共历史上第一个工人共产党员》文章，也论证了中共第一位工人党员。他在文中写到：“中国共产党第一位工人党员是谁？何时入党？这在党的历史上是一件很值得考证的事情……经论证，他就是1920年秋加入党的早期组织的武昌文华大学（今华中师范大学前身）校工郑凯卿，而发展郑凯卿入党的人就是大名鼎鼎的中共创始人之一陈独秀”。

另有1999年9月湖北人民出版社出版的《中国共产党湖北历史（1919.5—1949.10）》一书中也记载：郑凯卿不仅是武汉中国共产党早期组织的第一名工人，也是全国所有中国共产党早期组织中的第一名工人出身的成员。

2002年9月中共党史出版社出版的《中国共产党历史》（第1卷上册）第61页记载的有关郑凯卿等参加建立武汉早期党组织的情况

学习传播马克思主义

武汉中国共产党早期组织成立后，郑凯卿和小组成员一起按照小组安排，致力于马克思主义学说的研究和宣传马克思主义；加强党的组织建设，建立社会主义青年团；积极领导和组织工人运动。

由于当时历史条件限制，中共早期党员真正全面系统地掌握运用马列主义的不多，一些人是加入了党组织以后才开始系统地学习马克思列宁主义的。武汉中国共产党早期组织成员包惠僧曾在《一大前后》书中写道：我们多数同志几乎是先当了共产党员才学习马列主义。在建党初期，武汉中国共产党早期组织大力开展马克思主义学说的研究，积极学习传播马克思主义。

在中国创立马克思学说研究是从李大钊开始的。1919 年李大钊在《新青年》第六卷第五号“马克思主义研究”专号上发表《我的马克思主义观》，介绍了马克思主义的唯物史观、政治经济学和科学社会主义的基本原理，明确指出马克思主义是“世界改造原动的学说”，成为当时系统地介绍马克思学说的开山之作。在这期间，北京的学者陈启修、陈溥贤（渊泉）、刘秉麟等也在《新青年》“马克思主义研究专号”和《晨报》副刊“马克思主义研究专栏”发表了各种译介、宣传马克思的文章。1920 年 5 月，陈独秀在上海组织了马克思主义研究会。

继北京马克思学说研究会和上海马克思主义研究会之后，1920 年 11 月，武汉中国共产党早期组织在武昌建立了“马克思学说研究会”，这是一个在湖北武汉党组织直接领导下，学习、研究和宣传马克思主义的公开组织。

武汉马克思学说研究会创建之初，由董必武、陈潭秋和郑凯卿等 10 余人组成。怎样才能更好地学习、传播马克思主义，郑凯卿有自己的认识，他说，从马克思主义传入中国到中国共产党早期组织成立，相距时间很短，要全面系统地学习、掌握马克思主义，实在仓促。另外，每个人的知识、文化、理论水平不一样，学习研究马克思主义已成为小组成员的迫切需要。对此，董必武、陈潭秋也有同感，大家认为，要深入系统地学习研究马克思主义，提高小组成员的理论水平和思想觉悟，只有小组成员先学懂、弄通、悟透，掌握其精髓，才能指导行动，才能更好地传播马克思主义。

马克思学说研究会规定每两周开会一次，报告各自读书的心得体会。郑凯卿刻苦研学，勤于思考，他认真学习《共产党宣言》《社会主义史》《新青年》等，联系自己的经历发表看法和体会。同时，认真听取董必武、陈潭秋等人关于学习马克思主义和俄国十月革命经验的建议，不懂就问，虚心请教。郑凯卿非常赞同董必武的观点，认为要从中国实际出发，把随着马克思主义一起涌入中国的实用主义、无政府主义等各种新思潮、新流派加以对比研讨，虽然一些西方国家已经实行了议会民主，但并不适合中国的国情。无政府主义虽很流行，但空想的色彩太浓，不合实际。郑凯卿联系自己亲身参加辛亥革命的实践体会，明白了董必武总结中国旧民主主义革命失败的教训，对比俄国革命成功的经验，认识到中国走资本主义道路是行不通的，必须走俄国马克思主义道路的正确性。陈潭秋所说的旧社会中国的政治经济制度的腐败、帝国主义列强侵略中国的罪行，封建地主和军阀政府对劳苦大众的残酷剥削与压迫，让郑凯卿想起陈万年、李大山和自己的经历。陈潭秋对他说：我们不是为了咬文嚼字才办读书会。办读书会学习革命理论，是为了救我们的国家，救被压迫的劳动人民。不懂得马克思主义，不懂得俄国十月革命，就等于是聋人、盲人，将会找不到前进的道路。郑凯卿认为陈潭秋说出了自己的心里话。

不久，武汉马克思学说研究会规模扩大，发展到 20 多人，黄负生、刘子通、施洋等一批先进知识分子都成为研究会的积极分子。为使马克思主义得到更广泛的传播，配合当时马克思学说研究会的活动，武汉中国共产党早期组织编辑发行了《武汉星期评论》，该刊于 1921 年 1 月 2 日创刊，曾刊登过大量关于怎样学习研究马克思主义的文章，指导革命者和先进知识分子正确理解马克思主义。

马克思学说研究会传播马克思主义形式多种多样。武汉中国共产党早期组织成员把学习革命理论和从事革命活动结合起来。郑凯卿等人深入工人群众中，对工人状况进行调查研究，经常组织读书报告会，大家轮流做学习报告，向工人群众积极宣传十月革命，大力传播马列主义思想。工人阶级队伍日益壮大，思想觉悟不断提高。

郑凯卿和董必武、陈潭秋等人还在教师和学生中组织青年读书会、妇女读书会等学习团体，通过利群书社借来新书刊进行学习，在工农民众和学生中开展马克思主义的“启蒙运动”，很快团结了一大批进步青年。

受党组织委托，郑凯卿介绍失业工人赵子俊等进步青年到利群书社当店员，只要书社收到新出版的《新青年》和《觉悟》等书刊，恽代英都会特别交代赵子俊为郑凯卿预留着。郑凯卿、恽代英经常参加书社讲座，有一次学习《共产党宣言》，大家一边学习、一边讨论，直到深夜，恽代英连家都没有回，就睡在书社的长条木板凳上。利群书社销售《共产党宣言》等书刊，吸引着许多追求进步的青年，很多青年学生利用课余时间到利群书社当店员或做杂工，以便浏览新书报。书社还采用对外租借的方式，向民众租借马克思主义的相关书籍，吸引

利群书社旧址

了武汉教育界、文化界、新闻界等各界人士，利群书社成为传播马克思主义的重要阵地。

武汉中国共产党早期组织成立不久，共产国际代表维经斯基的秘书马迈耶夫等人来到武汉，协助武汉中国共产党早期组织开展活动。马迈耶夫介绍了俄国十月革命后的情况，董必武介绍了武汉中国共产党早期组织建立以后所开展的工作。在董必武陪同下，马迈耶夫参观了利群书社，会见了恽代英、郑凯卿等书社主要成员，赞扬大家为传播马克思主义做了大量的工作。

除北京马克思学说研究会、上海马克思主义研究会、武汉马克思学说研究会外，全国各地先后成立一些类似的组织，这些组织对于扩大马克思主义的传播和中国共产党早期建党产生过很大的影响。

做党的人

随着马克思主义宣传的深入和工人运动进一步发展，一批具有初步共产主义思想的先进分子，认识到无产阶级的历史使命和强大的力量，他们到人民群众中进行组织发动工作，把马克思主义和中国工人运动结合起来，在思想上、组织上为中国共产党的成立做准备。

1921 年 6 月，武汉中国共产党早期组织接到上海中国共产党早期组织的来信，要武汉党小组派出两名代表，出席在上海召开的中国共产党第一次全国代表大会，武汉中国共产党早期组织成员经过酝酿，一致推荐董必武、陈潭秋作为代表出席一大会议。

7 月 23 日，中国共产党第一次全国代表大会在上海举行，会议正式宣告中国共产党成立。参加一大会议的有来自全国各地中国共产党早期组织的 13 名代表，他们代表着全国 50 多名党员。会议结束后，董必武、陈潭秋回到武汉，召开武汉中国共产党早期组织会议，向郑凯卿、刘伯垂、张国恩等小组成员传达了会议的情况。陈潭秋报告说，大会进行了四天，会议期间，代表们讨论了当时政治形势，党的基本任务，党的纲领，以及发展组织问题。会议首先由共产国际代表马林讲话，他谈到爪哇的活动，建议中国共产党要特别注意建立工人的组织，马林认为，中国共产党的成立，在世界上有很重大的意义：第三国际增添了一个东方支部，苏共党增添了一个东方的朋友，希望中国共产党的同志努力进行革命工作。

陈潭秋讲述代表们在汇报工作、交流经验的基础上，还认真详细讨论了党的纲领和工作计划，在党的性质、纲领和组织原则等主要问题上取得了一致意见。陈潭秋还说，在大会进行到 7 月 30 日晚上，一个“陌生人”突然闯入会场，后又匆忙离去。参会代表十分警觉，迅速撤离，后在浙江嘉兴南湖的一艘游船上继续举行会议。

党的一大通过《中国共产党党纲》，确定了中国共产党是无产阶级政党，党的奋斗目标是以无产阶级革命军队推翻资产阶级的政权，消灭资本主义私有制，由劳动阶级重建国家，承认无产阶级专政，直到阶级斗争结束。中国共产党的诞生，是中国历史上开天辟地的大事，中国共产党像一盏明灯照亮了漫漫长夜的黑暗，像初升的朝阳给灾难深重的中国人民带来了希望的曙光。郑凯卿等小组成员听了个个心情激动。

党的一大规定党的最高纲领是以实现社会主义、共产主义为目标，但是“如何认识现阶段中国社会和革命的性质，确定现阶段的革命任务呢？”在第二年的 7 月，中国共产党在上海举行第二次全国代表大会，给出了明确的答案。“中国共产党第二次全国代表大会宣言”分析了国际形势和中国社会半殖民地半封建的性质，阐明了中国革命的性质、动力和对象，指出当前的中国革命性质是民主主义革命；革命的动力是无产阶级、农民和其他小资产阶级，民族资产阶级也是革命的力量之一；革命的对象是帝国主义和封建军阀；革命的前途是向社会主义革命转变。宣言制定了党在民主革命阶段的主要纲领：消除内乱，打倒军阀，建设国内和平；推翻国际帝国主义，达到中华民族完全独立；建立真正的民主共和国。党的最高纲领是组织无产阶级，用阶级斗争的手段，建立劳农专政的政治，铲除私有财产制度，渐次达到共产主义社会。

党的二大制定了民主革命纲领，第一次明确提出彻底反帝反封建的民主革命任务，在中国革命史上是破天荒的举动。年轻的中国共产党成立刚刚一年，通过斗争的实践，对中国社会和革命性质的认识不断深化，就解决了这个基本问题，为中国的革命斗争指明了前进的方向，这对郑凯卿是极大的鼓舞。

郑凯卿告诫自己，作为党的人，就要努力为党工作，时刻牢记入党誓言：一定要拥护党的纲领，执行党的决议，遵守党的纪律，保守党的秘密，随时准备牺牲个人的一切，为人类解放奋斗终身。

第八章

传播真理

壮大党团力量

武汉早期党组织注重加强党、团组织自身建设，积极发展先进分子入党入团，壮大党团组织力量。武汉中国共产党早期组织成立后不久，董必武、陈潭秋、郑凯卿、李书渠等人以武汉中学学生为骨干，组建了一个半公开性质的“武昌社会主义青年团”（简称 S.Y.），作为党组织的预备学校，开展青年工作和学生运动。后来社会主义青年团组织在武汉地区许多大中学校发展，吸引了一大批先进知识青年入团。

1920 年 11 月 7 日，十月革命胜利三周年纪念日。这天在武汉中学教务处召开了武昌社会主义青年团成立大会，陈潭秋受武汉中国共产党早期组织委托，分管青年团的工作，他主持建团会议，宣布武昌社会主义青年团正式成立。出席会议的有武汉中国共产党早期组织成员和社会主义青年团员共 18 人。郑凯卿参与创建了武昌社会主义青年团的工作，是青年团的特别团员，担任社会主义青年团教育委员会委员、劳动运动委员会委员。

11 月 7 日、14 日，武昌社会主义青年团分别举行两次会议，董必武、郑凯卿、李书渠等参加会议。董必武在第一次会议上指出：自从政治战争停止以来，科学领域里出现了许多重大的变化，新思潮正在向我们扑面涌来，青年团员要以五四运动的先进青年为榜样，以投身正在酝酿之中的新的社会革命运动为天职，向现存的旧社会的各种不合理现象进行斗争。他鼓励团员们克服困难、树立改造社会的坚定信念。

郑凯卿在会上发表讲话，据《中国共产党湖北历史》载，他提出：要改造社会必须经过斗争取得政权，青年团应该勇敢地为之宣传，一切活动要面向中国社会，但也不脱离世界革命运动。郑凯卿勉励青年努力学习革命理论，致力于救国救民的事业，鼓励青年团员积极投身革命，奋勇向前。

在武昌社会主义青年团第二次会议上，刘伯垂做了关于社会主义专题发言。董必武宣讲了马克思的剩余价值理论，介绍了工会的组织状况和近期发生的罢工的情况。郑凯卿向青年宣传马克思主义，鼓励爱国青年参加到革命队伍中来。

会议还根据董必武、张国恩、郑凯卿、李书渠共同研究的意见，确定并宣布团的宗旨是研究社会主义，实践社会主义的理想；主要任务是研究科学理论，消灭资本主义，实现社会主义。凡申请加入共青团，需要经社会主义青年团团员一人介绍加入。会议确定青年团每星期开会一次，组织团员学习马克思主义，汇报自己的思想、工作，交流学习的心得、体会。要求团组织带领团员青年关心国家大事，联系广大青年，接近工人群众。随后，汉口也成立了社会主义青年团组织，并由此发展到武汉中学、省立女师、国立武昌高师及其附小、武昌中华大学等武汉地区大中学校。社会主义青年团吸引了五四运动以来涌现的一大批先进知识青年入团，武汉地区的社会主义青年团作为党的后备军，在革命斗争中发挥了重要作用。郑凯卿是这一时期社会主义青年团组织的重要组织者和领导者。

与此同时，武汉中国共产党早期组织积极发展进步知识分子加入党组织，进步教师黄负生和刘子通、失业工人赵子俊 3 人先后加入党组织。黄负生和刘子通当时在利群书社负责《武汉星期评论》的编辑工作，后来他们参加马克思学说研究会，是利群书社最早入党的党员。黄负生和刘子通入党后，将原来以改造社会、改革教育、解放妇女、批判封建军阀统治为宗旨的《武汉星期评论》，作为党组织领导下党的机关刊物，加大对马克思主义理论的宣传，担负起传播马克思主义的重要任务。

郑凯卿紧密联系工人群众，注重在工人中发现和培养党员，积极开展工人运动，他与施洋一起参与组建武汉工团联合会，并聘请施洋为该会法律顾问。在进行武昌“五局”工人调查时，郑凯卿与在武昌模范大工厂当学徒的项英相识。郑凯卿、项英于 1920 年发动武昌模范大工厂工人反虐待罢工取得胜利。在革命斗争中，郑凯卿宣传马克思主义，宣传中国共产党的纲领，与施洋、项英结下深厚友谊。1922 年 4—6 月间，施洋、项英等人加入中国共产党，成为共产主义的忠诚战士。

郑凯卿帮助引导失业工人赵子俊走上信仰马克思主义之路，武汉党史官网发表的《党史纵横——赵子俊》中记载，1921 年秋，郑凯卿介绍赵子俊加入中国共产党。赵子俊是湖北武昌人，曾加入鄂军军士教导队，离开教导队后，在武昌平湖门外纱局工作。郑凯卿到武昌“五局”进行工人状况调查时与失业不久的赵子俊相识。后来，郑凯卿与恽代英联系让赵子俊到利群书社当店员，郑凯卿的马克思主义信仰对赵子俊的思想产生积极的影响，赵子俊跟随郑凯卿一起从事工运活动。1922 年 1 月，赵子俊作为湖北工人代表赴苏联莫斯科参加远东各国共产党及民族革命团体第一次代表大会。国共合作时期，赵子俊由包惠僧介绍加入国民党，1924 年经廖仲恺保荐进入黄埔军校第一期第二队学习，毕业后在第一次东征时身负重伤，伤愈后重返国民革命军，参加北伐战争，1926 年在南昌牛行车站（今南昌火车北站）战斗中阵亡。郑凯卿得知赵子俊牺牲的消息后悲痛不已。

郑凯卿积极发展先进分子参加党组织。1921 年夏天，郑凯卿在进行革命宣传工作中，结识了在汉求学的熊传藻。熊传藻是湖北洪湖人，早年在武昌参加五四反帝爱国运动，接触到《新青年》等具有新思想的刊物。郑凯卿肯定了他的进步思想，并向他推荐《共产党宣言》《资本论浅说》等马克思主义书刊。两人还经常一起深入到武昌徐家棚车站和汉口英租界等地工人中间进行革命活动。《湖北英烈辞典·熊传藻》载：1923 年 7 月，经郑凯卿介绍，熊传藻光荣加入中国共产党。熊传藻入党后，受董必武委派，领导新堤市郊的农民运动，成立了农民运动委员会，在春节期间，组织工人宣传队下乡宣传，很快在市郊组成了 22 个农民协会，会员一度发展到 2 万多人。1928 年，熊传藻任监利县委书记，参加由贺龙统一指挥的年关暴动，在带领县委机关的同志突围转移时，遭到敌人的包围，受伤被捕，不幸牺牲。

郑凯卿为武汉早期党的建设发展工作做出了重要贡献。到 1923 年武汉党组织得到迅速发展，共有党员 50 余名，恽代英创立的利群书社、共存社的大批革命知识分子都先后加入了共产党。当时党员人数增加，党组织开展活动需要寻找一处大一些的、单独的房屋，以便于能够容纳更多的人员。党组织委托郑凯卿与黄负生两人办理此事。郑凯卿仔细考虑，为了安全起见，租赁房子最好有家眷做掩护，黄负生夫妇有一双儿女，商定以黄负生夫妇的名义租房，郑凯卿和黄负生经过 10 多天的辗转奔波，选中了黄土坡 27 号（今武昌首义路 59 号）一栋中式小楼，黄负生夫妇住楼上，包惠僧、陈潭秋、刘子通等人住楼下。楼房周围环境宁静、安全，上街直通武昌市区，比较适合党的秘密工作。就这样党的区委机关设在武昌黄土坡 27 号，中共武汉区委党组织机关、中国劳动组合书记部、武汉工团联合会、社会主义青年团、妇女读书会等都在这里举行会议、组织活动。郑凯卿、陈潭秋、包惠僧等人常在这里学习，组织参加各种活动。机关有一台油印机，郑凯卿等人将宣传资料在这里印好后，让前来参加活动的同志带回去散发。

宣传“劳工神圣”

武汉中国共产党早期组织是全国最早拥有工人成员的小组。她一成立就把目光投向工人运动，并在此后不久把湖北工运推上了全国第一次工运高潮的前列。党的一大后，武汉党组织贯彻落实党的一大确定的成立工会组织、办工人学校、提高工人阶级觉悟的中心任务，以主要力量组织领导工人运动。

1921 年冬，中国共产党武汉区执行委员会正式成立，包惠僧任书记，郑凯卿负责劳工运动，陈潭秋、黄负生分别担任组织、宣传委员。区执委下设武昌、汉口、汉阳、江岸、徐家棚五个支部。同时，成立了中国劳动组合书记部长江支部，后改为武汉分部（中国劳动组合书记部 1921 年 8 月 11 日成立，总部设在上海公共租界新闻路北成都路 19 号），作为武汉党组织发动和领导工人运动的公开指挥机关，机关设在武昌黄土坡 27 号。

武汉分部成立后，郑凯卿等人通过《武汉星期评论》《劳动周刊》等刊物，向工人宣传劳动创造世界，揭露资本家剥削剩余价值的秘密，报道国内外工人运动的消息，号召工人们团结起来。郑凯卿和陈潭秋等人在武昌黄土坡 27 号接待人力车工人和铁路工人，与他们交谈，热情耐心地做工人群众的宣传教育鼓动工作。

此间，根据中共武汉区委的要求，大力创办工人学校、劳动补习学校等，有组织、有计划地向工人传播马克思列宁主义，从而使马克思列宁主义同中国工人运动进一步结合。起初郑凯卿和董必武、陈潭秋、林育南等人办铁路工人补习学校，在武昌彭杨公祠办起武汉中学附属平民学校，吸收一纱、裕华、震寰等纱厂的工人及其子弟入学，董必武为这些工人上课。与此同时，郑凯卿、包惠僧、林育南等人与施洋商议，把施洋原来办的徐家棚平民学校改为工人补习学校，并建立工人子弟学校。项英按照郑凯卿的要求，在江岸办了工人夜校。林育南、许白昊、张浩等在一些厂矿企业建立了工人夜校。郑凯卿还在文华大学推广平民教育思想，他和学生们在校园里为工友开办夜校，为周边穷人的孩子开办星期天学校。

郑凯卿为工人运动的发展倾注心力，他和一部分党员骨干深入工人群众之中，进行具体的组织发动工作。《中国共产党湖北历史》载：按照武汉分部的安排，郑凯卿联络汉口租界人力车工人李书渠等人到粤汉铁路徐家棚车站联络铁路工人，包惠僧、项英到京汉铁路江岸扶轮学校和江岸车站联络铁路工人，林毓英到武汉模范大工厂开展工作。还派了一批共产党员到香烟厂、兵工厂等大型厂矿企业。董必武、陈潭秋通过同乡、亲友或师生关系，采用办平民夜校、识字班等方式，到搬运、轮驳、纺织、铁路等工人中去，向他们讲解工人阶级解放的道理。郑凯卿不辞劳苦，反复动员工人上夜校学习。郑凯卿联络纱厂工人和人力车工人办工人夜校、工人识字班，建立工会组织，以提高工人们的文化水平和阶级觉悟。根据党组织“多吸收工人党员”的指示，郑凯卿等人陆续在铁路、钢铁、机器、轮驳工人中吸收了大批先进分子入党。

郑凯卿带领文华大学进步学生到工厂，向工人群众传播革命思想，宣传“劳工神圣”，讲述工人阶级求解放的道理。他满怀激情地讲：“资本家从来不劳动，却住高楼大厦，穿绫罗绸缎，吃山珍海味，出门有私人的黄包车、小汽车，他们哪来这么多的钱享受？这全是我们劳动人民供给他们的，我们辛勤劳动的果实被他们掠夺去了，而我们却缺衣少食，挨冻受饿。我们养活了他们，他们还要压迫我们，我们为什么要忍气吞声？我们谁也不要怕，我们才是国家的主人。以前我们想要打倒那些压迫我们、剥削我们的资本家，但是不知道该怎么做，现在我们有了中国共产党的领导，我们要团结起来，发挥工人阶级的强大力量。”

郑凯卿给工人夜校的工人上课非常认真，他自编课本，以身边的事物教工人识字，如锅盆碗筷，衣裤鞋袜，工人、工人做工，农民、农民种地等，他讲课具体生动、易懂好记，受到大家欢迎。郑凯卿特别强调学文化是为了掌握革命的理论，掌握理论是为了救我们的国家，救我们的劳苦大众。他注重启发工人的觉悟，用通俗易懂的语言、深入浅出地讲解马克思主义。有一次，他讲“工人”两个字时说：“我们把工人两个字从上往下连起来写就是个‘天’字。”他转身在黑板上写了个“天”字，说：“我们的工人就是要顶天立地。”他把“劳工神圣”这一深刻的革命道理用朴实生动的语言表达出来。他告诉工友：“我们要把自己从水深火热的苦难中解救出来，不能靠神仙皇帝，要靠我们自己，要靠中国共产党。因为中国共产党是以建立共产主义社会为目标，以马克思列宁主义为行动指南的工人阶级政党。”他在工人中宣传共产主义的美好未来，每到此时他总是神采飞扬，充满革命激情。他讲课受到工人们普遍欢迎，工人们从郑凯卿讲课中受到教育和鼓舞，他们通过学习马克思主义，提高了阶级觉悟，革除了自卑心理及宿命观点，摒弃了听天由命的消极态度，认识到自身的潜能和力量。后来在严峻的形势和残酷的斗争中，武汉工人阶级始终战斗在斗争的最前线，成为革命的中坚力量。

组建“光明公社”

“将盲人们组织起来办个工厂，教他们编织竹篮、藤椅等物件，赚钱养活自己，做自食其力的人”是郑凯卿多年来的一个愿望。受五四新文化、新思想的影响，特别是加入武汉中国共产党早期组织后，郑凯卿对盲人给予了极大的关注和同情，在了解工人生活状况时，他专门接触了一些盲人，对这些生活在社会底层的盲人的生活有了更多的了解。盲人本是一群不幸的人，为生活所迫，有的编造瞎话哄人骗人，又给更多的人带来不幸。特别是给人算命成为传播迷信思想、影响社会进步的消极因素。郑凯卿希望通过向他们宣传科学知识，破除迷信思想。通过组建工厂帮助这些盲人，让他们用自己的双手来养活自己。

郑凯卿将救助盲人的想法告诉同志们，董必武为工厂起名“光明公社”。大家称赞郑凯卿把目光投向这样一个小小的群体，为生活在黑暗中的盲人带去光明。

经过筹备，郑凯卿通过盲人夏汉华、张毛头联络了杨明华、小茗等十几位盲人和家属，在1924年夏天正式成立“光明公社”，并利用文华学校附近的一座废弃的平房作社址。郑凯卿购置了一些工具和原材料，手把手地教盲人们学竹、藤编制技术，在很短的时间内，盲人们就学会了编竹篮、竹筐、藤椅、藤箱子等竹藤制品了。小茗每天陪着眼盲的母亲来“光明公社”做工，渐渐跟社里有了感情，后来，他通过学习当上了社里的会计，帮着记账，算账。上了年岁的杨明华大爷惭愧地对郑凯卿说，原来在刚开始组建公社时心有疑虑，谁会愿意费心费力为盲人办好事，对郑凯卿办光明公社将信将疑。经过郑凯卿诚恳的劝说，他抱着试试看的想法来的，这一来就不愿意走了。

天气晴朗的时候，院子里热闹异常，他们排坐在小凳子上，地上摆满了篾片、藤条和竹筒，这些大小、长短、粗细不一的物件，都放得井井有条，伸手可拿。小茗的妈妈做活心细，记性又好，干活胜过明眼人，凉席的横排、竖排各有几根篾片作经纬，她记得一清二楚，她也能自己摸着收好竹（藤）器件的边。这里像她这样的人很多，每做好一件东西，他们都喜悦地递给左右的人摸摸，以示检验。他们实行按件记工，男女老幼同工同酬，大家都认为公平合理。因此大家都不遗余力地干活，都想通过自己的努力使工厂办得更红火，自己也能过上好一点的日子。他们会唱戏曲、山歌、小调，一边谈着、笑着、唱着，一边熟练地编织着手里的物件。

盲人们非常敬重郑凯卿，希望能够和他多交流。虽然郑凯卿工作忙不能常来，但是他们对郑凯卿的脚步声特别敏感，老远就能分辨出来。有几次，郑凯卿还在院子外面走，就有人猜到他来了，“凯卿”“凯卿”地喊开了。郑凯卿也经常给他们宣传革命，宣传共产党的主张，大家都愿意听他讲述共产主义社会，共产主义社会没有剥削、没有压迫，多好啊！他们常常很庄严地谈论这个话题，他们相信凯卿的话，到了共产主义，人人做到各尽所能，按需分配，他们相信为实现共产主义，自己也能贡献一份力量。同时，郑凯卿教育他们要相信科学，告诫他们如果相信迷信，在生活中就会失去方向。盲人们眼睛虽然还是看不见，但是心里却亮堂起来了，他们显得充实自信了。

几个月之后，郑凯卿还吸收了一些聋哑人入社。“光明公社”后来还成立了工会，推荐有组织能力的张毛头当负责人。他还安排文华大学的学生在课余时间来帮助这些残疾人，用板车帮他们运送原材料，并协助他们将编织好的竹器、藤器运到市场去卖。

郑凯卿不让这些残疾人直接参加对敌斗争，但是他们动员自己的家人参加革命，冒着掉头的危险，为革命同志传递消息，将遭受反动派追捕的同志藏在家里，掩护他们安全撤离。在艰苦的革命斗争年代里，这些残疾人为革命做出过贡献。

工友贴心人

郑凯卿在办工人夜校、工人识字班的过程中，与工人兄弟建立了深厚的感情。他出身贫苦，关心体恤工人，经常帮助生活贫困的工友，同工人们谈得来，成为工友的贴心人。在纺织工人、码头工人、人力车工人中很有影响力和号召力。

一个寒冷的冬夜，天下着小雨。郑凯卿开完会匆匆往家里赶。不远处，他看到一个步履蹒跚的老人拖着一辆破旧的人力车在光线昏暗的路上行走，车灯挂在车把手上，橘黄色的光照在地上，一晃一晃地向前缓缓地移动。

当他走过老人身边时，老人冲着他喊道："坐我的车吧！"郑凯卿觉得这声音好熟悉，他停住脚步，一看原来是林中汉大伯。林大伯与陈万年伯伯是同一个车行的。郑凯卿心疼地问道："林大伯，怎么这么晚还没有回家？"

老人认出凯卿后，停下车气愤地说："凯卿呀，不能活了，车行老板太狠毒，现在的车租已经很高了，他们还在不断地增加车租。我从早到晚拉车，累死累活做了一天，还不够交老板的租钱，真让人没法活了呀。"老人接着说道："我今天从早上到现在只吃了一个馒头，准备再做两笔生意，挣点钱为妻儿买点米和咸菜再回家。可是，下雨天路上的行人很少，没有生意可做，家里又要揭不开锅了。"

一阵风袭来，刺骨的风夹着雨往老人的颈子里钻，老人不禁打了个寒战，将头往衣服里缩了缩。郑凯卿握住老人冰冷的手安慰道："林大伯，天色很晚了，我先送您回家吧，回头我再给您送米去。"

郑凯卿请林大伯上车，林大伯执意不肯，一再推辞，老实巴交的他拉了一辈子的人力车，自己还从来没有坐过车呢。看着冻得全身直打哆嗦的老人，郑凯卿硬是将他扶上车，放下帘子，拉着车送老人回家。路上，郑凯卿为林大伯买了一碗面，自己却饿着肚子。又累又饿的林大伯端着面碗，老泪纵横，他一边用袖子拭去泪水，一边喃喃地感谢着。郑凯卿一路小跑，将林大伯送到家。

郑凯卿回到家里，对妻子说了路上碰到林大伯的事和他家现在的处境。雅卿听着听着不由得想到自己的父亲。父亲为了养家糊口，一年四季拉车不停。武汉的夏天，太阳把马路晒得滚烫，脚踏在地上就像踏在滚烫的铁板上一样；冬天寒冷，顺风拉车还稍微轻松一点，逆风拉车阻力很大，每前进一步都非常不容易。上坡时，人要低头弯腰，有时腰弯得像一把弓，使尽全身力气才能拉上坡。下坡时更艰难，人的整个身体要向后倾斜，用全身力气抵住车子防止车子向下冲，两只脚只能踏着碎步向前蹭着，让车子慢慢向下移动。冬天，父亲穿着草鞋出去拉车，没过多久草鞋就散了，只能打着赤脚在路上跑，有时还会遇到坐车不付车钱的人，甚至无缘无故被人毒打。父亲受伤不能继续拉车，付不起车租钱，希望车行能够延期，车行老板态度生硬，对他又推又搡，说不付租钱就要罚利息。最后是几个穷兄弟帮助凑钱，才付了车租。晚上父亲拖着受伤的身体回到家，一双脚冻得又红又肿，脚上流着鲜血，一家人见到他这般模样都吓哭了。想到这里，李雅卿不禁落下泪来。

“雅卿，别伤心啊。”凯卿理解妻子此刻的心情，她一定是想起了父亲的苦。他一边为她拭去泪水，一边轻声说道：“雅卿，咱家里还有没有米和钱呀？林伯伯家揭不开锅，唐妈妈家一定也很困难，我想……”雅卿明白丈夫的意思，未等凯卿说完，雅卿马上接过话：“别担心啊，我来想办法安排吧。”

雅卿、凯卿夫妇都是贫苦人家出身，遇见贫穷的人受苦，心中就难过。虽然凯卿在文华大学当校工有微薄的工资，但家境也不宽裕。一家人生活拮据，有时候没有粮食，雅卿只好煮一点南瓜、红薯或者野菜充饥。郑凯卿总是勒紧裤带，经常把家里仅有的一点钱和食物拿去资助那些更为贫困的工友。李雅卿能够理解丈夫，并尽最大的努力支持丈夫。雅卿马上舀来一小袋米，递过一些钱，对凯卿说："快，快，你赶紧送去吧！"

凯卿拿起钱和米急急忙忙来到林大伯家，此时一筹莫展的林大伯夫妇见到凯卿来了百感交集，好半天才说，这冷的天你还赶来了呀！凯卿把米袋交给林伯母，又从衣服口袋里取出钱，将钱分成两份，一份送给林大伯夫妇，另一份委托林伯伯转交给陈万年和唐妈妈。看着这些救命的米和钱，林大伯夫妇拉着凯卿的手说不出话来。

郑凯卿扶两位老人坐下，对他们说："车行老板太狠毒，现在的车租已经很高了，他们还要加租。我们工人要团结起来，和车行的老板做斗争，反剥削、反压迫，维护我们工人的权益。现在好了，有共产党为我们穷苦的人民撑腰，在共产党的领导下，只要我们团结一致进行罢工斗争，一定会取得胜利的。"林大伯听了激动不已地说道："凯卿，你说得对，我也要参加罢工斗争，为我们工友争取利益。"

随后几天，郑凯卿组织人力车工人樊一荀、袁诰成等人，到人力车工人、码头工人们中讲述工人阶级求解放的道理，宣传罢工斗争的重要意义和具体实施办法，争取广大工人的拥护和支持，为汉口租界人力车工人大罢工做了思想发动和组织准备工作。

第九章

工运先锋

葡萄庭院密会

松树湾是郑凯卿童年生活的地方，他在文华大学当校工后，就住学校后面的平房里了。武汉党小组成立后，抚院街“刘芬律师事务所”、董必武的住所及“龙神庙”、武汉中学等地方都曾经成为党组织活动的地方。后来，武汉区委机关设在黄土坡27号，前往参加活动的组织和人员太多，武汉中学又常常有师生进进出出，党组织活动需要一个更为隐秘安全的地方。

松树湾位置偏僻，远离闹市，相对宁静安全，如遇有特殊情况，也便于迅速撤离。郑凯卿将松树湾老家残存的几间房屋重新修整扩建，在院子的两边搭上葡萄架，并从文华学校弄了葡萄秧子，栽种了一些葡萄，还种了一些杨树。杨树长得很快，郑凯卿把葡萄藤迁到杨树和葡萄架上，时日久了，葡萄藤向架上攀缘，藤蔓粗大茁壮，手掌形状的葡萄叶，连在一起罩在葡萄架上，形成外面看不见里面、里面可以看见外面的“帐帘”。每到葡萄成熟的季节，葡萄藤上挂满了一串串紫红色、青白色的葡萄，微风吹来，一缕缕香味在空气中蔓延，整个院子生机盎然。这里因葡萄而清香幽静，陈潭秋为此把它称为葡萄庭院。

葡萄庭院几间房屋很简朴，中间是堂屋，堂屋后面是二堂道，两边是四间厢房，前面两间房门开在堂屋里，后面两间房门开在二堂道里。二堂道出去是厨房，厨房通向后院，院外边有一块菜地，再往前便是一片茫茫松树林，树林间的幽径是理想的撤离通道。

郑凯卿一家偶尔前往暂住，打一些湖里的小鱼小虾、捡点野鸭蛋补贴一下生活，他还带孩子们在庭院的中间铺了一条小路。

在旁人眼里，远远望去，松树湾这几间简易房屋很不起眼。然而，震撼全国的汉口铁路工人罢工和汉口租界人力车工人反抗洋、华老板加租的同盟罢工的策划都在这里进行。党组织召开松树湾重要秘密会议，李雅卿和黄负生夫人是会议的“哨兵”。

一天，武汉中国共产党早期组织的成员聚集在这里召开策划人力车工人大罢工的会议。湛蓝的天空飘着白云，碧绿的湖面上，几条小船飞快地朝松树湾方向前进，小船与小船之间拉开一定距离，船上的人好像都不认识，相互之间没有关系。其实，他们全是郑凯卿的“客人”，客人们的到来使松树湾葡萄庭院一下子变得热闹起来。

在葡萄庭院中，一位有明亮的大眼睛、上穿一件典雅的蓝底白花衣服、下着黑色长裤的妇女，她就是李雅卿。李雅卿负责为会议“放哨”。为了营造一个走亲戚的场面，黄负生还将夫人王纯素和孩子也带来了，郑凯卿的儿子邦文、邦达和黄负生的儿子宏济，三个小男孩一会儿在葡萄架下玩游戏，一会儿又跑到山后松树林里捉迷藏。

李雅卿和王纯素静静地坐在木头墩上缝制衣服，交流着做针线活的技艺，郑凯卿的女儿坐在她们的身旁。地上放着一个圆形的藤条编制的针线筐，里面装满各色绣花线和做衣服用的工具。李雅卿的手在缝衣，而眼睛却机警地监视着葡萄架那边的院门外是否有陌生人。

会议进行得很顺利，郑凯卿是这次人力车工人大罢工的主要组织者。会上他激动地说：“人力车工人们的生活已经很苦，每辆车租金800文钱已经是很重的租金了，现在又要涨到900文，看势头可能还会涨，车行老板的心真是太狠毒了。好在人力车这个行业的工人比较集中，我们可以把他们组织起来跟老板斗。”大家经过讨论，决定成立人力车夫工会，将工人组织起来，举行罢工，迫使车行老板减租。

工运领袖郑凯卿

突然，门外传来李雅卿教孩子唱歌的声音：“两只老虎，两只老虎，跑得快，跑得快，一只没有耳朵，一只没有尾巴，真奇怪，真奇怪。”屋子里的人闻声立即停止了讨论，他们在事先摆放好的文房四宝旁，开始吟诗作对，泼墨作画，屋子里顿时充满了诗情画意。过了一会儿，院子里又飘来李雅卿温柔的“摇篮曲”。屋子里的人得知这是解除“警报”的暗号，又转入正题继续开会，最后会议决定：为抗议车行老板增加车租，由郑凯卿、包惠僧、林育南、施洋等人组织武汉租界人力车工人罢工。

会议结束后，大家来到前院等候进餐，李雅卿和王纯素忙进忙出。陈潭秋见到郑凯卿的大女儿，问道：“好俊俏的女孩呀，你叫什么名字？”李雅卿答道：“小妞还没有大名呢，就请陈老师帮忙取个名吧。”在座的几位也笑着说请陈老师取名。陈潭秋微笑着点点头，起身侧望门外，只见明媚的阳光照耀远方的松树林，闪耀着光芒，充满盎然的生机。他又回头望了望小女孩后说道，就叫郑丽松好吗？大家鼓掌连声夸赞道：好！这名字真是立地生花，高雅大气有韵味啊。

当天晚上，陈潭秋、林育南、施洋等人在此留宿，其他同志乘小船离开松树湾。郑凯卿和大家一起，为即将到来的人力车工人大罢工出谋划策，分析革命斗争的形势，谈论共产主义理想，通宵未眠。

组织第一次工人罢工

松树湾会议认真分析了武汉工人早期罢工所面临的形势。武汉地区工人阶级自形成以后，便自发地开始了反对资本家的各种斗争，早期的罢工斗争，大多是为增加工资、缩短工时、改善劳动条件和生活待遇而进行的，基本上是一种分散的无组织的行动和自发的斗争。虽然这些斗争遭到反动势力的镇压而失败，但是，在不同程度上打击了帝国主义和封建势力，反映了初登历史舞台的武汉工人阶级不屈不挠的革命精神。

武汉工人罢工斗争要取得胜利，共产党必须起到组织发动和领导作用，在郑凯卿等人领导下，武汉工人取得了第一次斗争的胜利。吴德峰曾在《回忆陈潭秋》一文中写道：武汉工人运动是从人力车工人开始的，人力车工人受车主剥削厉害，生活非常痛苦，斗争要求迫切。1921 年初，汉口租界人力车行资本家将车租由每辆每日 800 文提高到 900 文，激起人力车工人的极大愤慨。郑凯卿等人组织汉口租界 18 家外商人力车行的数千工人举行了反对车行资本家增加车租同盟大罢工。5 月 1 日，全市人力车全部停工，交通陷于瘫痪。由于罢工斗争组织、安排得很周密，工人团结一心，势不可当。经过一个星期坚持斗争，资本家被迫取消加租，释放被捕车夫，罢工斗争取得了胜利。这是武汉工人第一次在党组织领导下取得的胜利，也是武汉的共产主义者将马列主义运用于无产阶级革命斗争实践的首次尝试，它的成功对鼓舞中国工人阶级的斗志具有重要意义。

罢工胜利后，郑凯卿等人开展成立汉口租界人力车工会的工作。汉口租界人力车工会是全国第一个工会，为了解决人力车工会会所建造资金，武汉党组织在松树湾葡萄庭院开会研究解决办法。郑凯卿在会上说：汉口租界人力车工会是全国第一个工会，是工人运动的大本营，要推动武汉工人运动迅速发展，建立大本营就显得尤其重要。会上他汇报了建造工人会所短缺资金的情况，提请参会的各位工会代表出主意，商讨一个切实可行的办法。在各个小组碰头会上，董必武指出：我们要让它成为工人阶级依靠自己的经济力量建成的第一个会所，今天到会的每一个同志都肩负责任，大家回去以后，要多想一些办法，尽快把资金筹集到位。

经过人力车工会、京汉铁路工人俱乐部、徐家棚粤汉铁路工人俱乐部、扬子机器厂工会、汉阳钢铁厂工会等工团组织积极努力，终于筹集到了建造会所需要的资金。汉口租界人力车工会会所设在汉口大智路品记里 13 号，会所归各工团与人力车工会共同拥有、共同使用，成为武汉工人聚集开展活动的地方，许多次罢工都是在这里商讨部署、协调指挥。

5 月 1 日人力车同盟大罢工的胜利和汉口租界人力车工会的成立，为后来 12 月 7 日汉口人力车工人大罢工做了准备。

1921 年 10 月，郑凯卿和陈潭秋、林育南、施洋等中国劳动组合书记部武汉分部骨干人员到工厂进行宣传和组织工作。发动了有影响的粤汉铁路武汉长沙段罢工。10 月 6 日，粤汉铁路徐家棚机车处 81 名工人为要求增加工资、改善待遇举行罢工，被全部开除。郑凯卿和陈潭秋、林育南、施洋等积极领导和指导工人进行斗争。10 日，罢工工人向铁路局请愿，并发表宣言，提出“为中国人争人格，为中国工人争人格”的口号，坚决反对英国殖民者对中国工人的压迫，罢工斗争得到武汉长沙段全线 800 多名机车工人的响应，形成了全段政治性同盟罢工，致使客、货、军车全部停驶。在中国共产党的领导下，武汉铁路工人仅用 5 天时间，取得粤汉铁路同盟罢工胜利。

粤汉铁路武汉长沙段工人和汉口租界人力车工人同盟罢工，拉开了武汉第一次工运高潮的序幕。《中国职工运动史》(邓中夏著)中写道：这两大罢工，开了当地一个新纪元，职工运动从此有了一个顺利的发展。这些斗争及其所取得的胜利对武汉地区工人运动产生了巨大的影响，把湖北武汉工运推上了全国第一次工运高潮。

领导人力车工人大罢工

在粤汉铁路工人罢工斗争的影响和鼓舞下，1921 年 12 月，汉口租界人力车工人又组织了一次反抗外国资本家加租的罢工斗争。人力车是当时武汉的主要交通工具，人力车工人是武汉地区人数较多、流动性大、接触面广、人员比较集中的行业工人。工人们劳动繁重，饱受资本家的压迫与剥削，生活十分艰难。他们过着“早上汤，晌午糠，晚上空碗捞月亮”的悲惨生活。贪得无厌的车行资本家为了攫取更大的利润，不顾工人的死活，屡加车租。1921 年 12 月，汉口租界人力车行老板又一次宣布加租，将每日每乘车车租由 800 文增加到 1000 文，遭到工人强烈反对。

党组织把人力车工人组织起来，为生存而斗争。《中国共产党湖北历史》载：当时，中国劳动组合书记部武汉分部派郑凯卿、包惠僧、施洋直接领导了这次罢工斗争。他们为工人起草《罢工宣言》和《告各界父老兄弟姐妹书》，发动各界人士声援罢工斗争。召集人力车工人代表樊一苟、袁诰成等人商讨反加租的行动方案，制订罢工计划。大家认为，应当尽可能发动所有的工人参加示威游行，把声势造得大些，迫使车行老板接受工人的条件。经过反复研究，取得一致意见，会议决定聘请施洋为工会最高法律顾问和对外事务的全权代表，代表人力车工会向车行老板发出通知，提出“车夫工会成立，不得干涉；取消加租议案；将车租减至600文”三项要求。

那一年的冬天奇冷，滴水成冰。郑凯卿化装成人力车工人，冒着严寒深入工人中进行宣传鼓动工作，带领工人们散发传单，声讨车行老板盘剥车夫的罪行，与工友们并肩战斗，给工友们增添了夺取罢工胜利的勇气和力量。

1921年冬，郑凯卿等领导汉口租界人力车工人大罢工获得成立人力车夫工会等权利，罢工取得完全胜利。图为汉口人力车夫工会会员证

1921年12月7日，在共产党领导下，汉口租界举行了反对车行老板加租的同盟大罢工。这天清晨，6000多名人力车工人，冒着凛冽的寒风，踏着皑皑白雪，一群群、一队队从四面八方潮水般涌向汉口大智门车站，工人们在公安路丁字路口集合。此时，郑凯卿头上戴一顶小毡帽，身着短装棉袄、棉裤，棉袄外面罩一件人力车夫的背心，手拎一盏车灯，大步来到工人中间。大家呼啦一下子围了过来，七嘴八舌地问道："凯卿啊，大白天里，为什么提灯？"郑凯卿风趣地说："这世界太黑暗了，有灯可以照亮前进的道路嘛！"又一个工人指着车灯问道："凯卿，你不是说，车灯是行动的联络信号吗，怎么又变成了指路灯？"郑凯卿说："是啊，灯的作用是很多的，有时候可以是联络信号，有时候可以是指路明灯。"

在罢工游行前，研究行动方案时，有人提出让人力车工人化装成讨饭团。郑凯卿说：单靠乞讨怜悯是得不到车行老板同情的，要靠我们工人兄弟团结的力量和斗争的勇气，才能取得斗争胜利。他在车灯上系上一块红布，高举过头作为集结、指挥工人战斗的信号。他号召工人们团结起来，反抗压迫、反抗剥削，极大地鼓舞了人力车工人的革命斗志。

当天上午8时许，在郑凯卿、林育南的带领下，游行队伍浩浩荡荡从大智门车站出发，沿途振臂高呼口号："劳工神圣！""反对增加租金、还我生存权利！""打倒军阀！打倒帝国主义！"大家精神振奋，高昂的口号声此起彼伏。在游行队伍的后边还跟着一些工人家属以及围观的群众。队伍到汉口总商会后又绕到英租界、俄租界、法租界。在法租界遇到法国巡捕和武装军警阻挠，荷枪实弹的军警挡住游行队伍，林育南高举着"劳工神圣"的旗帜指挥工人们继续前进，法国巡捕鸣枪阻拦，10多名工人受伤、两名工人被捕。愤怒的工人与法国巡捕和军警展开搏斗，群情激愤的工人赤手空拳，在冰天雪地里与法国巡捕、军警扭打成一团。

郑凯卿根据斗争形势的变化，当机立断，立即通知游行队伍后面的家属和群众隐蔽到民房里或各自回家。然后又火速派人去保护林育南、施洋。人们头上热气腾腾，地上残雪飞溅。这时有人跑过来喊道："他们抓了我们的人！"一部分工人听到喊话显得有些慌乱。郑凯卿立即跳上一个高台，大声喊道：“工友们不要怕，坚持住，他们抓我们的人，我们也抓他们的人！”工人们受到启示大声应和：“赶快，我们也抓他们的人。”两个法国巡捕见郑凯卿站在高台上，便打算过来抓他。郑凯卿指着跑过来的法国巡捕，镇定地向工人们喊道：“就抓那两个法国巡捕！”许多工人朝两个法国巡捕涌去。郑凯卿跳下台子，指挥着：“快，先下他们的枪，再把他们捆起来，就用腰带捆。”大家听了一拥而上，抓住那两个法国巡捕，以迅雷不及掩耳之势，下了他们的枪。有人早已准备好腰带，七手八脚把两个巡捕捆绑起来。愤怒的工人英勇反击，殴伤法国巡捕一人，俘了两人，缴获手枪、刺刀等。随即工人们怒捣巡捕房、车行包车及利通车行行主住宅，后来工人群众又将巡捕房和法国领事馆团团包围起来，并高呼口号：“打倒帝国主义！打倒军阀！还我兄弟！”声明不释放被捕工友决不撤退！

慑于罢工工人的团结和社会舆论的强大压力，法国领事下令释放被捕的工友，并请汉口商会出面与工人代表谈判。车行老板接受了工人的条件，法国领事也就巡捕抓人一事向中国工人代表道歉。在党组织领导下，6000多人力车工人同仇敌忾，忍饥受饿，坚持大罢工10余日，取得了罢工斗争的胜利。在领导汉口租界人力车工人罢工中，郑凯卿和林育南、施洋并肩斗争，结下了深厚的友谊。

团结斗争的人力车工人取得了完全胜利，这次罢工斗争的胜利震撼了全国，各地报纸纷纷做了报道，对湖北乃至全国工人运动的发展都产生了巨大影响，为全国工人运动树立了光辉榜样。接着，湖北武汉工人举行了一系列的罢工斗争，汉阳钢铁厂工人、武汉电话局工人、汉口租界人力车工人、汉阳兵工厂工人、汉口既济水电工人、羊楼峒茶厂工人、扬子机器厂工人、汉口英美烟厂工人、武汉轮驳工人、武汉模范大工厂工人、粤汉铁路徐家棚工人、汉口隆茂洋行棉花工人、大冶下陆铁矿工人相继罢工。罢工斗争风起云涌，连续不断，工人阶级的声威大震。

在中国共产党领导下，武汉地区工人阶级举行了一系列罢工斗争，在全国工运中占有极重要的地位，它的矛头不仅指向封建阶级和资产阶级，而且指向帝国主义；它不是一个工厂、一个行业单独行动，而是许多工厂、许多行业相互呼应联合行动，体现了武汉工人阶级英勇斗争的献身精神，反映了他们善于斗争的政治水平、组织性和纪律性，揭开了武汉工人阶级革命斗争史上划时代的一页。正如邓中夏在《中国职工运动史》一书中所指出的："以工业中心城市的罢工潮而论，当时应首推武汉。"究其原因，是武汉有较集中的工人阶级队伍，蕴藏着不畏强暴、争取自由、反抗压迫的强大力量。党组织作为工人运动的总指挥自始至终领导了工人的斗争，引导工人采用正确的政策和策略，依靠和利用社会各方面及全国各地的力量给罢工工人以强有力的支持。在这次罢工斗争中，郑凯卿、陈潭秋和林育南等党员在工人中广泛宣传了马克思主义，使他们认识到自己的历史使命，明确了斗争目标，加强了工人内部的团结，发挥了工人阶级的战斗力，鼓舞和推动了武汉地区工人运动蓬勃发展。

1922 年 2 月，时任中共湖南支部书记的毛泽东，为揭露湖南军阀镇压工人运动，杀害劳动工会领袖黄爱、庞人铨的罪行，赴上海组织反对湖南省省长赵恒惕的运动，途经武汉时来到中共武汉区委机关，考察了解武汉工人运动情况。

毛泽东住在武昌黄土坡 27 号，在武汉期间，毛泽东同郑凯卿、包惠僧、陈潭秋等人多次交谈党的工作及工人运动方面的问题，介绍了黄庞事件和湖南的工人运动情况。毛泽东在听取武汉党组织对京汉铁路和武汉工人运动情况的介绍后说，劳工运动要采取产业联合的方式，京汉铁路工人与粤汉铁路工人必须紧密联合。

与黄负生的友谊

在革命斗争中，郑凯卿和黄负生结下了深厚的革命情谊。黄负生当时以《武汉星期评论》为武器，写过许多犀利的文章，揭露教育界的腐败作风。董必武、陈潭秋和郑凯卿、黄负生秘密进行学运活动，发动湖北女师罢课斗争，掀起风起云涌的学潮，郑凯卿、黄负生等人先后到湖北一师、武昌高师、武汉中学、文华大学、外语专科学校及启黄中学发动学生参加学生运动。郑凯卿和黄负生紧密配合开展工人运动宣传，加强了党的宣传工作针对性，成效显著，在广大工人群众中产生共鸣。郑凯卿、黄负生在领导人力车工人罢工斗争中，巧妙地把罢工联络信息写在折扇上，使罢工信息能够隐蔽快捷地传递到工人弟兄中间。黄负生曾在党组织生活会上评价郑凯卿：凯卿热爱党，对革命忠诚，对同志真诚，在对敌人斗争中机智勇敢，是我们学习的榜样。

郑凯卿与黄负生两家人的感情很好，郑凯卿的妻子李雅卿与黄负生的妻子王纯素是好姐妹。她们俩协助革命工作，行动机智敏捷，能够很好地完成任务。

武汉党组织早期活动经费十分困难，大家都是边开展党的工作，边自谋生路。为了生活，黄负生一面在中华大学任教，一面兼课于湖北女师等学校。教员无固定工资，只是按授课的钟点领取课时费，他只得多教课、多挣得课时费以便维持家用。由于黄负生在《武汉星期评论》上发表文章，揭露教育界的腐败，使反动派非常害怕和恼怒，被中华大学、湖北女师借故解除教职，他失去了工作和收入，被困苦的生活逼迫着，贫病交加。悲愤、疾病使他虚弱的身体承受不住，黄负生倒在病榻上。

1922 年春，黄负生的病情加重，住进了武昌花园山仁济医院，其妻王纯素带着一双幼小的儿女艰难地照料他。郑凯卿牵挂着黄负生，虽然工作忙，仍经常抽时间带着营养品到医院看望照料，鼓励黄负生战胜疾病。黄负生非常感动，他希望郑凯卿、刘子通等人能帮助照顾他的妻儿。郑凯卿安慰他说，我们会照顾好纯素母子的，就是我们没有饭吃，也绝不会让他们受饿。

一生视书为宝贵财富的黄负生，临终前将他的书籍分别赠送给郑凯卿等人作纪念，湖北党史网发表的《天天是一样的红灼灼——黄负生》中写道：黄负生赠给郑凯卿《觉悟》十册，给陈潭秋《吴虞文录》一册和《明末四百家遗民诗》一部，给刘子通《胡适文存》一部，给包惠僧《绝妙好词》一部。黄负生留给儿子宏济的是自己写的小说及诗词，这些小说和诗词都是在报刊上发表后从报刊上剪下来的。

1922 年 4 月 7 日，黄负生永别了亲人和战友。黄负生的儿子宏济（黄钢）后来回忆他父亲去世时写道：4 月春寒料峭，郑凯卿穿着单薄的衣裳，顶着凛冽的寒风，一个人在医院里忙前忙后收敛父亲的遗体。他和妹妹穿着孝服，跟在母亲身后哭泣，薄棺从医院运出，十分凄凉。郑凯卿忍着悲痛，遵照黄负生的生前遗愿，将他埋葬在武昌洪山他母亲的墓旁。黄负生的女儿黄铁曾在接受《新京报》记者采访时讲述：郑凯卿和父亲关系很好，父亲去世的时候，后事是郑凯卿等人料理的。后来，陈潭秋和郑凯卿、刘子通等人来到墓前，为黄负生栽上了一棵他生前喜爱的木芙蓉。1945 年，中共第七次代表大会确认黄负生为革命烈士。清明时节，郑凯卿去给黄负生扫墓，拔去坟上的荒草，给黄负生的墓培上一把新土，以表达他的缅怀之情。

第十章

屹立风暴

在二七风暴前沿

为适应斗争形势的需要，1922年夏，根据党组织要求，郑凯卿等人用了很多时间和精力指导和帮助工厂工人建立工会组织，在工人比较集中的汉口江岸地区组建了“铁路工人俱乐部”。

江岸在汉口东北边，京汉铁路的车站和机务段的工人共有1000多人。由于受封建帮会思想的影响，这里的工人分为湖北帮、三江帮等，这些帮会影响了工人团结。郑凯卿认为必须增进工人内部团结，消除偏见，成立工人群众的统一组织。

早在1921年底，郑凯卿领导汉口租界人力车工人大罢工期间，武汉党组织派模范大工厂的纺织工人项英（德隆）筹办江岸工人俱乐部，俱乐部里不仅有象棋、围棋……娱乐器材，而且还开展唱戏、讲演等群众活动。项英向郑凯卿和陈潭秋介绍了江岸工人积极分子的情况，并推荐江岸机器厂钳工，为人正直、富于正义感的林祥谦负责俱乐部的工作。

后来，郑凯卿和陈潭秋等人在武昌黄土坡听了林祥谦、曾玉良的情况汇报，郑凯卿和陈潭秋向他们介绍了全国各地工人运动，特别介绍了北方长辛店工人俱乐部的情况。鼓励他们加强工人之间的团结，办好工人俱乐部。林祥谦、曾玉良回工厂后分别深入车间、工棚，找各帮会的穷哥们交朋友，宣传成立工人俱乐部的目的和意义，在他们的宣传鼓动下，工人们逐渐明白团结一心，联合起来力量大的道理。

1922年1月22日，江岸京汉铁路工人俱乐部在江岸刘家庙老君殿召开成立大会，郑凯卿和李汉俊、包惠僧等人参加会议，郑凯卿希望俱乐部能够迅速把广大工友组织起来，同帝国主义、封建军阀进行斗争。参加大会的工友约有900人，还有来自京汉铁路沿线各站、工厂和俱乐部的代表及武汉党组织和武汉劳动组合书记部的代表。不久，京汉铁路全线各站成立了16个铁路工人分会。江岸机务段工人的组织发动工作扎实，很快成立了俱乐部。这里后来成为著名的京汉铁路工人大罢工的起点。在郑凯卿和武汉劳动组合书记部的努力下，江岸京汉铁路工人俱乐部、汉口租界人力车夫工会、武昌粤汉铁路徐家棚工人俱乐部等一大批工会组织相继成立。2004年武汉出版社出版的《青山史话》记载：郑凯卿先后被派到纱厂工人工会和人力车工人工会去发动和组织工人，他还经常扮成人力车工人拉着人力车，掩护施洋、林祥谦，一起进行革命活动。

1922年7月下旬，武汉工团联合会成立，委员长由陈天担任，施洋任法律顾问，林育南任秘书主任委员，郑凯卿为组织部秘书。武汉工团联合会是全国第一个地方总工会组织，由汉口租界人力车工会、江岸京汉铁路工人俱乐部、徐家棚粤汉铁路工人俱乐部、汉口谌家矶扬子江机器厂工人俱乐部等共同发起成立。10月10日，武汉工团联合会改名为湖北全省工团联合会，下属工会团体30多个，会员6万多人，工会团体规模扩大，工人阶级队伍不断壮大。

为了加强对工人运动的领导，实现京汉铁路工人要求成立总工会的迫切愿望。1923年1月30日，陈潭秋和林育南、郑凯卿、施洋等人带领武汉30多个工团代表160余人带着匾额、对联，从江岸乘车出发抵达郑州，参加京汉铁路总工会成立大会。沿途各大站均有工人们列队，高呼“劳工神圣”“工人万岁”等口号，掌声雷动，鞭炮齐鸣，气氛非常热烈。

这时，曾通电“保护劳工”的军阀吴佩孚突然撕破伪装，下令郑州警察武力制止开会。一时间，郑州城大批荷枪实弹的军警，三步一哨，五步一岗，全城实行紧急戒严。各路工人代表群情激愤，不顾阻挠，冲破军警的武装包围，挤进会场。2月1日，京汉铁路总工会成立大会如期举行，大会主席见代表们已到会，当即宣布：“京汉铁路总工会成立。”代表们一阵高呼：“京汉铁路总工会万岁！”“劳动阶级胜利万岁！”然而，吴佩孚却派全副武装的军警包围了会场，强行解散会议，并强占了总工会和郑州分会会所，捣毁办公用具，并驱逐总工会代表和工作人员。总工会在郑州立即召开会议，商讨决定一致行动：实行全路同盟大罢工，并将总工会办公地址从郑州移到汉口江岸。

陈潭秋和郑凯卿等人于当晚乘车离开郑州迅速返回武汉，林育南执笔起草了《湖北全省工团联合会宣言》。宣言庄严宣称：总同盟罢工，必须达到完全目的才罢休。2月2日，各工团代表回到武汉，即向武汉各工团传达了郑州开会的情况以及遭受军阀镇压的情景，激起了武汉地区工人群众的极大愤慨。中共武汉区委立即召开紧急会议，听取了陈潭秋介绍郑州会议的情况及罢工决定。会议认为必须发动武汉各工团、各学生组织大力支援京汉铁路的罢工斗争。会议决定由陈潭秋负责武汉方面罢工斗争的具体领导和协调工作。在中共武汉区委的领导下，江岸铁路工会成立以林祥谦、曾玉良为首的罢工委员会，负责组织发动罢工事宜。同时，由学生参与组成的演讲团，向广大工人和各界群众宣传罢工的目的和意义，争取社会的同情和支持。

2月4日，在罢工开始前的当天中午，湖北省工团联合会讨论援助京汉铁路工人罢工问题，决定在江岸召开武汉工人声援京汉铁路工人罢工斗争的群众大会。郑凯卿眼看大罢工就要在自己日夜发动工人的江岸点燃，特地到江岸实地察看了罢工的准备情况，为工人们鼓劲加油。

2月4日，京汉铁路全线拉响罢工汽笛，高昂激越的汽笛声响彻云霄，发出世世代代受压迫工人的怒吼。这场在中国共产党领导下，全路两万多工人举行的大罢工，从江岸开始，工人们高擎铁棍、木棒，涌出工厂，如铁流倾泻，势不可当。沿着全长2400多华里的京汉铁路向北迅速蔓延，在不到3小时内，京汉铁路全线瘫痪，胜利地实现了全路总罢工。

2月6日上午9时许，陈潭秋、林育南、郑凯卿等人组织湖北省工团联合会2000名代表来到江岸慰问罢工工人，江岸一万多名群众参加大会，声援江岸京汉总工会。会后举行声势浩大的万人示威游行，工人们斗志昂扬，沿途3000多名群众自动加入游行队伍。游行群众不断高喊“打倒帝国主义”“争人权、争自由”等口号，示威游行历经两个小时才结束，无论在租界、华界，岗警均不敢阻拦，为大罢工以来仅见的壮观场面。这次行动极大地显示了中国工人阶级团结战斗的精神，大长了劳动人民的志气。

二七革命大风暴风起云涌，引起了帝国主义和反动军阀的恐慌，军阀吴佩孚、肖耀南胆战心惊，他们害怕工人，但又不甘心答应工人提出的条件。于是，在帝国主义操纵下，阴谋对工人下毒手。吴佩孚调动两万多军警在京汉铁路沿线镇压罢工工人。2 月 7 日傍晚，北风呼啸，雪花纷飞，天昏地寂。军阀将罪恶的屠刀举向共产党人及工人代表，两个营荷枪实弹全副武装的军警从江岸火车站、三道街、福建街向工会包抄过来，军警向工人进行疯狂射击，开始了骇人听闻的二七大屠杀。敌人血洗江岸总工会，工会门前及周围弹痕累累，纠察团副团长曾玉良和 30 多名铁路工人壮烈牺牲。敌人在工人居住区到处搜捕工人、抢劫财物，林祥谦和 60 多名工人在与围捕的敌人搏斗中不幸被捕。

林祥谦被敌人绑在江岸车站站台电线杆上，他在敌人的屠刀面前宁死不屈，高声说："头可断，血可流，没有总工会的命令决不复工。"他被敌人连砍三刀，鲜血直流，就义前还痛骂敌人。丧心病狂的敌人砍下他的头挂在电线杆上示众，想以此吓唬他的战友。愚蠢的敌人不知道这样做只能激起工人阶级更大的仇恨。郑凯卿说：烈士的血不会白流，血的代价使我们懂得了不仅要团结更广大的人民群众，而且我们必须要掌握武器，敌人全副武装，我们赤手空拳，使得许多好同志牺牲、被捕，这是极大的教训啊！

武汉三镇腥风血雨，敌人对全市各街道实行特别戒严，对来往行人进行盘查。一夜之间江岸福建街铁路工人住宅被军阀洗劫三次，许多革命者被捕，京汉铁路总工会法律顾问、劳工律师施洋在寓所被捕。同一天，郑州、长辛店及其他各站罢工工人都遭到反动军警的血腥屠杀。全路工人前后被惨杀 40 多人，伤 300 余人，被捕 60 余人，封建军阀制造了震惊中外的二七惨案。

勇救林育南

惨案发生后，为了保存革命实力，待机再起，郑凯卿、陈潭秋商定，由陈潭秋指挥留守江岸俱乐部的同志转移，郑凯卿马上赶到汉口法租界，通知林育南以及在此开会的湖北各工团代表尽快撤离，一切活动都要秘密进行。京汉铁路总工会和湖北工团联合会发出暂时撤退的命令，并发文告劝导工人复工。

郑凯卿、林育南和湖北各工团代表商讨、部署营救被捕同志的方案。会议结束时，郑凯卿特别提醒大家要警惕敌人的阴谋，尽可能地保存革命实力，以利今后战斗。临走时，郑凯卿对林育南说："我离开俱乐部时，得知施洋被捕，潭秋非常着急，他特别交代让我叮嘱你要注意安全，敌人不会放过你，你要特别提高警惕。"说完欲走，又补充一句："我真担心潭秋的安全，他一直在指挥别的同志撤退，那么晚了，他还没有离开。"然后林育南、郑凯卿和代表们分散，悄悄离开会场。

当天夜晚，郑凯卿离开会场后立即行动起来，他迅速通知革命同志尽快转移，直到次日凌晨才完成任务。当他回家时，老远看见屋里亮着微弱的灯光，妻子雅卿做着针线活等待丈夫归来。郑凯卿简要地对妻子讲了敌人对工人的血腥镇压，告诉妻子伯高（施洋字）被捕的情况。他对妻子说："雅卿，现在形势严峻，我们要做好长期斗争的思想准备，哪怕就是牺牲自己的生命也要尽一切力量保护革命同志。"正说着，林育南匆匆来到郑凯卿家。

原来，会议结束后，林育南又赶到汉口笃安里《真报》编辑部，他在二楼办公室通宵撰写揭露军阀残酷屠杀工人的文章。第二天，天刚蒙蒙亮，肖耀南的军警来到报社堵住了出口，在这紧急之时，他瞥见地板角落有一根粗绳子，急中生智，立刻将写好的文章揣在怀里，迅速把绳子的一头系在窗根上，抓住绳子滑了下去。从小巷脱离险境。

“凯卿，你们家也不安全，我们赶快转移。”林育南来这里时察觉到有人跟踪他，他有意绕过两条街道，好不容易甩掉“尾巴”，但仍然担心敌人会马上搜查过来，他忙叫雅卿准备一点馍和咸菜，准备和凯卿一起离开。

这时外面响起重重的敲门声。郑凯卿小声对妻子说：“不要慌张，沉着些，若是敌人来搜查，就想法引走他们。”林育南拦住雅卿，低声对郑凯卿说：“不能让她去冒险，还是我出去。”郑凯卿紧紧拽住他说：“不要紧，她机灵得很，对付敌人有办法。”郑凯卿镇定地拉着林育南躲进挂着绣花门帘的马桶间后面隐蔽的杂物房。

李雅卿看着丈夫镇定自若的神情，原本有些紧张的心安定了下来，不慌不忙地向门口走去，说道：“来了，来了，谁呀？”她一边用手拢着头发，一边笑眯眯地开门，看到敲门的是两个军警。她佯装惊奇地说：“我还以为是隔壁的杨二嫂咧，她说来找我画枕头花样的。”雅卿故意把话说得很轻松。她看着来人问：“你们是不是来找我家凯卿的？”军警看了雅卿一眼没有理睬，径直往堂屋里走，在房门口掀开绣花门帘，用怀疑的眼睛到处搜索一遍，然后对李雅卿说：“我们长官要他去做客。”雅卿明白敌人“请客”的花招，虽然有点紧张，但仍然装着高兴的样子说道：“做客！好哇，我知道他在哪里，我带你们去找。我正准备去找他，他一有空就三朋四友地到处玩，今天喝酒，明天打牌，昨晚一夜没回家，肯定又打牌去了，真是玩不醒。”丈夫从来不打牌，自己怎么会说他打了一夜牌，她觉得自己这样说有点滑稽，但这样一来倒觉得心里踏实了一些，说完就装出要走的样子。口里却故意问：“你们是坐在家里等我叫他回来，还是跟我一起去？”军警相信了这个一脸纯朴的女人，他们想快点抓到郑凯卿，但又怕她独自去给郑凯卿通风报信，于是就随她一起出了门。

李雅卿暗自庆幸，她锁好门，从容地把钥匙交给邻居张奶奶，说：“如果凯卿回来了，您告诉他，有人请他‘做客’。饭热在锅里，饿了叫他自己先吃，我马上回。”她边说边对张奶奶使眼色。张奶奶瞥了军警一眼，心领神会地说：“去吧！把钥匙放在桌子上。”

雅卿领着军警来到玉姨家、赵哥家、吴妈妈家寻找凯卿，当他们注意到雅卿那会说话的眼睛和她身后的军警时，明白是怎么回事了。他们机智地与雅卿搭腔，慢慢地拖时间。军警转了几家后，不耐烦了，他们觉得上当了，又慌忙折回郑凯卿家。但这时，郑凯卿和林育南早已无踪无影了。

雅卿用“调虎离山计”把军警引开后，郑凯卿和林育南迅速到了工人群众中，有人力车工人、码头工人……有许多战友、同胞为他们作掩护。一连好几天军警都化装成便衣，在郑凯卿住的房子周围转悠，在雅卿带他们去找过凯卿的那几家房前屋后监视，企图抓捕凯卿，全都毫无所获。郑凯卿风趣地对林育南说：他们是捉不到我这只“神鼠”的（郑凯卿属鼠）。为了避开敌人的搜捕，郑凯卿和林育南在夜晚工作，他们出简报、印传单，并设法将简报和传单送到群众手中，同时组织人员营救施洋和其他被捕的同志。

痛悼施洋

施洋被捕后，郑凯卿、林育南心急如焚，他们经多方打探得知湖北陆军审判处，年三十夜对犯人准予不收封的消息后，决定在阴历年除夕夜采取营救行动，他们制订了详尽周密的计划，组织好精干的营救人员。然而敌人提前行动了，他们于 1923 年 2 月 15 日大年三十凌晨，秘密将施洋残忍地枪杀在武昌洪山脚下，施洋身中三弹仍高呼“劳工万岁！”中国共产党的优秀党员施洋英勇牺牲了，时年 34 岁。

噩耗传来，郑凯卿悲痛极了！他那双好多天没有休息的眼睛布满血丝，射出仇恨的光，长时间不说一句话。郑凯卿与施洋是好战友。1920 年秋，他们两人在参加武汉中国共产党早期组织马克思学说研究会的学习中相识。施洋是竹山县人，1917 年以甲等第一的成绩毕业于湖北私立法政专门学校，两年后取得律师证，在汉口花楼街皮业巷开律师事务所。

施洋雄辩过人、精通法律，在业界声誉鹊起。通过在马克思学说研究会的学习，施洋以前所持无政府主义倾向很快被科学的马克思主义所代替，认清无政府主义只是空想，对改善劳工的地位没有办法。他常说：“若要有具体的、切实可行的办法，只有马克思的科学社会主义，即共产主义。苏俄的成功是我们最好的榜样。”

1921 年 10 月，施洋跟随郑凯卿参加中国劳动组合书记部武汉分部工作，积极从事工人运动。他们共同战斗在汉口租界人力车工人反加租斗争的最前列，他们为人力车行成立工会，为工人争生存争自由。他们一同深入产业工人居住区，了解工人的疾苦，与工人们促膝谈心，参加创办工人夜校和工人子弟学校，辅导工人学习革命理论，学习文化知识，宣传“劳工神圣”和社会主义。他们用激愤的演说揭露帝国主义、封建军阀的罪行，激励大家团结起来，保护工人阶级的利益。

1922 年 6 月，施洋加入中国共产党。同年 7 月底，郑凯卿、施洋、林育南等人一起组建武汉工人联合会，施洋被聘为联合会法律顾问。施洋从此致力研究改善劳工地位的具体方法，并付诸行动。他以律师身份协助郑凯卿开展人力车工人和烟厂工人的罢工。他们在共同完成党组织交给的任务中，建立了深厚的革命友谊。郑凯卿常夸赞施洋，说他知识精深广博，斗争经验丰富，对党忠诚，是我们劳苦大众的好律师。

在京汉铁路工人二七大罢工中，施洋以湖北工团联合会、京汉铁路总工会法律顾问的身份参与领导武汉江岸分工会罢工。反动军警以“煽动工潮”的罪名逮捕施洋，先将他关押在汉口警察厅，后转武昌湖北陆军审判处，他在狱中写下《狱中七日记》。在敌人的法庭上，施洋怒斥军阀镇压工人运动的滔天罪行，表现了共产党人大无畏的革命精神。

施洋遇害后，武汉、上海、北京等地团体和知名人士纷纷谴责军阀暴行，同施洋一起共同战斗过的郑凯卿和数千人力车工人跪地叩首痛哭。施洋遇害的当晚，郑凯卿和林育南组织人力车工人冒着生命危险，将其遗体收殓在武昌城外的江神庙中，通宵轮流守护。北风怒号、山林恸哭。望着施洋的遗体，郑凯卿泪水长流。施洋在国民大会上捶胸顿足的激愤演讲、施洋聚精会神伏案为工人写诉讼状、施洋夹着皮包汗流满面在汉口后花楼街行色匆匆访问工友等情景，仿佛就在昨天啊！郑凯卿强忍悲痛哽咽道：施洋，我的好同志，你那数千字《汉口人力车夫俱乐部对于租界人力车行主张减租及废除包头制理由书》刚登上报纸，我们说好等废除了包头制，人力车工人在经济上不再受行主和包头双重剥削的那一天，一起好好庆祝的，你怎么说走就走了？还有许多行业的工人等着成立工会，他们在等着你去谈判，为他们伸张正义。我们还要并肩战斗啊！施洋，我的好同志！我们一定要讨还血债，与敌人战斗到底。我的朋友，我将永远怀念你！

中国工人第一次罢工高潮，最后虽然以京汉铁路大罢工的失败而结束，但它充分显示了中国工人阶级的伟大力量，扩大了中国共产党和工人阶级在全国人民中的政治影响。

寒夜的火焰

二七惨案发生后，在武汉演讲的李大钊和北京学联代表朱务善等引起敌人注意，其处境十分危险。武汉党组织为了李大钊的安全，安排李汉俊、郑凯卿将李大钊转移到安全的地方，并设法联系朱务善等北京学生联合会代表迅速离开武汉。

1923 年 2 月初，时任中共北方区委负责人的李大钊（1889—1927 年）应湖北教职员联合会的邀请到国立武昌高等师范学校（武汉大学前身）作《进步的历史观》的演讲。郑凯卿等人顶着凛冽的寒风，踏着泥泞的道路赶到火车站。不大一会儿，李大钊以及北京学生联合会代表朱务善等人下了火车。李大钊身着灰色的长袍，迈着轻快的步伐，和接站人员一一握手。郑凯卿听说过有关李大钊的故事。李大钊热爱青年，积极向青年宣传马克思主义思想，介绍各种进步书刊供他们学习，对他们请教的各种问题，热情、诚恳、耐心、细致地给予解答。在郑凯卿的心目中，李大钊是播撒红色种子的人，是共产党的领路人。简单的寒暄后，郑凯卿将李大钊送到陈潭秋安排的住处。

李大钊到武汉时，正是陈潭秋、郑凯卿、施洋等人组织京汉铁路大罢工的时候，他们向李大钊介绍了罢工准备情况。李大钊积极支持武汉工人的正义斗争，和大家一起制定斗争策略，研究罢工的事宜。在武汉领导了京汉铁路二七大罢工。

1999年2月7日，湖北省暨武汉市人民立的二七纪念碑及其碑文

随后，郑凯卿得知董必武专程从黄安回汉，请李大钊到马克思学说研究会和武汉中学讲演社会主义，他特地安排时间听李大钊演讲。郑凯卿早先读过李大钊的《庶民的胜利》《我的马克思主义观》等介绍马克思主义理论的文章，这些文章在他的思想上产生很大影响。郑凯卿极力推崇李大钊的“少年中国学会”的宗旨，在文华大学训练童子军时，按照李大钊“振作少年精神，研究真实学说，发展社会事业，转移末世风气”的目标培养青少年，使文华大学童子军名扬四方。此时，郑凯卿亲耳聆听了李大

钊关于社会主义的演讲，心里更亮堂了。

李大钊的演讲和北京学联代表的活动引起了敌人注意，郑凯卿、李汉俊告诉李大钊说，敌人到处巡逻搜查，伺机逮捕你们。李大钊听了神情严肃地对朱务善说：我们的活动已被敌人注意，你们一定要当心，注意每一个人的安全，保护好同学。郑凯卿、李汉俊秘密将李大钊和北京学联代表转移到了安全地方，并将他们送出武汉。李大钊对在二七惨案中遇难的工人兄弟表示沉痛的哀悼，他对郑凯卿等人说，虽然他们牺牲了，然而他们的精神不死。郑凯卿说，一定要把二七革命精神发扬光大。这种精神会对中国工人运动，对无产阶级革命产生深远的影响。

这年的 12 月 20 日，李大钊在《新民国》发表了《艰难的国运与雄健的国民》，此文犹如在漫漫寒冷的冬夜点燃火焰，使郑凯卿心中受到强烈的震撼和鼓舞。李大钊在文章中写道："我们的扬子江、黄河，可以代表我们的民族精神，扬子江及黄河遇见沙漠、遇见山峡都是浩浩荡荡地往前流过去，以成其浊流滚滚、一泻万里的魄势。目前的艰难境界，哪能阻抑我们民族生命的进程，我们应该拿出雄健的精神，高唱着进行的曲调，在这悲壮歌声中，走过这崎岖险阻的道路。要知道在艰难的国运中建造国家，亦是人生最有趣味的事……"

第十一章

赤胆忠心

肩负组织使命

京汉铁路工人大罢工遭反动当局镇压之后，3月中旬，湖北督军公署又公开下令悬赏通缉共产党员和武汉工团联合会负责人，武汉工团联合会被查封，全市大部分工会、工人俱乐部被解散。反动军警在武汉三镇挨家挨户实行大搜捕，随意搜查旅馆、饭店、车站、码头，盘问来往行人，有40多名工运骨干被捕入狱，1000多名工运积极分子被迫到外地，被厂方开除的工人不计其数。工人们在斗争中争取来的一些权利都被取消，所受虐待比以前更为严重，生活更加悲惨。

当时，党的组织遭到严重破坏，为保存革命力量，党组织要求遭到通缉的共产党员迅速离开武汉或转入地下。陈潭秋、林育南等人被迫离汉，陈潭秋秘密离开武昌，辗转长沙于5月去了安源。鉴于武汉极为严峻的形势，中共中央派李立三到武汉任中共武汉区委委员长，领导湖北武汉的革命斗争。

随着形势的变化，武汉党组织转变斗争策略，为呼应北京、上海、南京等地人民的反帝斗争，李立三、董必武、郑凯卿等人组织领导了武汉人民反帝反封建斗争。

1923年4月12日，董必武、郑凯卿等人集合武汉三镇各界人民团体在汉口歆生路老圃花园召开大会，41所大中学校师生员工和武昌社会主义青年团、武汉学联、省教育会以及由民族资产阶级组成的汉口商会、华商总会等42个团体的各界人士约5万人参与集会，游行示威。5月1日，武汉党组织发起纪念五一国际劳动节活动，李立三、董必武、郑凯卿等秘密组织人员在工人群众中散发传单，揭露军阀吴佩孚屠杀工人的罪行，号召工人阶级不忘二七工仇，继续斗争。

武汉共产党早期组织秘密活动机关旧址

同年6月，中国共产党第三次全国代表大会在广州召开，陈潭秋、林育南、项英、陈天代表湖北党组织出席会议。会议的中心议题是讨论与国民党合作、建立革命统一战线的问题。会上，陈潭秋作京汉铁路二七惨案的报告，分析了京汉铁路工人罢工斗争失败的原因和当时的局势。年幼的中国共产党和中国工人阶级从中吸取了宝贵的经验教训，进一步认识到帝国主义列强和封建军阀势力根深蒂固，力量强大，少数人的孤军奋战或分散的各自为战难以把他们打倒。在半殖民地半封建的中国进行民主革命，仅仅依靠工人阶级自身的力量是远远不够的。要打倒帝国主义和封建军阀，取得革命胜利，党应该有自己的武装力量，有强有力的同盟军，采取积极步骤去联合其他革命力量，结成广泛的统一战线，必须与农民和城市小资产阶级、民族资产阶级建立反帝反封建的广泛的革命联盟，才能完成“打倒列强、打倒军阀”的任务。

武汉党组织根据党的三大会议制定的《工会运动问题议决案》要求，在产业工人中有计划地恢复建立工会组织，提高他们的阶级觉悟，领导工人把一般性的斗争逐步发展成为总的民族斗争和阶级斗争。

武昌文华大学是中国近代最早引进西方先进办学理念的新式学校，现华中师范大学前身

为保存工人阶级的力量，武汉党组织把主要精力投入善后、整顿工作。在白色恐怖下，积极寻找新的组织形式和斗争手段，秘密开展党的活动。1923 年下半年，郑凯卿遭追捕，潜回青山祖籍地隐藏了一段时间。随后，董必武到黄安，将党的工作推向广大农村。郑凯卿在青山也不安全，又回到文华大学隐蔽。在此以后，郑凯卿常用“郑迈”等化名从事党的秘密工作，他和武汉区委的同志、工人骨干深入厂矿，用单线联系的方法，创建工人 10 人秘密小组。工人 10 人秘密小组首先在江岸铁路工人中建立，随后推广至硚口、汉阳、武昌徐家棚等地。郑凯卿向工人群众传递党的指示和革命斗争信息，帮助生活困难的阶级兄弟，救济失业工人，得到工人们的拥护。半年时间里，武汉三镇共建立了 40 多个秘密小组，拥有组员近 500 人。

郑凯卿没有被革命道路上的艰难曲折所难倒，他树立坚定的信念，冲破险阻，顽强战斗。1924 年 5 月，汉口地委机关遭到严重破坏，湖北省工团联合会委员长许白昊和刘伯垂等人被捕，其他委员也遭通缉，武汉党组织处于生死存亡的危急关头。同年仲夏，陈潭秋回到武昌。此时，董必武也回到了武汉。按党中央指示，取消武汉区执行委员会，分别成立汉口、武昌地方委员会，直属中央领导，董必武和陈潭秋分别接任了中共汉口、武昌地委委员长的职务。

在这艰难的时刻，董必武、陈潭秋想到他们的挚友郑凯卿。从革命工作长远考虑，两人决定交给郑凯卿一个特殊任务：利用文华教会学校的背景和郑凯卿文华技师的特殊身份，为党建立一个长期安全隐密处所，遇危急时刻保护我党同志安全脱险。这项作为绝密使命的重要任务由郑凯卿负责，直接受董必武、陈潭秋两人领导。从此，郑凯卿独自坚守在这特殊的秘密地。

1924 年，原文华一分为二，文华大学校的大学部与武昌博文书院、汉口博学书院大学部合并，组建成华中大学。中学部改名为“文华高级中学”。文华高级中学虽然独立，但是大学部与中学部同在一所校园，大学部在山上，占据大部分校园，洪亮的钟声安排全校学生的学习、生活节奏。郑凯卿与当时文华高级中学校长康明德友谊深厚，两人一同参加过武昌首义，郑凯卿利用自己担任技师和劳作教师的身份，特意在校园后院平房他的“劳作工作室”安了一个“家”作为党的秘密处所。在这个平房的旁边，是康明德夫人的“苗圃花房”，茂林修竹、绿荫静谧，有一条小路连通校内外。地下党的一些同志为躲避敌人的跟踪追捕，常把郑凯卿这里当成安全港湾，郑凯卿直接负责接送，他的妻子李雅卿负责照顾和放哨。

郑凯卿凭着多年工作经验，安全稳妥地维护着这个秘密地点。文华学校一直崇尚民主，倡导思想开放、言论自由，学生们是信仰马克思学说还是华盛顿学说，是信仰共产主义还是三民主义，是信仰工农革命还是主张西式民主，或者什么也不信仰，只想读书，皆有自由，学校均不干涉，但不允许发生校园暴力、肢体冲突，影响学校安全和声誉。郑凯卿充分利用这一特点，注重培养学生的政治思想觉悟。在上劳作课时，常常抽出部分时间，给同学们讲民主、革命、共产主义等方面的知识，从“劳动创造世界”“劳工神圣”，讲到社会的正义与公平；从日知会的共和革命、武昌首义，讲到工农运动、共产革命；从校歌“人类皆我同胞”“天下一家”“世界大同”，讲到“共产主义”伟大理想。他讲课生动活泼，深入浅出，颇受同学们欢迎。

郑凯卿虽然不能在文华建立党组织发展党员，却引导许多进步学生走上革命道路。在他的影响下，有的进步学生踊跃参加党组织开展的活动，称为“党外布尔什维克”。郑凯卿和他们虽然没有组织关系，但他们非常崇敬郑凯卿，都把他当成自己的“人生师傅”，有些困惑、难事也爱找他倾诉，听取教诲。郑凯卿对他们关怀备至，就像家长爱护孩子一样，爱护每一位进步学生。

文华大学也不是“世外桃源”，反动军警常以保护学校安全为名来光顾，郑凯卿以“校工”“技师”多种身份为校长和学校成功应付。学校为应付军警的干扰，多次公开明示，本校是私立教会学校，决不允许任何党派团体在校内成立党派组织从事党派活动，决不允许在校园进行商业活动；在校师生未经校长、主任批准，不得参加与学校无关的社会活动，以保持学校的神圣和纯洁，这也使得郑凯卿的工作更加安全。在很长的时间里，文华大学一直非常安全。

复兴工人运动

在党组织领导下，武汉工人运动经过一段沉寂后开始复兴。1924 年 5 月 1 日，武汉 19 家报社刊载了《五一宣言》，各学校学生纷纷散发传单，纪念国际劳动节，谴责帝国主义和军阀压迫工人的罪行。当天，党团宣传小组带领工人、学生分别到洪山、首义公园抱冰堂集中，举行演讲会。会后，各界群众 3000 多人来到施洋墓前悼念烈士，工人群众在墓前宣誓，表示要继承烈士遗志，与帝国主义和军阀斗争到底。郑凯卿带领文华大学学生将花圈送到施洋烈士墓前，以表示对烈士的纪念。

从5月开始，在武汉党组织领导下，郑凯卿等党员在工人群众中开展了一系列活动，终于打破了二七以来工人运动沉寂的局面。按党组织统一部署，对工人的政治经济状况进行调查，制定符合革命低潮时期的斗争策略。郑凯卿等人深入武汉三镇的工厂进行普查，调查工人数量、结构、卫生安全设施、工人住宿条件、福利待遇及工人组织等方面的状况。制定工人运动的正确策略，决定先联络工人中的先进分子，发动、支持工人要求改善待遇的经济斗争，在斗争中恢复或建立工会组织。在徐家棚铁路工人相对集中的地方，开办工人补习学校和工人子弟学校，提高工人的文化水平，引导工人阅读《中国工人》《工人周刊》《向导》等党的出版物，开展反帝反封建的宣传。

郑凯卿向工友们宣传李大钊的《艰难的国运与雄健的国民》，鼓励工人提高斗争的自觉和勇气，引导工人运动向反帝反封建的政治斗争方向发展。郑凯卿告诉工友们，京汉铁路大罢工虽然失败了，但是我们已吹响了对敌斗争的号角。革命先驱李大钊将扬子江、黄河奔腾向前做比喻，鼓励我们在革命的道路上遇到艰难险阻时，要振奋革命精神，坚强不屈才能够战胜敌人。他鼓励那些悲观失望、意志消沉的人走出低谷，号召工人兄弟用革命精神去克服遇到的困难，依靠工人阶级自己的力量，开展反帝反封建运动，同心协力继续战斗。

1924年，国共合作建立后，全国革命形势迅速高涨，形成了以广州为中心的反对帝国主义和封建军阀的新局面。在中国共产党领导下，武汉人民积极投身于反对帝国主义和封建军阀斗争的革命洪流。9月7日，董必武以“武汉反帝大联盟”的名义，发起、组织武汉50多个团体代表和各界群众数千人，在武昌阅马场召开“九七”不忘国耻反帝大会，工人们高呼口号，群情激奋。郑凯卿等参加大会，揭露帝国主义列强在中国的侵略行为，他热情地鼓励到会的工人代表发表意见，工人代表争先恐后上台，纷纷发出自己的呼声。大会散发了《“九七”告国民书》，号召人民团结起来，将废除一切不平等条约的反帝爱国运动进行到底。会后武汉反帝联盟组织了大规模的示威游行。

1925 年 1 月，中国共产党第四次代表大会在上海召开，陈潭秋代表武昌地委出席了大会。陈潭秋回汉后向郑凯卿等人传达了党的四大会议精神。按照党组织的要求，郑凯卿和工会同志一起，采取秘密工作与公开工作相结合的方式，到工厂、矿区、铁路、码头、人力车行去，尽快恢复工团联合会，加强工人的政治教育，发展工会组织，壮大无产阶级的力量，使武汉工人运动从二七大罢工失败后的低谷中尽快恢复。郑凯卿等人积极在工人集中的区域开展活动，使工人运动由分散的经济斗争向集中联合的政治斗争发展，为工人运动复兴做出了贡献。

1925 年 2 月 17 日，天下着雨。汉口人力车工人徐典拉车经过鄱阳街，因避让汽车，误撞了英国租界巡捕，狠毒的巡捕对徐典拳打脚踢，当场将徐典活活打死。工友们要求惩办凶手，为徐典报仇，委托郑凯卿的岳父李大山和人力车工人林中汉到文华找郑凯卿想办法。李大山和林中汉二话不说，拉着车就往昙华林赶，一路上他们的心情就和下雨的天一样凝重。两位老人拉着车在泥泞不堪的道路上艰难地走着，有客人叫喊要他们的车，他们也不理会，急切地去见郑凯卿。

这时，郑凯卿开完党组织会议，冒雨赶回文华大学，走到学校门口时，突然听到有人喊他的名字：凯卿，凯卿！抬头望去，是岳父李大山和林中汉大伯神情悲伤地冒雨站在学校门口，他连忙伸过雨伞，遮挡住两位老人头上的雨水。两位老人向郑凯卿讲述了徐典遭英国巡捕毒打致死的经过，李大山对郑凯卿说："徐典他娘生病了，为了挣钱给他娘买药，他感冒发烧，还撑着出去做活儿，没想到遭此厄运。我们得知消息，闻讯赶过去，看到徐典满身都是血躺在地上，那个惨样，现在想起来都寒心。"林大伯哭泣着："徐典是被那个英国巡捕活活打死的呀！"老人擦着眼泪说："工友们都很气愤，我们是受大家的委托来找你的。"

郑凯卿安慰两位老人："我们已经行动了，我们向官厅提出了依中国法律惩办凶手；抚恤死者家属；不许巡捕鞭挞车夫；巡捕房对车夫不得任意处罚；开除虐待车夫的巡捕等五点要求，现在正等着他们答复。您二老先回去，把准备罢工的消息告诉工友们，做好罢工斗争的准备。"郑

2011 年建党 90 周年，郑凯卿的女儿郑季霞接受湖北电视台采访，讲述其父的革命故事

凯卿接着说，“只要大家的觉悟提高了，齐心协力，团结一致，我们一定会取得斗争的胜利。”

当时武汉有一万五千多人力车工人，这些占了全市交通十分之八的人力车工人的生活状况之悲惨用言语难以形容。人力车工人受尽痛苦折磨，他们反抗剥削、反抗压迫的决心极为强烈。汉口英租界巡捕毒打人力车工人徐典致死，激起全体民众的公愤。这几天，郑凯卿不分白天黑夜，在武汉三镇发动工会组织和人力车工人做好罢工斗争的准备。汉口人力车夫工会召开全体会员紧急大会，推派 12 名代表向官厅交涉。当郑凯卿得知官厅对工人的正义要求不但不理会，英巡捕房再次抓去了 6 名去官厅请愿的人力车工人代表时，他愤怒极了。

3 月 3 日，在中共武汉地委的领导下，人力车工会宣布罢工，罢工得到了武汉各工会和各界人士的支持和援助。汉阳钢铁厂工会、汉冶萍工会、汉口花厂工会、轮驳工会、武汉学生联合会等先后发表宣言，表示对人力车工人罢工斗争的支持，并强烈要求收回英租界。在全市人民团结一致的强大压力下，5 日，租界当局被迫承认给徐典家属抚恤金 300 元，释放被捕工人代表，减轻车夫违章罚金，革除肇祸巡捕。

4 月 12 日，湖北工团联合会秘密恢复，并发表宣言号召："我们应当一致团结起来，形成一个总组织，集中我们工人阶级的力量""打倒帝国主义、军阀资本家""我们要想得到工人阶级的利益，要想解除工人阶级的压迫，只有舍死奋斗。"以工农为主体的革命群众运动的恢复和发展，使被破坏的湖北工团联合会开始恢复。此后，人力车夫委员会召开了工人代表会议，重新改组了车夫工会委员会。

1926 年 5 月 17 日，汉口特别区巡捕又打死人力车工人彭汉卿，军政法警机关表示对事件进行当场勘验，同意工人的要求，按照法律来定罪，并抚恤死者。但是特别区巡捕却认为工人无知可欺，想蒙哄敷衍了事，同时利用工贼从中暗地作梗，于是彭汉卿被打死一事迟迟得不到处理。

6 月 14 日，为敦促当局早日解决，郑凯卿等人领导人力车工人又一次举行罢工，人力车夫工会宣布同盟罢工。官厅害怕了，于是当即派人进行调解，同意了工人提出的条件：行凶巡捕被撤职惩办，抚恤死者家属 160 元，并且保证以后不得再有此类事件发生。

这两次人力车工人的罢工斗争，是继二七风暴后，在武汉党组织的领导下，全市工人阶级重新联合起来开展的斗争。

第十二章

爱国反帝

策划声援五卅运动

1925年5月31日，郑凯卿照例到文华大学的公书林图书馆阅读报刊，《江声日刊》一篇报道引起他的注意，上面刊登了全国学联通报上海五卅惨案的电文：1925年5月30日，上海工人、学生举行示威游行，抗议日本纱厂资本家打死工人顾正红。上海工人、学生的示威游行遭到帝国主义的镇压。郑凯卿感到非常愤怒：帝国主义强盗竟在上海南京路开枪屠杀游行的工人、学生。他向图书管理员借了一份《江声日刊》，迅速来到中共武昌区委董必武办公处，将《江声日刊》递给董必武，董必武说：凯卿，你来得好，正准备找你。这时又陆陆续续来了一些人，大家神色凝重，眼睛里射出愤怒的光。董必武对郑凯卿说：我们要根据重新兴起的武汉工人运动和各界民众革命运动的发展趋势，商量行动对策，策划举行援沪总罢工。郑凯卿回道，发动武汉人民响应上海人民的反帝斗争。

5月30日，英帝国主义制造了震惊中外的五卅惨案。当日，上海学生两千余人在租界内散发传单，发表演说，声援工人，并号召收回租界，英国巡捕开枪射击，当场打死13人，重伤数10人，逮捕150余人。惨案发生的当天，中共中央召开紧急会议，决定发动群众举行罢工、罢市、罢课，开展大规模的反帝爱国斗争。随后通告全国，号召各地工人阶级和民众迅速行动起来，支援上海人民的反帝斗争。

武汉党组织很快做了声援上海五卅运动的部署，随后，郑凯卿根据要求，奔赴各工团组织，向民众宣传讲述上海五卅惨案经过。6月1日，董必武领导中国国民党湖北省临时党部成立了援助五卅惨案指挥部，发出通告，要求迅速开展群众运动，造成强大声势，做上海人民的坚强后盾。从6月2日起，武汉72所学校开始陆续罢课，成千上万的工人、市民走上武汉街头，举行示威游行、演讲，散发传单。各学校组织的演讲团队宣讲五卅惨案的经过，揭露帝国主义的暴行，示威群众高声呼喊“收回租界”“取消领事裁判权”口号，并派出代表向当局提出包括严惩凶手、收回英租界在内的7项要求。郑凯卿带领文华学生走上街头，汇入反帝爱国斗争热潮。一场反帝爱国斗争浪潮席卷武汉三镇。

领导民众抗议暴行

武汉人民声援上海反帝爱国运动使帝国主义列强感到恐惧，英、日驻汉领事出面召集驻汉各国领事会议，要求各国军队做好调兵准备，随时镇压武汉民众的反帝运动。湖北省反动当局还勒令武汉各校提前放假，将在校学生赶出校园，逐出武汉，以瓦解蓬勃兴起的学生运动，破坏武汉的反帝斗争。

1925年6月10日，汉口英租界码头搬运工人与英商太古轮船公司雇员发生纠纷，英商太古轮船公司司事毒打码头搬运工人余金山，致使余金山伤势过重死亡。另有一些工人也被打伤，并有8人被捕。工人群众愤怒无比，当即罢工，结队静坐在地上或跳板上，抗议敌人的暴行。11日，汉口人力车工人、棉花打包工人和码头工人陆续聚集到太古码头声援罢工，学生们来这里演讲，各界群众愈来愈多，数千人举行示威游行，游行队伍高举“大家起来援助我们苦工吧！”的旗帜。英国巡捕企图驱散群众，但是，民众不但没有散去，而且越聚越多。英领事竟招来海军陆战队和各国义勇队，武装袭击游行民众，并用刺刀乱戳工人。愤怒的工人拿着扁担、木棍，捡起石头、砖块，拼命地还击。

工人们一边还击，一边向工人集中居住的地方大智门撤退。敌人仍未停止施暴，工人们见同胞被敌人追杀，自动上前营救被追杀的同胞，与外国军士进行搏斗。这时，肖耀南派军警将前花楼街与后花楼街的铁栅门关闭，阻断租界西南部的交通，追堵民众。英国驻汉领事悍然命令海军陆战队用机枪向工人、民众射击，顷刻，子弹像雨点一样射了过来，被子弹射中的人顿时皮开肉绽，鲜血在地上流淌，当场死亡 40 人，重伤 17 人。英帝国主义及其帮凶肖耀南，采取切断照明电源、使路灯全部熄灭的卑鄙行径，将被害民众的尸体拖到军舰上，后沉入江底，以掩盖罪行。

继上海五卅惨案后，帝国主义及其帮凶又制造了震惊中外的汉口“六一一”惨案。汉口惨案发生后，军阀肖耀南不许报纸刊登惨案真相，封闭扬子通讯社，解散学生会，实行三镇戒严，禁止工人集会。

惨案发生的当晚，武汉三镇实行戒严，义愤填膺的码头工人、人力车工人从长江、汉江上划着小船驶向武昌，他们去文华学校找郑凯卿。由于消息被封锁，此时，郑凯卿已赶往汉口码头，他头戴着小草帽，身着短装单衣、长裤，衣服外面套着一件人力车夫的背心，手里提着一盏车灯，来到工人们中间。工人们见到郑凯卿，告诉他有工人代表划船过江到武昌文华找他去了，郑凯卿听了工人们反映的情况后，立即连夜返回文华，与工人代表彻夜长谈，商议对策。第二天天刚蒙蒙亮，郑凯卿带着工人代表去找陈潭秋，汇报“六一一”惨案的具体经过，研究敌我形势及下一步斗争的具体事宜，然后大家分头行动。

董必武、陈潭秋召开了武汉各人民团体第一次联席会议，接着成立了各团体外交后援会。中国共产党、共产主义青年团发表《联合宣言》，向全国人民披露惨案的经过，抗议帝国主义残杀中国人民的罪行。董必武对郑凯卿说，凯卿，你赶快到大智门人力车工会会所去，那里可能会聚集很多工友，现在工友们情绪很激动，你要揭穿肖耀南实行全市戒严、企图镇压民众的阴谋，引导工友们正确地进行斗争，以避免发生不必要的牺牲。

郑凯卿赶到人力车工会会所时，屋子内外挤满了工友，许多人在惨案发生后，没有回家，直接来到这里。他们有的坐在长条凳子上，有的靠在墙角落里，有的蹲在地上。经过头一天晚上与敌人你死我活的搏斗，有的工友累极了，睡着了，但是手上仍然拿着石头、砖块或木棍。他们的脸上写满了悲痛和仇恨，为失去的亲人、同伴痛苦不堪。他们对帝国主义、反动军阀的暴行感到愤怒，好几次工友们都想马上去与敌人拼命。

面对愤怒的工友们，郑凯卿需要引导他们正确地进行斗争。双眼布满血丝的郑凯卿，振作精神对工友们说：“工友们，我们死去的亲人的血是不会白流的，我们一定要把反帝爱国斗争进行到底。英帝国主义侵占中国领土，在租界做工的工人，活路重、收入低，还经常遭到毒打。”郑凯卿挥动手臂，提高声音说：“英国巡捕肆意欺压、毒打民众，连续制造惨案，我们决不能容忍他们横行霸道。反动军阀肖耀南，做了帝国主义的帮凶。我在来这里的路上，看到沿途已经布满了武装军警，肖耀南已实行全城戒严，荷枪实弹正在找我们呢。我们要避免不必要的牺牲，不能跟他们硬拼。反动军警很快就会来这里搜查的，此地很不安全，大家要快点离开这里，我们要在共产党的领导下，团结起来，有组织地进行斗争。”

郑凯卿的讲话增强了工友们斗争胜利的信心，经过他的说服与疏导，工友们情绪渐渐稳定了下来，纷纷表示要在党的领导下进行斗争，跟着凯卿一起干革命。他让工友们分批陆续分散撤离，在家等待新的行动通知。就在工友们撤离后不久，反动军警就来搜查，结果扑了个空。

惨案发生后，全国工商学联会召集群众大会，通过了交涉条件。此时，北洋政府意图通过“法律解决”来转移反帝斗争视线。为了唤起民众认清军阀政府的妥协嘴脸并奋起反抗，陈独秀在《向导》上发表文章。通过《向导》的宣传，“反对帝国主义”和“打倒封建军阀”很快成为广大群众的行动口号，受到广大党员和民众的拥护。同时，毛泽东也在《向导》发表文章，他说，用国民的力量打倒军阀并打倒和军阀狼狈为奸的外国帝国主义，这是中国国民革命的历史使命。唯有号召全国商人、工人、农人、学生、教职员，乃至各种各色凡属同受压迫的国民，建立严密的联合战线，这个革命才可以成功。郑凯卿称颂陈独秀和毛泽东在《向导》发表的文章是中国革命的“一线曙光”，是千百万苦难同胞前进的“思想向导”。

6 月 14 日，汉口英、日工厂和洋行的全体中国工人举行罢工，10 万余学界、商界民众上街游行示威、演讲、散发传单，掀起了大规模的反帝爱国运动浪潮。此时，北京、上海、南京、广州、济南、长沙、西安、芜湖、福州等地的工人、学生用各种形式声援武汉人民的反帝斗争，纷纷发电文悼念在武汉“六一一”惨案中死去的同胞，北京学生和工商界10万余人聚集在天安门，冒雨游行示威，游行队伍喊着响亮的口号“打倒英国强盗，援助武汉同胞！”上海总工会发出《通电》率20余万工人誓为武汉人民的坚强后盾，在天津追悼武汉死难同胞的大会上，邓颖超痛斥帝国主义对中国人民的血腥暴行。消息传到国外，共产国际、苏联共产党及各国工人团体也纷纷发表宣言揭露和抗议帝国主义在中国的残暴罪行，武汉人民的反帝爱国运动得到了全国各党派、团体、组织和民众以及全世界正义力量的支持。

带领工人奋起反帝

为声援上海、武汉的工人罢工，1925年6月21日，香港、广州工人也进行了罢工。广东各界在东校场举行了大会，声讨帝国主义在上海制造五卅惨案、在武汉制造“六一一”惨案。23日下午1时，广州20多万人在东校场举行市民大会，一致通过援助沪案条件，会后举行了游行示威，中共广东区委主要领导人陈延年、周恩来参加了游行。下午3时，当游行队伍经过沙基西桥口时，沙面西桥旁的域多利酒店（今胜利宾馆）一名外国人首先用手枪向游行队伍打了第一枪，早已布置好的沙面内西桥脚的英、法海军陆战队，用机枪向游行示威群众扫射，游行队伍猝不及防，避走不及，当场死亡59人，重伤者百余人，轻伤者无数。同时，驻扎在白鹅潭的外国兵舰也向北岸开炮示威，帝国主义再次举起罪恶的屠刀，制造了震惊中外的沙基惨案。沙基惨案发生后，国民政府提出最严重的抗议，广州各团体要求对英实行经济绝交，29日香港25万工人举行全面总罢工。

6月30日，在各团体外交后援会领导下，武汉各界6万余人参加追悼“沪、汉、粤案”死难同胞大会。肖耀南反动军警包围了会场，不让人们进入。董必武、吴德峰、郑凯卿等人领着武汉中学和文华大学等学校的学生喊着口号，挥着手里的小旗来到会场，受到军警的阻拦。郑凯卿、谢远定带领学生向军警开展宣传工作，揭露帝国主义屠杀中国人民的种种罪行，以及中国人应该爱护中国人的道理。有部分军警受到教育后让开一条路，郑凯卿抓紧机会指挥学生、民众迅速进入会场，他机智地引导学生，把事先写着决议的小旗和印好的传单迅速散发到群众手中。此时，湖北省第一师范、武昌高等师范学校的学生抬着几具棺材来到会场，武汉各校学生群情激奋、纷纷从四面八方涌进会场。就在这时，郑凯卿事先组织的第一纱厂、裕华纱厂、震寰纱厂等工厂工人队伍也赶到追悼大会会场。

在董必武主持下，大会通过了对英领事馆交涉的六项决议：严惩本案凶手，撤退英陆战队和义勇队；英军舰一律退出汉口；收回汉口英租界；英政府应赔偿伤亡抚恤及一切损失；英政府应向我政府赔礼道歉；取消领事裁判权以及中英间缔结的一切不平等条约。会后举行了示威游行。7月11日，武汉5万多民众在武昌公共体育场举行了“六一一”汉口惨案周月纪念大会，极大地鼓舞了武汉人民反帝斗争的斗志。

9月初，中共武汉党组织根据当时斗争形势的发展，决定在“九七”国耻纪念日前后领导民众开展“反帝运动周”活动。此时受到舆论谴责的肖耀南为掩人耳目，授意由部分旧军官组成的“湖北对英同志会”发起一次“绅士式的水陆大游行”，故作爱国姿态。武汉党组织得知此消息后，抓住这一机会，组织动员共产党员和国民党左派一致行动，参加水陆游行活动。

9月7日，整个武汉三镇包括长江水面突然出现了近30万人的游行队伍，“九七”水陆大游行活动变成了武汉三镇人民的一次规模空前的反帝反军阀大示威，武汉人民群众高举各种旗帜、标语，抗议英帝国主义侵略者暴行。武汉三镇、长江两岸旌旗招展，人流如潮，江面上千帆竞发，汽笛响亮。当时，天降黄沙，沙雾缭绕迷漫在江城上空，太阳也显得暗淡无光。然而武汉人民斗志昂扬，高呼“全国工农商学联合起来！”“打倒帝国主义！”“打倒反动军阀！”“废除不平等条约！”“誓死收回英租界！”口号声响彻长江两岸，水陆大游行使敌人丧胆落魄，表现了武汉人民团结战斗的力量。

1926年6月上旬，中共湖北地委、共青团武汉地委组织指挥部筹备汉案周年纪念活动。6月11日，武汉学联等团体分别在武昌黄鹤楼、汉口老圃举行“六一一”惨案周年纪念大会。武汉工团联合会、妇女协会、人力车工会、青年团体联合会等革命团体6000余人参加了大会，大会强烈抗议军阀政府制造骗局，愚弄人民的罪行。

汉口“六一一”惨案与上海五卅惨案、广州沙基惨案成为当时震惊海内外的三大惨案。在共产党的领导下，郑凯卿始终和武汉人民一起以各种不同的形式进行着一次又一次的反帝斗争。

第十三章

挺立洪流

接应北伐军

1926年初，武汉党组织按照中共中央在北京召开的特别会议精神，大力发展农民运动，在北伐军经过湖北等地时起到接应作用。为此成立了湖北特别委员会，董必武为主席。7月1日，广州国民政府发表《北伐宣言》，开始了轰轰烈烈的北伐战争。7月9日，国民革命军在广州正式誓师北进讨伐北洋政府，以武力打倒祸国殃民的封建军阀，北伐军高唱战歌一路向前，迅速推进到长江流域。

武汉党组织为配合北伐军攻打武汉，决定由潘怡如、郑凯卿等人摸清敌人的情况。董必武与潘怡如、郑凯卿商议，以潘怡如治病为由打探敌军消息，郑凯卿安排可靠人员抬着潘怡如到武汉三镇特别是外围查看敌军的兵力部署。然后，将武汉及其外围的军阀驻军的兵力部署、防御能力等情况报告总司令部。潘怡如与董必武是同乡、同学、挚友，后来加入中国共产党。郑凯卿与潘怡如是一起参加辛亥武昌首义的革命战友。他们三人紧密配合，行动中，潘怡如、郑凯卿发现敌军重兵放在通湘门（今大东门），重武器设于蛇山和龟山，分析敌军企图固守武昌，并凭借长江天险控制汉口、汉阳。董必武、潘怡如据此绘制了敌军的兵力部署图，提出了北伐军攻城作战的建议，将这些重要的情报送到咸宁叶挺独立团驻地，并将湖北武汉的政治、军事情况向国民革命军总司令报告，为北伐军制订作战计划提供了重要的情报。返回武汉途中，郑凯卿建议去咸宁、通城、蒲圻等地，组织农民支援北伐军。董必武非常赞同，他们立即前往，经过宣传鼓动成立了30多个农协组织，会员达到10万余人。

与此同时，陈潭秋、宛希俨在武昌举办两湖（湖北、湖南）北伐宣传训练班，向学员宣传革命道理，传授宣传群众、组织群众的方法，学会侦察敌情、收藏武器的军事知识，鼓动农民支援北伐军。训练班结束后，受过训练的100多人被派遣到武长路一带北伐军进攻要道或敌军后防阵地，进行秘密工作，策应北伐。

郑凯卿回到武昌，与陈潭秋等人做好接应北伐军工作。为宣传动员群众，郑凯卿和邓仲元等人组织人力车工人，将《武汉评论》等迎接北伐的专刊和30多种宣传资料散发出去。同时，将一部分枪支弹药、粮食等秘密运送到中转站，然后由中转站转送到北伐军。

叶挺独立团从广东出发，一路以风卷残云之势，迅速占领了通城、崇阳、蒲圻等地，随后奇袭汀泗桥，大战贺胜桥，打开了通向武汉的大门。郑凯卿和陈潭秋等人在武昌日夜不停地进行接应的各种准备工作。8月下旬，湖北学联在董必武的领导下，组织宣传队走上武汉街头，散发传单，张贴标语，宣传演讲，为北伐军进城大造舆论。武汉工人也行动起来，组织成立担架队、运输队，为北伐军运送枪支弹药、粮食蔬菜，协助救治伤病员。

汉阳、汉口很快被北伐军攻克。9月1日，北伐军乘胜直逼武昌城下，吴佩孚残部溃逃躲进武昌城内，紧关城门，顽抗死守。武昌城东、南、西三面城高壕深，城内蛇山耸立，易守难攻。为避免革命力量遭受损失，陈潭秋、郑凯卿及时安排一些同志转移到汉口，陈潭秋和郑凯卿等继续留在武昌城内，发动群众，坚持斗争，作北伐攻城的内应，策动敌军倒戈，迎接北伐军。

为了扰乱敌军军心，郑凯卿、陈潭秋组织人员晚上在武昌城内大街上贴出“北伐军500多人化装进城了”的标语，同时传播“北伐军明天要攻城”的消息，组织人在蛇山抱冰堂附近抛掷炸弹，使敌人惊恐万分，昼夜防守，精疲力竭，以至于有报道说，这是“北伐军便衣别动队在行动，军警防不胜防”。郑凯卿、陈潭秋等人还机智地应对敌军的搜查。

北伐军在经历9月3日、5日两次攻城未果后，决定采取“以围代攻”的战术，对武昌陆路、水路、通信等实行全面封锁，完全隔绝同外界联系。北伐军围城40天，武昌城内不仅粮食断绝，连喝水都成问题。被困在城中的还有十几万民众，遭到守城敌军的抢掠洗劫，生活极其艰难。为坚持斗争，陈潭秋和郑凯卿领导群众到紫阳湖打捞鱼虾、采摘莲藕。郑凯卿带着妻子，挖出先前在文华学校后院空地里种植的土豆、红薯分给群众，也给陈潭秋的家人送去了一些食物。到后来什么食物都没有了，他们只有靠挖野菜、剥树皮来充饥。为援救武昌城里的民众，董必武领导国民党湖北党部在汉阳设立临时办事处，发动商会、慈善团体施救，征求守军同意，两次打开汉阳门，放出老弱妇幼出城寻找食物。

此时，董必武等通过多种关系，策反敌军。城内守军河南第三师吴俊卿部同意起义，里应外合做策应。10 月 10 日凌晨，北伐军再次向武昌城发起总攻，叶挺独立团从通湘门附近架起云梯登城，冲进城内，取得武昌战役胜利。

武昌战役后，郑凯卿根据党组织的安排筹备了欢迎国民革命军大会。10 月 20 日，武昌市民数万人在武昌公共体育场举行欢迎国民革命军大会，有 400 余个团体参加，大会总指挥由董必武担任，郑凯卿为会议顺利召开做了大量的组织工作。

水陆夹击收回英租界

北伐革命军占领武汉三镇，严重地打击了英帝国主义在长江流域的殖民统治，引起英帝国主义的极大恐慌。汉口英租界东临长江，西靠城墙（今中山大道），南到太平街（今江汉路），北接界限路（今合作路），是五国租界中面积最大的地方。英国人在租界内胡作非为；中国人在租界里却不能自由行动。武汉人民对英帝国主义在中国土地上的侵略行径深恶痛绝，一直为收复租界不屈不挠地进行斗争。1926 年 9 月 5 日，当北伐军向武汉进击的时候，英国军舰突袭杨森部，枪杀战士百余人，同时炮击万县县城，公然在四川万县屠杀中国人民，制造了千余家民房店铺被毁、死伤千人的万县惨案。北伐军进军武汉时，英国军舰在汉口上游 50 公里处向北伐军开炮。北伐军攻占武汉后，英租界海军陆战队登陆布防，并开炮轰击武汉一带的北伐军。21 日，300 名北伐军在江汉关附近遭英国水兵阻拦，双方对峙，几致交火。

26 日，英帝商船亚细亚煤油公司福光轮在汉口下游团风江面上蓄意撞沉中国华商既济公司“神电”号商轮，致使 500 余名中国同胞全部遇难，冤死江底。当天，武汉各界群众 20 余万人分别在汉口、武昌召开市民反英大会，会议明确提出反对干涉中国独立的英帝国主义，强烈要求国民政府向英国政府提出严重抗议，对英实行经济绝交，立即收回汉口英租界。

10 月 10 日，董必武、陈潭秋、郑凯卿等人在武汉 30 余万人举行的“双十”节纪念大会上，声讨英帝国主义炮击万县的野蛮罪行，号召武汉民众一致反对英帝国主义。

1927 年 1 月 1 日至 3 日，武汉各界民众为北伐胜利和国民政府迁都武汉，举行演讲会、提灯会、游行等多种多样的庆祝活动。3 日中午 12 时，数千市民聚集在汉口英租界附近的江汉关钟楼下的广场上听中央军事政治学校政治科宣传队讲演，愤怒控诉帝国主义侵略中国、干涉中国革命的罪行。租界内的英军如临大敌。下午 3 时许，租界的印度巡捕跑出来进行干涉，试图用警棍驱散民众，泊在长江中的英国军舰上的一队武装水兵持枪登岸，将枪口对准民众；随后驻扎在汇丰银行的几十名英兵也冲出大楼，用刺刀驱赶民众，不许大家集会听演讲。不一会儿，大批全副武装的英兵冲向手无寸铁的民众，用刺刀向人群乱戳，当场多名工人被刺、倒地身亡。海员工会会员李大生被英兵用刺刀捅伤腹部，当场死去。武汉人力车夫工会与码头工会会员方汉山、明宿廷等人亦惨遭毒手，身上刀伤累累，地上血流成河，重伤者 80 余人，轻伤者 300 余人，许多人生命垂危。英帝国主义制造了惨不忍睹的“一三”惨案，广大民众怒不可遏，他们有的用手中的旗杆痛打英兵，有的用扁担、杠棒与英兵枪杆互击，有的徒手与英兵搏斗，誓死捍卫中国人民的尊严。混战中，英兵见势不妙，仓皇退却，逃回英租界。当时李立三、刘少奇等人正在汉口召开湖北省总工会第一次代表大会，得知惨案及时赶往现场，并于当晚发表《为反对英水兵惨杀同胞通电》，提出对英“六项条件”“五点办法”，要求实行对英经济绝交及对英总罢工，严惩凶手，为同胞报仇。当天，董必武主持召开省党部代表大会，讨论了对英斗争方针。武汉国民政府向英领事提出口头抗议，要求立即撤退英水兵和义勇队，并解除其武装，由中国军警接防等。

中共中央、中华全国总工会均发表宣言，抗议英帝国主义者屠杀武汉人民的罪行。北京、上海、西安、九江、湖南、江西、广东、安徽、天津等省市各界团体和人民群众纷纷发表通电，声援武汉人民。国际无产阶级对武汉人民的正义斗争表示了极大的同情和支持，第三国际执行委员会向全世界工人发出通告：“望世界各国工人，从速联合一致，合力拥护中国革命。”

4日，湖北全省总工会、全省农民协会、全省学生联合会等200余团体的代表500余人在汉口总商会举行武汉工农商学各界联席会议，会上刘少奇反复阐述“六项”条件的内容和意义。会后，李立三、刘少奇、林育南等人分别代表全国和湖北总工会前往武汉国民政府请愿，湖北全省总工会和各行业工会纷纷发表通电、通告，揭露英帝国主义屠杀中国人民的罪行，号召工人阶级和民众为收回英租界而斗争。

5日，武汉举行罢工、罢市、罢课。下午2时，武汉各界30万市民在汉口济生三马路举行反英示威大会，揭露英帝国主义制造惨案的真相及其一系列屠戮中国人民的罪行，提出政府和人民团结一致收回英租界。共产党人向广大民众揭露英帝国主义的暴行，激起了长期郁积在武汉人民心里的愤怒和仇恨。会后，举行声势浩大的示威游行。当时天下着雨，一会大雨滂沱，一会儿小雨连绵，淅淅沥沥下个不停。天气虽然寒冷，人们心里却燃烧着火焰。游行队伍在雨中前进，潮水般涌向英租界，人群中有穿蓑衣戴斗笠的，有戴草帽披油布的，更多的人是光着头，任由雨水淋在脸上、身上。李立三、刘少奇、林育南、郑凯卿等人冒雨带领群众和工人纠察队走在游行队伍的最前面。一路高呼口号：“打倒帝国主义！”“收回英租界！”“为死难同胞报仇！”

游行队伍来到英租界，为阻止游行队伍进入租界，英国士兵将铁栅门紧闭，并设置了铁丝网，堆放了许多障碍物。游行队伍被挡在租界外，人们挥舞着拳头，不断高呼口号。

郑凯卿看见一些工人用肩膀撞击铁门，一些工人用手抓住铁栅门想攀越过去，但是都未能成功。他立刻召集工人代表开会商量进租界的办法，有的说从水里游过去，有的说从栅子门上翻过去，大家你一言、我一语献计献策。郑凯卿看了看铁门，又向江面望去，两眼泛着智慧的光芒，思索片刻后，兴奋地告诉大家：采取“水、陆两路夹击”定能取胜。关键时候，郑凯卿组织指挥人力车夫工会、码头工会、海员工会的工人为收回英租界发挥了重要作用。郑凯卿对在场的人力车夫工会、码头工会、海员工会的会员代表们紧急部署水陆夹击方案，他高声对海员工人代表周贺亮说：“快！你多带一些工友，找几只木船来。”周贺亮心领神会地说：“好的，我由水路从那边的趸船上岸，这办法真是妙极了！”其他人着急了：“凯卿，那我们干什么呀？”郑凯卿胸有成竹地说：“别急，别急，我们去找跳板搭成天桥，从铁栅门上面过去。”码头工人代表张计储挥手高呼：“工友们，跟我来。”不一会儿，他就带着许多工人扛着跳板回来了。郑凯卿带领他们一起将跳板稳稳地架到铁栅门上，搭建起了临时斜坡桥，郑凯卿和张计储带领工人从铁栅门上面翻越过去。这时，周贺亮也领着海员工人从水路到了江边，从趸船上了岸，工友们冲进了英租界，迅速拆除铁丝网、搬开沙包，他们打开铁栅门，游行队伍涌进租界，在租界胜利会师，欢呼声、口号声此起彼落，震耳欲聋。平时凶神恶煞的英国巡捕惧怕工人们的力量，吓得躲藏起来，不敢露面。工人们迅速爬上屋顶，扯下英国米字旗，升起了我国国旗，人们翘首仰望国旗，高呼我们胜利了。

汉口英租界被爱国群众控制，租界内的英国官员和巡捕、水兵逃往江边的英国军舰，英租界内侨民搭乘军舰或商船离开汉口。在武汉工人阶级和各界人民的推动、支持下，武汉国民政府决定设立由外交、财政、交通三部部长组成的“汉口英租界临时管理委员会”，管理租界内一切事宜。

1月6日，江西九江各界群众在武汉斗争胜利的鼓舞下，收回九江英租界。武汉、九江人民收回英租界的斗争得到了全国人民的声援。湖北、江西、广东、北京等地纷纷召开大会，组织反英示威游行，形成了全国规模的反帝斗争洪流。2月19日、20日，英国被迫签字将汉口、九江英租界交还中国。在中国共产党的领导下，被英帝国主义侵占了60多年的租界终于回到了人民的怀抱，这是中国人民百年反帝斗争第一次从列强手里夺回被强占的土地和权利，是中国共产党和工人阶级的伟大壮举。

在大革命中洗礼

北伐战争胜利后，中国革命的中心由广东转移到武汉。早在1926年9月，中共中央即开始从各地抽调大批干部来汉工作，张国焘被任命为中央驻汉代表。在此期间，毛泽东、刘少奇、李立三、张太雷、恽代英、吴玉章亦按照中央指示抵汉指导工作，武汉成为当时中国共产党的中枢要地。为了适应形势发展的需要，1927年中共中央机关从上海迁到武汉办公，大批中共中央领导人、国民政府负责人及国民党左派等云集武汉，武汉成为全国革命运动的中心。

大革命时期，各种革命学校、讲习所等在武汉应运而生。影响较大的有武汉中央军事政治学校、中央农民运动讲习所、湖北省党部和汉口特别市党部工人运动讲习所、妇女党务训练班等。

1927年1月21日，由刘少奇负责的湖北省总工会在汉口、武昌开办了武汉工人运动讲习所，设立了工人纠察队训练所和文化补习班。郑凯卿协助讲习所工人学员的军事训练和后勤事务，为使学员结业后能够领导和训练纠察队，工运所除了每周教授《军事学》外，还请武汉国民政府军事委员会调拨枪支350杆、子弹2600排，让学员进行军事操练和实弹射击。其间，郑凯卿积极参加工运讲习所的活动，提高了理论水平和工作能力。

湖北黄安、麻城是大革命运动开展得红火的地区，枣阳、汉川两县农协组织也拥有武装队伍——农民自卫团。1926年董必武在汉口吉庆街德润里建立党的秘密联络点，其任务之一就是为各地工农武装收藏并转运枪支弹药。到 1927 年 5 月，湖北全省农民武装约掌握有 3000 支枪。6 月，郑凯卿、吴德峰等人受董必武指派，将董必武秘密购买的 120 支长、短枪及一批弹药，运送到黄安、麻城等地农民自卫军手中，加强农民自卫军的战斗力量，这些枪支弹药在农民自卫军保卫革命成果的斗争中发挥了重要作用。

1927 年 4 月中旬，时任中共中央总书记的陈独秀从上海乘船到达革命中心武汉。中共中央机关设在汉口四民街的一栋红砖洋房里（今江岸区胜利街 165 号）。陈独秀住在这栋楼的三楼，其左右两边的房间，曾住过彭述之夫妇、蔡和森夫妇等。4 月 27 日至 5 月 10 日中国共产党第五次全国代表大会在这里召开，中共五大会议在总结和国民党建立统一战线经验的基础上，确定了共产党同国民党关系的新政策：打击右派，争取中派，扩大左派。要求共产党员要在国民党内和党外，坚持彻底的民主革命纲领，保持自己的独立性。

郑凯卿得知陈独秀来汉便去探望，这是郑凯卿第二次见到当时党的最高领导人陈独秀。早在 1920 年陈独秀来文华大学讲学，郑凯卿受其影响，加入中国共产党。时隔 7 年，两人再次相见，仍一见如故。陈独秀关心郑凯卿的工作、生活情况，肯定了郑凯卿所做的工作，以及在革命斗争中的表现。

第十四章

风雨如磐

组织总同盟罢工

1927年，蒋介石、汪精卫集团相继发动反革命政变，在上海和武汉等多地大肆搜捕、残酷屠杀共产党人。当时，郑凯卿正忙于组织人力车工人为黄安、麻城等地农协运送枪支弹药，回到武汉向董必武报告时，董必武沉默好一会儿对郑凯卿说，湖北督军总署下令封闭和改组革命工会，通缉追捕工运领袖、积极分子，武汉的工运组织遭受严重的破坏。中央决定公开宣布解散工人纠察队，湖北总工会准备执行中央解散工人纠察队的决定，郑凯卿听了半天说不出话来。武汉工人纠察队是在共产党领导下，在工人运动中逐渐建立起来的工人阶级自己的队伍，正当国民党军队向我们进攻，挑衅工人纠察队的时候，中央决定解散工人纠察队，郑凯卿对这个决定很不理解，他不相信湖北总工会解散工人纠察队是真的。但是工人纠察队确实被解散了，1000多支枪拱手交给了敌人，那可是工人阶级的家底啊！后来郑凯卿才知道这是我们党犯了右倾投降主义错误，对反革命的进攻采取了退让政策。看到工人们通过拼命斗争得到的权利被取消，工人受到比过去更加残酷的虐待，郑凯卿感到痛惜和愤慨。武汉工人纠察队的被解散，使武汉党组织丧失了一支革命武装。

大革命失败后，无数共产党人、革命志士和工农群众倒在蒋介石、汪精卫的屠刀下。武汉党组织被迫转入地下，党的力量大大减弱。工人阶级在大革命时期所争取的政治权利和经济利益被剥夺得一干二净。在武汉，资本家不仅降低了工人工资，还以开除等手段相威胁，逼迫工人取消大革命时期劳资协议中所订的条款。

为挽救中国革命，1927年7月12日，根据共产国际指示，中共中央进行改组，成立由周恩来、张太雷等5人组成的中央临时常务委员会主持中央工作。13日发表宣言，揭露武汉国民政府叛变革命行为，宣布撤回参加国民政府的共产党员。

中共中央政治局决定在汉口召开紧急会议，周恩来从上海秘密来到武汉，住进了吴德施在汉口的家，两人很快建立了友谊。吴德施（1870—1945），美国人，是美国圣公会传教士，1896 年 11 月自美来华，担任昙华林街区高家巷圣约瑟堂的会长。在他领导下，圣公会创建的文华书院，革新风气更加浓厚。1904 年吴德施提升为圣公会湘鄂皖赣教区主教，1913 年他与家人从武昌搬到汉口圣保罗的主教公署（今汉口鄱阳街 32 号）居住，直到归国。吴德施同情和支持中国革命，他借用教会的名义掩护、营救革命人士。

周恩来此次来武汉其中一项重要工作就是会见第 20 军军长贺龙。由于贺龙公开支持共产党，引起蒋介石和汪精卫的严重不满，严密监视他和他的部队，极力阻止他倒向共产党。“文华”校友、国务院原侨办文教司司长孙兴盛在他的《百年文华梦》中记载：贺龙和他的 20 军军部驻昙华林圣约瑟学堂（文华中学二部），周恩来住汉口吴德施家，过江到武昌文华会晤贺龙的安全事宜由郑凯卿负责。郑凯卿等人在周恩来过江会晤贺龙之前，将过江路线和坐的船只都确定好，然后向党组织汇报，安排可靠人员做好沿途保障工作。

7 月 17 日，贺龙在军部“日知堂”召集连以上军官讲话，他说现在危急关头，摆在我们面前只有三条路，第一条是解散回老家，这是自杀的死路；第二条是跟着蒋介石汪精卫干反革命，杀自己同胞兄弟，这也是一条自杀死路，我们绝不能走；现在只能走第三条，跟着共产党走革命的路。虽然这条路很危险、很艰难，但这是唯一的一条光明的路，胜利的路。不管今后有多危险、多艰难，就是刀架在脖子上，我贺龙也要跟着共产党革命到底！他问大家：你们要走哪条路？ 全体与会将士激动地同声高呼：坚决跟着共产党走革命的路！

汪精卫叛变革命后，文华中学被迫关闭，校长康明德和外籍教师在撤离武汉到上海前，将文华学校 400 多位学生作了安置，部分初中高年级学生转到公立学校就读，初中低年级学生全都送回家。师生中那些暴露的中共党员、爱国学生、进步青年怎么办？遵照周恩来的指示，由郑凯卿负责联系护送，有的送进武昌都府堤红巷中央农民运动讲习所，有的送往汉口湖北总工会主办的武汉工人运动讲习所，有些则直接参加了贺龙的20军。周恩来指示郑凯卿继续隐蔽在“文华”，以教会学校技师的身份，做好党的地下工作。

不久，吴德施利用教职身份，冒险设法帮助周恩来乘船离开武汉去了南昌。10多天后，周恩来、贺龙等领导的南昌起义爆发了。中国共产党打响了武装反抗国民党反动统治的第一枪，标志着中国共产党吸取大革命失败的教训，独立自主地创建革命军队、进行武装革命的开始。

为了响应南昌起义，党组织计划进行武汉工人总同盟罢工。省委书记罗亦农和郑凯卿等党员以及工人兄弟们积极进行武汉工人总同盟罢工的准备工作。在酷热的暑天，他们奔走于大江两岸发动群众，“终日舌敝唇焦，汗流遍体”进行鼓动宣传，“消沉者多被其鼓动，遂能举行武汉三镇总同盟大罢工”。此间，湖北省总工会还制定了《武阳夏总罢工密令及行动经济风潮之计划》，进行了总同盟罢工的具体部署。正当武汉工人积极准备总同盟罢工之时，武汉反动当局侦悉到湖北省委这一行动计划。国民政府军事委员会宣告武汉三镇戒严，在戒严期间，不准自由开会或群众游行，各游戏场、戏园至夜间十一时一律停止演出，并宣布凡不遵守以上各条者，决以军法从事。

此时，武汉人力车工人因遭到武汉卫戍司令部兵士殴打，发起抗暴斗争。7月29日下午4时，汉口华界人力车夫工会会员戴玉卿、彭银堂、张德胜运送铜圆到车夫工会，帮助车夫以国库券兑换铜圆。当他们走到汉口张美之巷青莲阁总商会门前时，武汉卫戍司令部的几名士兵强行以国库券换取人力车工人所拉的铜圆，遭拒后与人力车工人发生冲突，最后士兵竟出手殴打人力车工人，并将人力车工人数人拘送卫戍司令部。许多人力车工人闻讯从四面八方赶来，将几百辆人力车拉到汉口市警察第七署前抗议。晚7时许，聚集数千人力车工人，群情激愤，包围并捣毁了附近的警察第七署，打伤署长、巡官、巡察等数人。武汉卫戍司令部和市公安局急调军警镇压，向群众开枪射击，当场打死2人，伤10余人。

郑凯卿得知消息，连夜和陈万年、李大山赶到现场。他头上戴着一顶小毡帽，右手拎着一盏车灯，来到工人们中间，迅速安排工人们抢救受伤工友。随后，郑凯卿等人发动群众募捐，救济在抗暴斗争中受伤的人力车工人。为反抗国民党的血腥屠杀，7月30日、31日两天，华界和租界8000人力车工人举行了罢工。

人力车工人抗暴斗争发生后，中共湖北省委因势利导，决定“为抵抗国民政府的叛变革命，扩大此罢工为政治的反抗大罢工，定于八月二日实行”，除电灯、自来水工人外，其余各行业一律全体总罢工。8月1日，汉阳兵工厂党、团员和工人议定了罢工的方案。按照计划，2日早晨，汉阳兵工厂共青团员在厂内拉响汽笛，听到汽笛声，全厂工人停工聚集到空场上，当即召开全厂工人大会，会议决定立即罢工。这时驻厂的反动军队包围了会场，架起机关枪，工人们也将厂内的机关枪抬出架起，双方对峙，气氛非常紧张。汉阳兵工厂是新军阀部队武器弹药补充的主要来源，汉阳兵工厂的罢工完全是政治性的罢工，罢工一开始，即宣布罢工“目的是在反对国民政府的反革命”。

以武汉人力车工人罢工为先导，1927年8月2日，终于爆发了武汉工人总同盟罢工。在党组织的统一部署下，郑凯卿等党员分别组织武昌震寰、裕华、一纱等纱厂工人及纱布丝麻四局的工人、商店店员；汉口印刷、染织、邮务行业的工人；汉阳兵工厂工人、人力车工人、码头工人等共7万多人参加了这次武汉工人总同盟罢工。汉阳兵工厂的罢工坚持了两周，在敌人的残酷镇压下于8月15日被迫忍痛复工。“八二”总同盟罢工虽告结束，但是它有力牵制了敌人的力量，是中国工人阶级奋起抗争的一次英勇斗争。

1927年8月7日，中共中央在汉口俄租界三教街41号（今鄱阳街139号）召开中央紧急会议，史称八七会议。八七会议总结了大革命失败的经验教训，确定了实行土地革命和武装反抗国民党反动派的总方针。毛泽东在会上强调军事工作的重要性，提出“以后要非常注意军事，须知政权是由枪杆子中取得的”。第一次明确提出了枪杆子里面出政权的思想。会后，董必武、郑凯卿、吴德峰等人积极为各地工农武装筹集武器，鼓励工农武装“上山”过“山林生活”坚持战斗，将工农武装斗争的火种传播到湖北全省各地。

这年秋天，卢春荣等中国籍教师在文华校园开办“文华补习班”，后注册改为“私立武昌文华中学”，卢春荣任校长，保持文华中学延续办学。郑凯卿协助卢春荣维持和保护昙华林校园。郑凯卿奉党组织之命，负责地下党员和进步学生安全转移。《百年文华梦》记载：武汉学生运动重要领导人、高三毕业班的秘密党员陈崧生，因校外党组织遭到严重破坏失去联系，当敌人到汉阳他的家和亲友处搜查、处境非常危急时，找到文华的郑凯卿。郑凯卿以为他早已撤走，现在找来太晚了，学校很不安全，郑凯卿到汉口找到吴德施说明情况，吴德施通过关系，秘密送陈崧生去了欧洲。陈崧生后来改名陈柱天，成为“世界学联”常委、“全欧华侨抗日救国联合会”执委，抗战爆发后率世界学联代表团访华，回到国内后，他先回母校找到郑凯卿，两人10年不见百感交集，倍感亲切。郑凯卿带着他去汉口八路军办事处找文华老校友何伟，给陈柱天接上党组织关系，党组织非常信任陈崧生，让他担任中共长江局党员秘密训练班书记，参与组建“世界反侵略大会中国分会”并任理事，同时担任中国学联代理宣传部部长等职。1938年7月12日，在日寇飞机轰炸时，陈柱天为抢救和保护民众不幸殉职，年仅28岁。1951年3月，经国务院批准，陈柱天被追认为革命烈士。

密送董必武离汉

大革命惨遭失败，武汉一时间成了恐怖的人间地狱，武汉地区党组织要求已经暴露身份的党员立即撤出武汉，没有暴露身份的党员迅速转入地下。当时，由于部分同志还没有及时转移，党的撤退工作又没有布置后卫，随时都有可能发生意想不到的情况。为了使这些同志尽快转移，郑凯卿将个人的安危置之度外，向董必武、陈潭秋提出自己留下来。他说，只要还有已暴露身份的同志没有转移，我就不能离开武汉。因为陈潭秋即将转战江西，董必武经过与时任湖北革命委员会主席兼湖北工农革命军总司令的吴德峰商议，认为郑凯卿斗争经验丰富，在工人群众中人脉广泛，对武汉地理环境熟悉，同意郑凯卿暂时留下来，做好已暴露身份的党员、工人运动骨干转移以及撤退工作。董必武嘱咐郑凯卿，谨慎从事、随机应变，如果遇到紧急情况，及时撤离。

起先，郑凯卿一直与董必武、吴德峰、陈潭秋保持联系。因陈潭秋已先期顺江东下到江西；吴德峰又受命组建中共湖北省鄂南特委、后任中共江西省赣北特委书记，领导发动赣北农民武装起义，离开了武汉；董必武此时到九江安排同志们向南昌转移，与贺龙、叶挺的部队会合；因此就由郑凯卿担负起掩护党员转移撤退的工作。董必武从九江返回武汉后，郑凯卿继续和董必武一起坚持工作。

1927 年 11 月，国民党中央、武汉警备司令部大搜捕，重金悬赏通缉董必武。为摆脱敌人的追踪，董必武先住在汉阳潘怡如的亲戚家，后到汉口法租界，继而转移到日租界。当时和董必武一道在日租界的还有李汉俊、詹大悲、潘怡如，董必武多次提醒他们要小心谨慎，注意安全。

然而，不幸的是李汉俊等人的行踪被暴露。12 月 17 日傍晚，李汉俊、詹大悲、潘怡如等人被捕，未经审讯，在风雨交加的当晚，反动当局将李汉俊、詹大悲秘密枪杀于模范区八元里的门首。潘怡如经何成浚保释才免遭不测。詹大悲、李汉俊遇害的第二天，董必武、郑凯卿从报上获悉，含悲忍痛，董必武让郑凯卿秘密联系人办理后事。

敌人杀害李汉俊、詹大悲后，悬赏一万五千银圆通缉董必武，并且叫嚣连董必武身边那些大大小小的“鱼”也要一网打尽。形势十分危急，潘怡如、郑凯卿都劝说董必武不能再留在武汉了，董必武才下决心撤离。

怎样才能使董必武脱离险境呢？武汉党组织非常焦急，这时，得知停在武汉的英国轮船“安庆”号即将开往上海，“安庆”号船长是个英国人，董必武随船离汉可以避开搜查。于是，潘怡如通过好友袁方宇找到袁方宇在“安庆”轮上当水手长的堂弟袁祥福，请他带董必武上船离开武汉。在潘怡如的精心组织下，由袁祥福护送董必武由汉口去上海，后转道日本。郑凯卿负责董必武到船码头的安全。

郑凯卿从文华紧急过江去汉口，见车站码头、大街小巷，到处是军警特务设卡巡逻，搜查严密。他对路线和沿途军警岗哨进行查勘摸底，以便能避开军警特务的哨卡和巡逻盘查。

这年的冬天，寒气袭人，12 月 22 日，北风呼啸，气温骤然下降，黄昏时候突然下起大雨，郑凯卿认为这是护送董必武上“安庆”轮的一个好机会。护送董必武的事只能找最信赖的人帮助，陈万年是个穷苦的人力车工人，郑凯卿早年得到陈万年收留，两人情同父子。为了沿路有个照应和掩护，他密约陈万年做帮手。

午夜，郑凯卿身披着蓑衣，头戴着斗笠，装扮成地地道道的人力车夫，和陈万年在约定的地方等待。午夜 11 点，汉口江汉关大钟重重敲响，袁祥福陪着董必武出现在约定地点，董必武一身海员服，俨然一位高级船员去上班，钟声未停，郑凯卿拉着车一个箭步停在董必武面前，董必武、袁祥福分别跨上郑凯卿和陈万年的人力车，郑凯卿和陈万年迅速放下车顶雨布掩挡。此时雨大天冷，两辆人力车前后紧紧相随，呼应相护，避开敌人岗哨，快速地从汉口中山大道通过，瞬间转进江汉路，趁军警特务躲在屋里避雨的间隙，悄悄地来到江汉关钟楼下，见无异常情况，遂将车停在太古码头前。

郑凯卿扶董必武下车，两位老战友紧紧握手告别。董必武轻声叮嘱郑凯卿:“暂时停止一切公开活动，同志们都要尽快转移，你马上离开武汉，去江西找陈潭秋，再作长远计议。凯卿，要记住，革命是一定能成功的！”郑凯卿轻轻说道:“后会有期，你要多加保重！”董必武微笑着点点头，随后转身跟着袁祥福向停靠在太古码头的“安庆”轮走去，郑凯卿目送董必武通过趸船栈桥，安全上了轮船才离开。

送走董必武后，郑凯卿一直等到天蒙蒙亮，没有出现任何状况，一颗悬着的心才放下来。郑凯卿和董必武相处有七八年的日子，共同的革命事业将他们紧紧连在一起，建立了深厚的友情，董必武虽然工作很忙，但对郑凯卿的帮助总是非常热忱、耐心。郑凯卿对董必武怀有深深的敬意，在革命处于低潮时，他们对党的忠诚，对革命必胜的信念丝毫没有改变。此次与董必武离别后，不知何日才能再重逢!

陈潭秋去了江西，董必武由上海转道去了日本。郑凯卿也被反动当局盯住了，但由于有文华大学进步师生的保护，多次化险为夷。1927 年 12 月底，几个军警持枪闯进文华校园要抓郑凯卿，洋人校长康明德挡住军警严厉制止:“我们文华学校是美国教会学校，不允许任何党派组织活动，绝不可能有无神论者共产党！学校有权保护每个师生的人身安全和自由，你们军警没有确凿的法律证据来抓人，是对本校的严重侵犯，我表示强烈抗议！请立即出去！”康明德态度很强硬，军警也不敢惹他。此时，进步学生迅速掩护郑凯卿从学校后门撤离。军警没有抓到人，只好悻悻离去。郑凯卿几次遭反动当局搜捕，因有文华教会学校“劳作教师”的身份，以及进步师生的掩护，才躲过敌人的抓捕而脱险。但这次军警闯进文华，在寻找时机逮捕郑凯卿，郑凯卿已身处险境。

别妻失子

郑凯卿遵照董必武的要求，避开敌人搜捕，准备赴江西南昌与陈潭秋会合。郑凯卿离开武汉时，放心不下有身孕的妻子和孩子们，便将母子安排到更隐蔽的住所。离别前，郑凯卿抽时间给喜欢纸鹤的孩子们折了一个大大的纸鹤和一些小纸鹤。年仅 4 岁的儿子邦昌是郑凯卿的第五个孩子，长着一双明亮的眼睛，高高的鼻子，小嘴巴，动作敏捷，深得父母亲的喜爱。郑凯卿看见邦昌喜欢动脑动手，就教他用纸折叠各种玩意儿，折衣服裤子、老虎狮子、飞机轮船等。郑凯卿告诉儿子，武汉是黄鹤的故乡，因此，他们折得最多的还是纸鹤。邦昌很聪明，跟着父亲很快就会折许多纸鹤。他们用线将纸鹤串起来挂在窗外，一群纸鹤迎着阳光，在风中飘荡，全都展翅飞翔起来，吸引了邻居小朋友，一群孩子在窗下叫喊着：邦昌哥，邦昌哥！给我一个，给我一个！这时，邦昌会躲在墙角，看小朋友有趣的样子，偷偷地笑着。孩子们看不到邦昌，准备离去。邦昌就快速跑出来拦住他们，让每人挑选一件纸鹤，大家得到礼物满心欢喜。

李雅卿非常明白丈夫当时的处境，她催促他赶快行动。郑凯卿没有告诉妻子自己的去向。郑凯卿离开武汉后的那些日子，是李雅卿人生最艰难的时期。郑凯卿离开武汉后，李雅卿独自抚养 6 个孩子，由于生活极其艰苦，吃不饱、穿不暖，有 4 个孩子接二连三染上疾病，高烧抽搐，命悬一线，因无钱医治，不久，她先后失去了儿子邦昌和女儿露露两个心爱的孩子。邦昌生病病得很厉害，高烧不止，临死前他的小手一直紧紧地握着纸鹤，嘴里叫着爸爸，声音极其微弱。雅卿亲眼看见病魔夺走孩子的生命，却无能为力，她撕心裂肺地哭着。这种痛苦对一个母亲的打击是无法想象的，她的身体极其虚弱。这时，她腹中不足八个月的胎儿早产了，孩子长时间不会睁眼睛，不会吃奶，未满月又夭折了。在一个多月时间，雅卿接连失去了三个孩子，她望着孩子遗留的衣物，泪水像断线的珠子流个不停，她悲恸欲绝，这人世间的悲苦，远在江西的郑凯卿一概不知。

雅卿不知凯卿“飘”到哪里去了。她无法抹去心中的悲伤，无法抑制对丈夫的日夜思念。她盼望着丈夫能在自己的身旁。她决定去寻找丈夫，哪怕能打听到一点消息也行。她暗中寻遍了武汉三镇，她所熟悉的丈夫的同志和朋友连影子都没有了。

在李雅卿万念俱灰、万般无奈、走投无路时，一天黄昏，一位陌生人找到李雅卿的家，对上暗号，那人说：“组织上派郑凯卿到外地工作，让我来看看你有什么需要帮助。因为你几次搬家，我经多方打听，现在才找到你们。”李雅卿得知来人姓陈，是和凯卿一起革命的同志，不禁喜出望外。她得知凯卿安然无恙，心中如释重负。“陈哥”了解到雅卿家的近况后很是同情，他鼓励雅卿要坚强。同时他将组织给的一些钱交给了雅卿，让她赶紧带孩子治病，并说组织还会派人来的，说完便迅速离去。

雅卿用党组织给的钱为儿子郑邦才和大女儿郑丽松治病，两个孩子慢慢恢复了健康。多年以后，每当雅卿提起当年的情景，百感交集，是党挽救了孩子的生命，挽救了她和她的家庭，雅卿对党无限感激。

与陈潭秋战斗在江西

郑凯卿奉董必武指示赴江西找陈潭秋。当时陈潭秋担任中共江西省委书记，带领江西省党组织秘密配合南昌起义。1927 年 8 月 1 日，在周恩来、贺龙、叶挺、朱德、刘伯承等人领导下南昌起义成功，随后，汪精卫急令张发奎、朱培德等部向南昌进攻。3 日起，中共前委按照中共中央原定计划，指挥起义军分批撤出南昌，沿抚河南下，计划经瑞金进入广东省，先攻占东江地区，发展革命力量，争取外援，尔后再攻取广州。

起义部队撤离南昌后，国民党军队占领了南昌，大肆搜捕屠杀共产党人和工农领袖，全城笼罩在白色恐怖之中。陈潭秋、宛希俨等省委领导根据党中央的决定，继续留在南昌，坚持地下斗争。中共江西省委机关设在一个酱园业主徐老先生店中，陈潭秋化名徐国栋，以酱园铺二老板的身份作掩护开展工作。正是在陈潭秋急需人手的时候，郑凯卿来到了江西。

1927 年底，郑凯卿乘小船顺江东下，经九江到达南昌。郑凯卿到南昌时，正是国民党军队全城清查、疯狂报复之时，“白色恐怖遍地都是，没有一处可以幸免。”大街小巷布满军警，逢人必查，十分紧张。郑凯卿担心暴露身份，只好昼伏夜行，后潜入城外的一个小湾村，几经周折终于与陈潭秋见面。陈潭秋让郑凯卿扮作酱园店铺的送货员。郑凯卿的到来，让陈潭秋、宛希俨感到特别高兴，宛希俨在《汉口民国日报》工作时曾与郑凯卿相识，两人志同道合，现在又走到一起了。

郑凯卿对敌斗争经验丰富，协助陈潭秋做了大量的工作。他们在江西城市中恢复了秘密工会组织，并在九江、南昌、吉安等工人比较多的城市开展经济斗争。根据中共中央八七会议精神，陈潭秋、宛希俨、郑凯卿将党的工作重心由城市转向农村，在江西农村组织了秘密农协，进行土地革命宣传，发动广大农民群众开展抗租、抗捐、抗粮、抗债的“四抗”运动，并准备在条件具备时举行农民武装暴动。他们针对党的地下工作的特殊性，编写了《如何做艰苦细致的秘密工作》的小册子，阐述了保密与安全纪律的重要性，规定了秘密工作的要求和开展地下斗争的方法。郑凯卿到一些秘密联络点，挑选并培训人员开展地下工作，对于当时的地下斗争起到了很大作用。他们还将省委的文件、全国各地秋收暴动的消息编成小册子，通过秘密交通发到基层，送到各地党组织，使得在极端困难条件下坚持斗争的同志们受到极大鼓舞。在大家的努力下，他们不仅与南昌城内的秘密机关有联系，还与方志敏所在的中共赣东北特委、赣西南特委以及井冈山前委都保持了联系。在险恶的环境中，他们从未停止工作，经过艰苦努力，江西省党的工作打开了新的局面。

不久，郑凯卿得知在他离开武汉后，他的 3 个儿女相继患病、离世，妻子李雅卿处境艰难。郑凯卿一时无法承受失去骨肉的巨大悲痛，一阵昏厥跌坐在椅子上，很长时间都没有缓过神来，想到可爱的孩子不在了，这位铁血汉子心如刀绞，禁不住泪如雨下。陈潭秋知道情况后也非常难过，可当时形势严峻，郑凯卿无法回武汉。夜深人静时，郑凯卿特别思念妻子，想念孩子，郑凯卿希望妻子能够原谅自己，在她和孩子们最需要关爱的时候，他没有守护在身边。他希望妻子能够理解，在革命的紧要关头，共产党人必须牢记使命、坚守岗位，在党和人民需要的时候做出牺牲。他祝愿家人能够平安地渡过难关。

1928 年，陈潭秋任江苏省委组织部部长，郑凯卿随他一起到江苏工作。陈潭秋认为要将秘密工作和公开的工作结合起来，继续反对帝国主义、反对国民党的卖国行径，要扩大统一战线，团结一切可以团结的力量。陈潭秋、郑凯卿等人从调查研究入手，找党的基层干部、工厂工人促膝谈心，了解他们的思想状况，引导大家总结经验教训，讲究斗争策略。同时，郑凯卿协助陈潭秋在江苏开办工人、干部培训班，通过讲授中国政治形势、中国革命问题、工人运动的历史经验等课程，提高党员政治觉悟，遵守党的纪律，以适应复杂险恶的斗争形势。郑凯卿特别强调，在严重的白色恐怖和艰苦的战争形势下，党员要严守秘密工作的纪律，包括秘密机关的地址、秘密文件的保存、通信密码的应用方法等方面，严格执行纪律、规定。对于保守党的机密、保护组织的安全、保存革命的力量起到重要作用。

《中国共产党湖北历史（1919.5—1949.10）》记载，1928 年至 1930 年，在空前严重的白色恐怖下，党在武汉的组织经历了 5 次破坏 5 次重建，往往新建的省委尚未站稳脚跟，便从领导机关到基层支部又被破坏殆尽，数年间，党在武汉的组织一直呈空白状态。

第十五章

重返文华

“云霞”出海曙

1930年8月，陈潭秋任满洲总行动委员会书记，他临行前叮嘱郑凯卿回武汉，还是回到文华大学。他说，武汉党组织遭到严重破坏，将来会进行重建，你要利用文华大学作掩护长期隐蔽，有利于今后工作，有什么事情组织上会派人与你联系。吴德峰从武汉转移到江西后，也对郑凯卿说，希望他以文华大学作掩护，想办法建立秘密地下党组织联络点，方便党组织情报的传递与地下党员的联系。

1931年初，在江西、江苏达3年之久的郑凯卿回到武汉。到武汉以后，郑凯卿没有回家，而是先去了文华大学。此时，文华大学已于1929年在昙华林复校。卢春荣、康明德等见郑凯卿回到文华，非常惊喜，让他继续担任学校工艺教员，兼管后勤总务。

离别多年杳无音信，当郑凯卿突然走进家门，李雅卿不明就里，一时惊慌，以为丈夫遭遇不测。那时，武汉仍然是一片白色恐怖，武汉党组织在大革命失败后遭到严重破坏。郑凯卿看到妻子憔悴的面容，凄苦而惊慌的目光，心疼地一把将妻子紧紧地搂在怀里，心中泛起阵阵酸楚，他离开武汉的这段时间，妻子承受了太多的磨难，经历了与亲生骨肉的生离死别。郑凯卿看到离别家时折的纸鹤，三个孩子转眼离别人世了，悲恸难抑，泪水止不住地流淌。

转眼夏天到来了，武汉发生严重的水灾，整个汉口、半个武昌被淹，人们纷纷逃难。郑凯卿想到哑妹和黄伯伯一家人不知怎么样了，非常担心哑妹一家人的安危，和妻子寻遍武汉三镇，费尽周折，还是没能找到黄伯伯和哑妹一家。郑凯卿责备自己没有尽到做哥哥的责任，没能够照顾好自己唯一的妹妹，痛苦不堪，掩面而泣，命运多舛的哑妹成为凯卿一生的牵挂。

在武汉水灾期间，因武昌昙华林文华校园地势较高，很多灾民涌进学校避难，郑凯卿又把精力投入到赈灾上来，他和文华师生们一起为灾民募捐，捐钱捐物、提供食物和饮水，进行人道救护，受灾的百姓为此非常感动。

1932 年的新春，郑凯卿、李雅卿夫妇迎来了一对双胞胎女儿。女儿诞生带来的喜悦，让他们失子之痛的心灵得到慰藉。雅卿怀孕的时候只感觉到这次与以往不同，腹部很大。1932 年正月二十日，晨曦初露，雅卿肚子疼得厉害，凯卿知道是妻子临盆的征兆。赶快请来宋奶奶，宋奶奶是一个慈祥、热情、有经验的接生婆婆。不一会儿，“哇、哇”的婴儿啼哭声响起，接生婆婆喜滋滋地抱起初生小婴儿，一家人非常高兴。当宋奶奶再次触摸雅卿的腹部时，高兴地喊道：“哎哟，这肚子里面还有一个小伢呢，恭喜恭喜你们啦，你怀的是双胞胎。”郑凯卿万万没有想到，听说是双胞胎又惊又喜，他看着妻子因生产累得满头大汗，赶紧端来一碗红糖水，一边慢慢地喂妻子喝下，一边温柔地鼓励雅卿要挺住。约莫 5 分钟后，小双以响亮的哭声宣告她的降临。看到两个小生命安然无恙，雅卿疲惫苍白的脸上露出笑容。雅卿常常用双臂同时抱着双胞胎女儿给她们喂奶，随着小婴儿一天天长大，喂养两个孩子，奶水渐显不足，雅卿想办法用米粉糊、米汤、菜泥等辅食喂孩子，使在艰苦的条件下出生的双胞胎不至于太缺营养。

女儿们一天天长大，郑凯卿和妻子喜不自禁，雅卿少了往日的沉默，心情开朗多了。雅卿让丈夫给女儿们起个好听的名字，郑凯卿想起他和陈潭秋在江苏时所吟诵的一首唐诗：“独有宦游人，偏惊物候新。云霞出海曙，梅柳渡江春。淑气催黄鸟，晴光转绿苹。忽闻歌古调，归思欲沾襟。”在江苏的岁月，郑凯卿和陈潭秋两人一起谈论过此诗。“云霞出海曙，梅柳渡江春。”把江南的早春描摹得淋漓尽致：清晨太阳从东海海面升起，曙光乍现，云气被朝阳折射，变成绚烂的彩霞，布满东方天际。江南的早春梅树已经开花，杨柳也遍抽新绿，仿佛梅柳一过长江就染上了迷人的春色一般，给人春光明媚春意盎然之感。在艰苦的环境里，由于革命工作的需要，郑凯卿和陈潭秋身在千里之外的异乡，顾不上家庭妻儿，他们将自己的满腔热血，奉献给了人民。“雅卿，我们就用诗中的‘云霞出海曙，梅柳渡江春’中的云、霞两字，给一双女儿起名吧，大双叫季云，小双叫季霞，‘季’字是兄弟姐妹中排行最小的意思。”李雅卿说云、霞名字好，不仅名字很美，而且有纪念意义。在雅卿的心中，郑凯卿总是积极、乐观，对革命充满必胜的信心。

建立“工人烤火处”

郑凯卿肩负重要使命，回到文华大学，他决定建立一个工人活动室，既作为党的联络点，也可以帮助穷苦的工人。郑凯卿亲自设计、制作了一个4米见方的活动木板房，这间活动木板房子全是木头结构，不用一根铁钉，木板房设计得很特别，四根柱子竖立，上下各用四根方木围成方形，方木上挖了凹槽，木板从槽子里滑进去，屋顶用一些木板相错重叠起来，木板的形状与灰色布瓦相似，只是长度比布瓦长一些。

每当冬天寒冷时节，郑凯卿带着文华的学生，用板车将木柱和木板散件运到武昌汉阳门轮渡码头附近，一起动手搭盖好木板房，挂上“工人烤火处”的牌子。郑凯卿在小木房里生起熊熊炉火，让那些饥寒交迫，在冰天雪地无处藏身御寒的人力车工人、码头工人来这里烤火取暖。

为了让人力车工人、码头工人在烈日炎炎的夏天有水喝。每到夏天，他把木房四周围的木板拆下，只留屋顶木板遮挡阳光，这所小木房就成了工人们的饮茶处。郑凯卿安排专人送茶水，茶叶用的是花红茶叶，茶水甘甜可口，清凉解渴。春、秋两季郑凯卿把活动木房拆除，和文华的学生一起用板车运回校园，然后将木柱、木板涂上桐油晾干，备来年再用。

工人们都喜欢来“工人烤火处”找郑凯卿谈心，家中的一些重大事情也来找他商量。在这里，谁有困难，大家都伸出援助之手给予帮助。那些人力车工人和码头工人都了解他，文华大学师生也支持他。郑凯卿给工友讲“十月革命”以及共产党革命斗争的故事，鼓励工友们增强信心。这所小木房是郑凯卿跟地下党取得联系的极安全的秘密联络点。也是他团结工人，宣传共产主义的课堂。许多“老文华”的人后来回忆“郑凯卿的‘工人烤火处’不仅使工人身体得到温暖，同时心也感到温暖，大家从与他的接触中深深地认识到共产党是为劳苦大众服务的”。很多人在烤火处接受了革命思想，提高了阶级觉悟，在对敌斗争中做出了贡献。

当时鄂豫皖根据地多种物资紧缺，人力车工人们按照郑凯卿的要求，将药品、五金用品、食盐等物资秘密收藏在人力车坐垫下或雨篷的夹层中，在郑凯卿的带领下，深夜拉到郊外设法躲过反动军警哨卡戒备森严的盘查，将物资安全转运到鄂豫皖根据地的秘密交通站。

1932 年冬天，郑凯卿在外地开展农民运动，回到武汉后，想到工人兄弟在外劳苦寒冷，他立即带领学生拉着板车将活动木房散件运往码头，鹅毛大雪纷纷扬扬地下个不停，地上的雪已铺得很厚，板车在雪地上一溜一滑，很难控制，他们顶着凛冽的寒风前进，行走得十分艰难。由于积雪很深，看不清道路上的情况，郑凯卿的脚被埋在雪中的碎玻璃划破，鲜血染红了雪地，他强忍着疼痛，坚持和学生们一起把车拉到码头，将木房搭盖起来。同学们看到搭建好的木房，再看着地上的鲜血，他们被郑老师的行为感动。工人烤火处每天清早生火，晚间熄火锁门，多是由郑凯卿一手照料，偶尔也安排学生协助。有时候郑凯卿还在铁炉下面烤些红薯、土豆给穷苦工友充饥。

郑凯卿自制的“工人烤火处”的木板墙（部分）

原文华大学学生孟寿彭、宋百廉、杨庆生等许多同学都曾和郑凯卿一起去汉阳门“工人烤火处”，为码头工人、人力车工人做事，他们一直不知道郑凯卿的真实身份，直到新中国成立后，才知道郑凯卿是中共党员。

原文华大学37届学生、后来担任武汉医学院外语教研室副教授的杨庆生在《百年文华》一书中回忆到，郑老师带我们到汉阳门码头去搭盖“工人烤火处”，让拉人力车的苦力工有个休息的地方。这件事对我们学生有很大的教育，使我们终生难忘。当时我们还不知道他是一个共产党员，只觉得他是我们的好师傅、好老师。

1983年7月20日《长江日报》发表原文华大学学生宋百廉的《郑凯卿与“工人烤火处”——宋百廉回忆》的文章，宋百廉1928年进入文华中学读书，与郑凯卿有近20年的交往。他在文章中写道：“老武汉”们也许还记得，大约在1930年前后（宋百廉在文华读书期间），每到秋末冬初，武昌汉阳门轮渡码头附近，就会出现一个“工人烤火处”，那是一间设计很特别的活动木板房子，房里铁炉燃着熊熊炭火，是专供受寒风袭击而无处藏身的人力车工人免费取暖的。是谁这样慷慨无私，出钱出力，为那些穷苦工人着想呢，是郑凯卿和在郑凯卿影响下的文华学生。宋百廉在文中写道，郑凯卿多才多艺，木、藤工及烹饪都能干，早年郑凯卿一直在学校当校工，后来，他名义上是工人，实际上是我们一个很好的“劳作老师”。宋百廉上大学时在学校兼课，郑凯卿已经兼任教师。宋百廉每年都参加木板房的搭盖和拆卸，对往事记忆犹新。他回忆道：当时他还是个十三四岁的初中学生，对于郑凯卿的党内活动和谁出主意要搭“工人烤火处”自然无从知道。但是，他知道，木房是由郑凯卿亲自设计，亲自加工制作的，每年搭盖之前，都是郑凯卿把木板散件装上一部板车，由文华的同学拖到汉阳门，再由他指挥搭盖好。他从《工人党员郑凯卿》一文中得知郑凯卿筹组“汉口租界人力车工会”，说明这个“烤火处”不仅使工人身体上温暖，同时使他们在与郑凯卿的接触中认识了共产党。而郑凯卿之所以成功地领导工人运动，与这个“烤火处”的设立也是分不开的。

雪中救工友

1934 年的春天特别寒冷，风呼呼地刮个不停，大雪像撕碎了的棉花，从天空飘洒不止，道路上铺满了厚厚的积雪。夜幕降临，店铺关门，街道上几乎看不到行人。郑凯卿开完会，匆匆往家赶。当他快走到汉阳门码头时，看到离码头边几米远的一个角落的雪堆微微地动了几下，他感到奇怪，便朝雪堆走去。当他扒开雪时，发现是一个人斜歪着曲蜷在那儿，此人还有心跳和呼吸，只是极其微弱。郑凯卿立刻背起他往家里跑。

回到家里，郑凯卿一边让妻子生起火炉，煮好稀饭和姜糖茶，一边给他换上干衣服，盖上棉被。冰天雪地，他只穿一条夹裤，一件破棉袄露出一团团棉絮。不一会儿，这人慢慢苏醒过来，得知郑凯卿救了他的命后，眼含泪花，双手抱拳，连声感谢。

郑凯卿问他怎么会冻僵在雪地里。他长叹一口气缓缓道出事情的经过。他叫孙雨林，在码头做临时工。临时工在当时又称“散筹”，他们每天扛着扁担，求工头派活干，挣点钱混口饭吃。码头上“散筹”工人很多，常常等不到活儿。孙雨林含着泪水说：“我赚的钱无法养活妻儿，只得让 12 岁的儿子也去码头做童工。妻子得了痨病，也没钱治疗。近一段时间，我也感到胸闷气急，全身无力，但是没办法，还是得硬撑着去干活，今天我只吃了两个烤苕（红薯），好不容易等到下工，我领了工钱准备买点药和吃的，走着走着，一阵心慌，双眼发黑，一头栽倒在雪地里，怎么挣扎也爬不起来，后来就不省人事了。”他泪流满面，口里不停地说，“多亏您救了我的命，我不知如何报答。”郑凯卿轻轻拍拍他的肩膀说：“不用谢，你先喝点姜糖茶，稀饭煮好了再吃点稀饭，休息一会儿，我送你回家。”

扛扁担的“散筹”是码头工人中最底层的人。码头上的工头们雇“散筹”，按“筹”计“资”，钱少得可怜。正式码头工人每天所得工资不过一二角钱，而“散筹”的工资只有他们的一半。工头挖空心思剥削码头工人的血汗钱，他们采取卖“空扁担”“吃空名”等手段剥削码头工人。工人们累死累活地劳动，名义上分钱的人很多，实际上许多人是不存在的。那些空名额的工钱都被工头们“吃”了，扛扁担的“散筹”是码头工人中最苦的人，他们的遭遇让郑凯卿心情难以平静。

当晚，郑凯卿送了一条旧裤子给孙雨林，并让妻子准备了一些食物给他带上，将他送回家。郑凯卿仔细地询问了孙雨林妻子的病情，给她切了脉，告诉他俩该如何进行治疗。

几天后，孙雨林又找到郑凯卿，哭着说：“凯卿呀！快救救我的儿子吧！工头将我儿子绑在码头柱子上毒打。”郑凯卿匆匆赶到码头，看到工头正在毒打孩子。他冲上去一把夺过工头手里的皮鞭，狠狠地抛在地上，并示意身旁的工人赶快松开捆绑孩子的绳子。原来这天中午大家正在休息，工头吆喝工人去码头做活，动作慢一点就被工头斥为工作懈怠，会被罚款。这时孙雨林的儿子水生还在清理工具，工头看见后气势汹汹地骂道：“你怎么还不快去干活，想躲在这里偷懒，罚款一角。”水生不服气地说：“我一天还赚不到一角钱，哪里有钱交罚款？”工头见一个小孩竟敢顶撞他，便把他绑起来用鞭子抽打，孙雨林看见心急如焚，吓得赶快去向郑凯卿求助。

郑凯卿厉声斥责工头：“他还是个孩子，你忍心这样狠毒地打他，还有没有人性？”这时，工人们放下手中的活，围拢过来跟工头说理，工头不敢正视郑凯卿的目光，心里虽然恨得直咬牙，但不敢继续逞凶，见势不妙想溜掉，被愤怒的人群围住。

管理的官员听见嘈杂声，以为是工人闹事，跑过来一看，知道是工头打孩子。那官员让工头赶快滚开，并对工人们说：不要为一个孩子伤和气，大家快去做活。郑凯卿看出他对工头鞭打孩子的事想不了了之，正义凛然地告诉他：“要工头向被打的孩子及家长道歉，赔偿医药费，而且保证以后绝对不再发生打骂工人的事了。”直到管理部门给了满意的答复，郑凯卿才和工人一起离开。

郑凯卿对孙雨林父子说，他自己在郊外鸡公洲子开有一块荒地，以前收成不错，如果他们愿意，可以去那儿。孙雨林父子听罢激动得连连感谢恩人。

奉命送幼童

1934 年初夏，郑凯卿突然接到潘怡如通过秘密渠道从上海传来的消息：陈潭秋的妻子徐全直在南京雨花台不幸牺牲，委托郑凯卿将陈潭秋、徐全直夫妇在武汉的孩子送往老家黄冈。

1933 年，组织决定让在上海的陈潭秋和妻子徐全直赴中央苏区工作。当年 4 月，陈潭秋准备离开上海时，徐全直生下了第三个孩子，由于陈潭秋行期已定，他只得安排徐全直分娩后暂时寄居在上海的湖北同乡潘怡如的家中。随后，陈潭秋和谢觉哉扮成商人从上海出发，取道广东汕头，前往中央苏区。

陈潭秋在此前的 2 月 22 日给在湖北黄冈老家的三哥陈春林、六哥陈伟如写信，提出孩子出生后把孩子送回老家由哥嫂抚养的想法。他在信中写道：我始终是萍踪浪迹、行止不定的人，为了革命“南北奔驰”，今天不知明天在哪里。这样的生活，小孩子终成大累，所以决心将两个孩子送托外家抚养去了。两孩都活泼可爱，直妹（徐全直）本不舍离开他们，但又没有办法。现在直妹又快要生产了，这次生产以后，我们也决定准备送托人，不知六嫂添过孩子没有？如没有的话，是不是能接回去养？再者我们希望诸兄及侄辈如有机会到武汉的话，可以不时去看望两个可怜的孩子，虽然外家对他们疼爱无以复加，可是童年就远离父母终究是不幸啊！外家人口也重，经济也不充裕，又以两孩相累，我们殊感不安，所以希望两兄能不时地帮助一点布匹给两孩做单夹衣服。我们这种无情的请求望两兄能允许。

陈潭秋夫妇为了革命，不得不做出这样艰难的选择。郑凯卿非常理解陈潭秋夫妇。6月20日上午，徐全直到上海厦门路56号党的秘密联络点交接工作，不知这个秘密联络点已被敌人破坏，发现情况异常，她立即转身离去已来不及，不幸被国民党当局抓捕入狱。1934年2月，遭受8个月牢狱之苦、年仅31岁的徐全直在南京雨花台被敌人杀害。潘怡如因掩护党的地下工作人员也被捕。此时的潘怡如只好通过秘密渠道将徐全直牺牲的消息转告郑凯卿，并委托郑凯卿全力协助徐全直的家人从武汉将陈潭秋、徐全直夫妇的孩子送到陈潭秋老家黄冈。

郑凯卿接到这个消息后，告诉妻子自己要去执行重要任务。李雅卿没有问丈夫要执行什么重要任务，立即为凯卿整理行装。雅卿嘱咐丈夫要多加小心，注意安全，一如往常地没有问凯卿的归期，因为她已经习以为常了。凯卿带上妻子为他整理好的包袱，打扮成流浪手艺人，和徐全直的家人启程。为了孩子的安全，他们通过走大别山进入黄冈，黄冈位于湖北省东部大别山南麓，这里山脉连绵、道路蜿蜒曲折。他们完全靠步行，每一步都要注意脚下的危险。一路跋山涉水、风餐露宿，历经千难万险，终于把孩子安全地送到了陈潭秋哥嫂家中。

第十六章

救亡图存

听从党的召唤

九一八事变后，日本帝国主义占领了东北，接着又向华北发动新的侵略，全国各地民众开展抗日民族解放爱国运动。1935 年 8 月 1 日，中共中央在长征途中发表《为抗日救国告全体同胞书》，号召全国人民团结起来，停止内战，一致抗日。12 月 9 日，北平大中学生数千人举行了抗日救国示威游行，得到了全国学生的响应和全国人民的支持。武昌华中大学（1924 年文华大学与另外两校合并，改名为“华中大学”）立即发表《快邮代电》，称赞北平学生的爱国行动，武汉学生当联合全国学校，以作北平学生的后盾，华中大学成为武汉一二・九运动的策源地。12 月 10 日，郑凯卿从武汉《大光报》上看到报道北平一二・九运动的消息，他对妻子说，这是一股劲风，从北平吹来的抗日救亡劲风，他指着报纸说，你看全国人民都行动起来了。

郑凯卿组织学生为救亡图存呐喊。12 月 20 日，武汉三镇各校学生纷纷走上街头，其中汉口有 7 所学校 4000 多名学生，汉阳有省高、训女中学等千余学生参加游行。武昌各校参加游行的学生有 7 万多人，他们手执各色旗帜，沿途高喊口号，散发《宣言》等宣传品。《宣言》写道：“虽然我们明知北平的学生有许多已经为爱国运动而牺牲在本国军警屠杀之下了，但这不足以威吓我们，我们有热血，我们有头颅，我们有百折不挠的精神，我们有与生俱来的爱国雄心，我们还会畏缩害怕吗！”

爱国学生准备在汉口集会，但是武昌学生遇到国民党当局封江禁渡，学生们决定坚持斗争，他们睡在马路石板上，露宿街头，不达渡江目的，决不罢休。郑凯卿痛斥反动当局在民族危亡时刻的不义之举，他不顾国民党当局封江禁渡的命令，联络了码头工人和船老大，将支持北平一二・九抗日救亡运动的武昌爱国学生送到汉口。深夜，长江江面上，北风掀起浪涛打在郑凯卿和码头工人的身上，他们用小船乘夜将部分学生“偷渡”过江，把遭受当局阻碍的情况通知汉口同学，以取得汉口同学的支援。

次日清晨，武昌爱国学生继续要求轮船渡江，愤怒地冲向大门紧闭的省政府，从清晨到下午，不见回复，他们找来大木柱撞开省府大门，像潮水一般涌进门内，迫使当局同意学生渡江。23日，三镇万余学生在汉口举行大会，成千上万的市民参加，学生们登台讲演，他们为挽救民族危亡大声疾呼。25日，武汉30万工人电慰学生救国会，表示愿与武汉学生共存亡。武汉学生运动冲破了帝国主义与国民党反动派制造的白色恐怖，为武汉三镇重新复苏注入了活力，为党组织在武汉的恢复做了思想准备。

1937年日本帝国主义加紧了对中国的侵略，7月7日卢沟桥事变后的第二天，中共中央向全国发出通电，呼吁“国共两党亲密合作抵抗日寇的新进攻”。在中国共产党的号召下，国共两党正式宣告重新合作，建立抗日民族统一战线，武汉地区的抗日救亡运动出现新的局面。为坚持长期抗战，这时中共代表、国民党的党政军重要人员集中到

1937年10月，董必武在汉口府西一路安仁里1号设立八路军武汉办事处

武汉，大批文化界知名人士，以及成千上万的青年学生都从全国各地汇集武汉。自大革命失败以来在刀光剑影下窒息了10年之久的武汉渐渐恢复了它在北伐时代的气息，再度成为全国政治、军事、文化中心。

9月，董必武作为中共代表团的成员和中共中央长江局、中南局的主要领导人回到武汉，筹办八路军驻武汉办事处，加强武汉地区党组织工作。董必武自1927年离开武汉后，先去日本，后赴苏联莫斯科学习，1932年回国进入中央革命根据地，随即参加长征。10年后，董必武再次回到武汉，他召集长期隐蔽坚守的郑凯卿等共产党员，郑凯卿见到分别10年的老战友，非常高兴，向董必武汇报了他到江西、江苏和陈潭秋一起工作情况，建立“工人烤火处”秘密联络点情况，开展党的隐蔽地下工作情况。董必武听了满意地说，凯卿工作做得好，文华这个阵地守得好。这期间，武汉学生运动领袖何伟也回到武汉，何伟在文华读书时与郑凯卿就很熟，此时郑凯卿与何伟在董必武这里重逢了，两人都很高兴。

抗战时期，周苍柏、赵子畬等爱国人士捐赠了大批物资，需要运往八路军抗敌前线。周苍柏、赵子畬是文华书院早期学子，周苍柏又是文华大学老董事长，他们对郑凯卿知根知底，因此委托郑凯卿负责这项艰难的工作，完成运输任务。

在1938年日军大举进攻武汉时，《新华日报》连续发文，要求紧急转运人员、抢运物资，决不能留下资敌。在民族存亡之际，大批物资、人员西迁，郑凯卿积极组织人力车工人、码头工人冒着敌机轰炸扫射的危险，克服饥饿、疲劳，日夜不停地靠着肩挑背扛，将工厂的机器设备等物资装船装车，为抗战物资西迁做出了重大贡献。

发出抗战怒吼

郑凯卿在文华学校进行了大量的抗日宣传活动，文华学校师生充满爱国热情，民族斗志高昂，积极投身抗战洪流，在抗日战争中发挥了积极作用，此时为文华历史上最为灿烂的时期。

1937 年七七事变后，文华大学先后请冯玉祥将军、老舍等知名人士在文华公书林做关于抗战形势的报告。20 年代文华的学生李公朴回到文华与同学们相聚，他在《关于当前抗日形势》的演讲中指出，“只要全国同胞团结一心，共同对敌，并争外援，一定会战胜日寇”。大大增强了文华师生坚持抗战、争取胜利的信心。全校师生同仇敌忾，向来只讲课文的老师也经常在课间谈起有关抗战形势的话题，有的同学还报考空军，在学生中引起很大的震动。

文华校园发出抗战怒吼，慷慨激昂的抗战歌曲唱得响亮，学校定期刊出同学们编办的宣传抗日的壁报，“血潮”“青年”等文艺社团，高举爱国主义旗帜，宣传抗战、鼓舞斗志，激发同学们向上、奋进的热情。“怒吼”合唱团、“浪涛”剧社是校内活跃的社团，合唱团的节目有流行的《游击队歌》《大刀进行曲》《救亡歌》《松花江上》《太行山上》《黄河大合唱》以及《最后的胜利是我们的》等歌曲，“浪涛”剧社的剧目有活报剧和独幕剧，如《血战台儿庄》《打击侵略者》，也有专场的大型多幕话剧，如描写少数民族奋起抗日的《国家至上》，有讲述民族资本家毁家纾难、奔赴抗日前线的《前夜》等。文华管乐队还为大公剧团在汉口维多利亚纪念堂（今南京路上）上演的《中国万岁》作幕前的《前奏曲》，剧中主角有舒绣文、陶金等，一时轰动武汉。文华中学 30 年代老校友夏之秋以上海淞沪抗战英雄故事为题谱写了抗战名曲《歌八百壮士》，歌曲的开头和结尾都是“中国不会亡”。在“保卫大武汉”慰问抗战将士暨募捐大义演时，康明德和席根思、夏之秋三人合奏、文华铜管乐队和“武汉合唱团”同台演出《歌八百壮士》，全场的歌声和“中国不会亡”“抗战到底”的口号声排山倒海、气势磅礴，鼓舞了每一位中国人。

那时，在昙华林，每天歌声飘扬，演出人员频繁往来，热闹至极。文华学校对面是周恩来、郭沫若领导的国民政府军事委员会政治部第三厅，阳翰笙、胡愈之、田汉、洪深、徐悲鸿、冼星海等一大批文化艺术界的名流云集在这里，使这里成为全国的抗日宣传中心。“三厅”的附属团队、流亡演剧队、孩子剧团等也先后驻扎这里。“文华”宽大的校园和良好的设施成为当时抗战文艺工作者活动的重要场所，郑凯卿为这些抗战文艺工作者在文华开展活动做了大量工作，处处都有他忙碌的身影。

抗战演剧队在昙华林集训时，周恩来副主席多次来文华公书林和体育馆演讲做报告，郑凯卿亲自组织安排，热忱照顾，做好酸梅汤送到会场，请周副主席和大家清热解暑。在文华吃饭的人陡增，郑凯卿天天都要下厨帮忙，做些可口饭菜；冼星海、贺绿汀、张光年和文华校友夏之秋等，经常在文华礼堂和大教室给队员讲课，指导“拓荒剧团”“浪涛”剧社、“怒吼”合唱团和“武汉合唱团”排演，都是郑凯卿亲自准备好茶水。无论是名人艺术家，还是普通队员，谁需要帮忙，哪怕最为普通平凡的小事，郑凯卿都有求必应。艺术家们参加全市募捐大义演，参加“三厅”主办的四月“扩大宣传周”、七七纪念活动、“保卫大武汉”等大规模宣传演出，都请郑凯卿为演出做道具、搭台布景，或将学校大卡车改装成流动献金车。郑凯卿此时总是默默无闻、尽心尽力地为艺术家们提供周到的服务。文华在汉口、武昌两处组织了专唱救亡歌曲的歌咏队，并在此基础上筹建了武汉合唱团，夏之秋任团长。除了参加集体活动外，郑凯卿还经常陪艺术家们到工厂、学校、车站、码头和茶馆去演出，为民众教歌，以及到工厂农村演出和到医院慰问伤员。

有一天，他们和保育院的孩子一边唱抗日歌曲，一边高喊革命口号，来到汉口公安路，李雅卿牵着双胞胎女儿季云、季霞紧跟队伍。在十字路口，孩子们围成圈，锣鼓声响起，观众很快围了过来。接着，工作人员将郑凯卿的双胞胎女儿季云、季霞抱上一个小土坡，两姊妹高声唱起了《松花江上》，“我的家在东北松花江上，那里有森林煤矿，还有那满山遍野的大豆高粱。我的家在东北松花江上，那里有我的同胞，还有那衰老的爹娘啊！”季云、季霞悲惨凄凉的歌声吸引了许多群众围观，大家跟着一起唱：“九一八，九一八，从那个悲惨的时候，脱离了我的家乡，抛弃那无尽的宝藏，流浪，流浪，整日价在关内，流浪……”悲愤、哀婉的歌声感动了围观的群众，流下了伤心的泪水。“爹娘啊，爹娘啊，什么时候才能回到我那可爱的故乡，什么时候才能收回我那无尽的宝藏。爹娘啊！爹娘啊！什么时候才能欢聚在一堂。”歌声停了，围观的群众已哭成一片。小姐妹季云、季霞站在小土坡上，看到这样的场景，跺着双脚，放声大哭起来。工作人员赶紧上前抱起她们。郑凯卿和李雅卿将不停抽泣的姐妹俩紧紧地搂在怀里。“当年年仅6岁的季霞，在唱歌时还不能完全理解歌词的意思，把‘九一八，九一八’唱成了‘救我吧！救我吧！’。”80多年过去了，每当回忆起当年的情景，郑季霞仍然泪流满面。

随后，孩子们还演出了话剧《小放牛》《捉汉奸》《放下你的鞭子》《枪毙东洋鬼子》，每个节目都得到群众喝彩。在演《枪毙东洋鬼子》时，愤怒的群众情绪高涨，大家喊起口号：“打倒日本帝国主义！”“抓住东洋鬼子！”“枪毙他！枪毙他！”这时，一位老大爷冲进演出现场，举起拳头帮演出的小战士们打“东洋鬼子”。郑凯卿马上跟了上去，拉着老人，对他小声耳语道：“这是在演戏，他是个演员，你不要打他。”老人猛然醒悟，停住了手：“呵呵，是啊！是啊！孩子们在搞宣传。”他摇摇头，很快离开，口里不停地说，“演得真好，我还当真了。”

护送保育院儿童西迁

1938年武汉沦陷前夕，所有在汉学校准备南迁，文华、文华初中二部、圣希理达女中合并组成“鄂湘教区联合中学”，也南下湘桂流亡办学，将近400人的师生队伍集体南迁到广西桂林。在文华筹备南下时，学校邀请郑凯卿随学校一同迁移。

这时，武汉地区有一些党员调至华北、延安。武汉各工厂、学校、机关西迁时，也有不少党员随之转至四川、湖南等地。1938年3月10日，邓颖超联络各界知名人士在汉口成立“中国战时儿童保育会”，3月13日，保育会分支机构汉口战时儿童保育院成立。当时，战时儿童保育院先后收留来自各战区难童1.6万多人，难童们失去父母、流离失所、缺衣少食，饱受战争的苦难，从全国各地艰难跋涉来到武汉。“为了抚育牺牲同胞遗下之儿女，挽救这批儿童”，党组织决定将“战时儿童保育会”的难童从武汉撤离，转移到湖北宜昌和四川云阳、重庆等地。

为尽快开展抢运、转移保育会儿童的工作，董必武向郑凯卿交代任务，让他和保育院救援人员一起，将难童分批护送到宜昌，再换小船经三峡入川，分别安置到四川各地的保育院。这是非常艰苦、危险的任务。已是年过半百的郑凯卿，毫不犹豫地向文华大学提出辞呈后，带着家人和保育院工作人员一起保护难童迁移。

武汉遭到日机不断轰炸，人们为躲避战乱，纷纷向外地、向乡下转移，经常发生人员失踪情况。郑凯卿、李雅卿夫妇在离别武汉前，准备将大一点的两个孩子送到延安去，但接到尽快启程送难童离汉入川的任务，由于时间紧迫，他们来不及等到他们的孩子回家，即忍痛含泪匆匆地踏上迁移的征程。因此与邦文、邦达两个孩子失散，杳无音信。郑凯卿想到在大革命失败后的白色恐怖中，失去了三个孩子；日本侵略武汉时，又失散了两个孩子，这个坚强的汉子不禁泪洒西迁路。

难童迁移启程离开武汉时，周恩来、邓颖超、董必武、李德全等人来码头送行，他们鼓励孩子们到了后方要努力学习，好好生活。难童出发时，郑凯卿和保育人员一起带领难童，从汉口一元路保育院来到江边码头。码头上拥挤不堪，逃难人群的呼唤声、哭喊声混成一片。在运转难童的过程中，为防止孩子丢失，郑凯卿让保育人员组织大孩子牵小孩子，一个个手拉手，登上转运的轮船。10月初，他们领着难童们登上了“江新”号轮船，坐在甲板上等待开船西行。“呜——呜——”一阵阵鸣笛声划破夜空，给离别故土的人们徒添几分凄凉、悲怆。

为了安全，“江新”轮决定提前起锚离开武汉，天色渐晚，萧瑟秋风掠过江面，使人感到阵阵寒意。在茫茫夜色中，隐约可见的江汉关钟楼渐渐模糊起来。这时，船上响起了一阵阵哀叹和哭泣，这是离别家乡的痛哟！

大客轮满载着难民，在客轮的两边夹着大铁驳船，后面还拖着四条小驳船，驳船上到处都是挤得满满的人。江上风急浪高，轮船摇晃颠簸得厉害，人一不小心就会掉入江中被浪卷走，几乎没有生还的可能。从驳船掉入水中的人顷刻不见踪影，只听见亲人的惊呼和哀号。一路上，郑凯卿站在甲板上，时刻关注着难童们的情况，他鼓励孩子们勇敢面对眼前的困难，要求他们遵守纪律，注意安全。

逆水而行，船前进得很慢。快到城陵矶时，船突然抛锚，停了下来。郑凯卿去找船长了解情况，得知轮船出了故障需要进行检修，这期间，日本飞机在头顶上空盘旋，形势分外紧张。这时有感冒发烧的难童，烦躁哭闹。郑凯卿要大家不要惊慌，让妻子赶快把病童抱在怀里，告诫小孩子：不能哭，敌人飞机若发现我们，会丢炸弹的，好宝贝不要哭。小孩子痛苦得泪流满面，也不哭出声来。

李雅卿轻轻地拍着、安抚着孩子，后来小孩子便在她的怀里睡着了。此时此刻，坐在船上的她流着泪想念离汉时失散的两个孩子，在这样兵荒马乱的时候，不知他们是否安好。

李雅卿回想着和孩子们在一起的情景，她和丈夫领着孩子们一起撑着小木船在松树湾的月亮湖上荡漾，湖光山色风景迷人，湖水清澈、鱼虾可见。邦文、邦达带着丽松在湖水中游泳，他们嘻嘻哈哈地笑着。船上小儿子邦才坐在父亲身旁，季云、季霞坐在自己身边，他们看着哥哥、姐姐欢乐的样子高兴得不得了、笑个不停。刚开始雅卿担心孩子们在水里会出事，郑凯卿发现妻子的不安情绪，轻声安慰说：雅卿别害怕，邦文、邦达水性好得很，随他们去吧，下过水的人，才会不害怕风浪。船上的笑声，水上的笑声交织在一起，可如今不知道他们在何方。

忽然李雅卿听见有人高声喊道：船修好了，可以开船了！大客轮甲板上人群一阵骚动，经过修理，客轮又重新启程。李雅卿很快回过神来，看到眼前的难童需要他们照顾护送，她感到肩负的责任重大。

经过艰难的航行，船到了沙市，后来他们得知，与“江新”号轮船同一天启航的“新升隆”轮船在嘉鱼遭到敌机轰炸，船被炸沉了，船上《新华日报》和八路军办事处人员全部遇难。听闻消息后大家都哭了，郑凯卿悲愤地说，日寇欠下的血债，我们一定要他用血来偿还。他要孩子们记住日本侵略者欠下的一笔笔血债，要快快长大，一定要报仇雪恨。

转运难童工作艰难、繁杂多变，郑凯卿和救援人员先要把难童们送到宜昌中转站，再向西经过巫山、奉节、云阳、万县，最后到重庆。中途每到一个地方都要和当地救济机关或慈善团体接洽，请他们安排接纳一部分难童。郑凯卿牢记董必武的叮嘱：这次转运难童的任务非常艰苦，你的年纪大，经验丰富，做事踏实灵活，你和大家要不遗余力地做好转送难童的工作。

日本飞机不断轰炸宜昌，这时各机关各行业的人员内迁后都在宜昌聚集中转，宜昌人口突增了四五倍。为避免敌机轰炸造成伤亡，必须尽量缩短难童在宜昌滞留的时间，郑凯卿多次找总揽宜昌的难民收容救济与疏散安置的湖北省赈济委员会专员兼宜昌运送配置难民总站主任姚光鼐、中国妇女抗敌后援会宜昌分会常务理事会主席何香凝，争取他们的支持和帮助，让赈济站尽早分给救援船只。

长途艰辛，营养不良，导致一些难童患病，感冒发烧、拉肚子的情况多有发生，李雅卿的小儿子邦海也得了红白痢疾，瘦得像只小猴儿。由于转运救援船只紧张，他们只好临时在一座城隍庙歇脚。郑凯卿外出联系转运救援的船只，李雅卿和保育人员带着孩子们做游戏、讲故事，安定孩子们的情绪，耐心等待。

城隍庙门洞两边立有两个一丈多高的牛头马面泥塑像，庙里有形态各异的十殿阎王塑像，还有一些张牙舞爪的小鬼，样子非常狰狞。在这个并不大的城隍庙已住了许多难民，成为难民收容所。难民们有的在神龛边睡觉；有的靠着墙角闭目养神；还有的在泥巴菩萨的脚下围坐，谈论如何组织起来参加抗日游击队打鬼子。

在城隍庙里的东南角落，李雅卿满脸忧愁地坐在地上，抱着生病的小儿子邦海，两个女儿季云、季霞靠在母亲的身边坐着。邦海拉红白痢疾，不能进食任何食物，吃了药病情也不见好转，本来瘦小的身体更加虚弱。

小邦海躺在妈妈怀里，用忧伤的、痛苦的、无可奈何的眼神望着妈妈。此时，庙外传来小贩卖发糕的吆喝声，那声音虽然远，但是季霞听得特别清楚，她对母亲说道：妈妈，你快听啊，外面有卖发糕，卖发糕！因为她和弟弟邦海最喜欢吃发糕了，邦海也好像听见了季霞在说发糕，他努力睁大疲倦的双眼望着姐姐。

季云和季霞赶紧挤过人群去买发糕，好不容易抢买回来一小块发糕，当季霞拿着热腾腾的发糕喂弟弟时，小邦海已经一点力气也没有了，他意识消失，闭上眼睛，嘴角微微上扬，带着一丝丝笑意。雅卿紧紧地将儿子抱在怀里，撕心裂肺地呼唤着儿子，周围一些难民也都哭了。季霞悲恸地哭喊弟弟，手不停地颤抖，发糕滚落在地上。从此季霞一生再也不吃发糕。

郑凯卿联系好转运救援的船只回到城隍庙，他带回一些草药为孩子们治病，但是他的儿子邦海再也不能睁开眼睛了。郑凯卿悲恸欲绝，是日本帝国主义发动侵略战争，战争夺走了儿子宝贵的生命，血债要用血来偿。他简单将孩子安葬，忍着悲痛对妻子说：中国人民背井离乡，现在有许多孩子需要救援照顾，我们一定要振作精神完成任务。郑凯卿安慰、鼓励妻子从悲伤中走出来。郑凯卿夫妇和保育人员抓紧时间带着孩子们上船，尽心尽力安抚照顾，尽快将他们安全送到大后方。

在各方面努力下，郑凯卿和保育人员历经千辛万苦，克服重重困难，在武汉濒临失守前将汉口临时保育院儿童分别安全送达奉节、云阳、万县、重庆等地，完成了救援转移难童的任务。

第十七章

川东岁月

团结工人抗战

郑凯卿安置好难童后，选定在四川云阳县大华炼油厂安下家来。云阳县大华炼油厂在川东靠长江边的一个小镇旁，那里有一个小村庄叫三坝溪村，大华炼油厂就坐落在三坝溪西北边穷乡僻壤的一片绿树丛中。

当时郑凯卿的公开身份是云阳县大华炼油厂事务员兼医务室卫生员，他与大华炼油厂廖志立（化名）紧密配合工作。郑凯卿在大华炼油厂工作相对稳定后，他让妻子从重庆保育院接回双胞胎女儿，他们的大女儿郑丽松、三儿子郑邦才在武汉沦陷前夕随学校迁移到四川，郑丽松到重庆北碚保育园当老师。郑邦才找到父母亲后，到大华炼油厂当工人。

团结工人兄弟共同抗战是郑凯卿的重要任务。当时国民党便衣特务严密监视大华炼油厂的活动，时任《梁山复兴时报》编辑的谭其昌对在特务紧盯、白色恐怖加剧的情况下党组织活动的艰难情形，在日记中有这样的描述："不要说没有事先约定的任何人我们不能发生组织关系，就是明知他是共产党员，党没有同意同他联系时，我们也不能发生组织联系。"

为提高工人们的觉悟，激励大家的抗战热情，郑凯卿和廖志立紧密配合，关心工人的疾苦，竭力改善工人生产生活环境和条件，秘密向工人们宣传共产党的主张和抗日救国的道理。

战时云阳大华炼油厂的技术落后，设备简陋，炼油车间土法上马，工具笨拙，劳动强度大，又缺少安全防护设施，工人中暑、烫伤等情况常有发生。工人居住环境差，一间平房住 20 来人，冬天刺骨寒风从墙隙瓦缝里钻进来，工人们铺盖单薄，冻得身体蜷缩成一团。夏天情况更糟，蚊虫叮咬，又闷又热，整夜难以入睡，工人们终日忍受着煎熬。郑凯卿很是担忧，每天都要到工人宿舍去走走看看，给工人们发一些他自己做的防暑降温、治疗烫伤的草药和水药，减少工人们的病痛。

抗战时期的郑凯卿

盛夏的一天，太阳如火球般照耀大地，树上的“知了”一个劲地叫个不停。炼油车间像蒸笼一样，工人们满身汗水，豆大汗珠挂满脸上。忽然从第一车间传来惊慌的喊声：“快来人啊，有人昏倒了！”紧接着第二车间也有人惊叫：“救命啊，有人出事了。”人们慌成一团、不知所措。这时，郑邦才见状飞快地跑到医务室，口里不住地喊着：“快救人，快救人！”郑凯卿看到平时遇事沉着冷静的儿子慌乱的样子，知道事情严重，赶紧提起药箱，快步向车间跑去。

郑凯卿来到工人身旁，发现有些工人躺在地上昏迷不醒，他立即单腿跪在地上，为工人切脉，郑凯卿判断他们是中暑了，当机立断，通知大家停止生产，指挥工人用木板把几个昏迷的工人抬到通风处，解开他们身上的衣服，按王秀才教他的方法，用力按压中暑工人的内关穴、合谷穴、人中穴和解溪穴等穴位。并叫人打来井水，用湿毛巾敷在病人额头、腋窝、腹股沟等处，然后，用汤勺蘸一些香油反复刮病人的脊背部和肘窝，直到皮肤出现紫红色。

同时，郑凯卿让廖志立和郑邦才组织没有中暑的工人将轻病号扶到车间外空旷地方的树荫下，给他们喂人丹、救济水等药，防止病情发展。经过治疗和休息，中暑昏迷的工人慢慢苏醒过来，缓缓地睁开眼睛，蒙眬中看见郑凯卿，泪水不禁涌了出来。看见工人们脱离危险，郑凯卿亲切地安慰道：“快好好躺着，别伤心流泪，休息一下就会好起来的。”

第二天，李厂长从云阳县城回厂不高兴了，他怪罪郑凯卿，为抢救中暑工人而停产，造成了经济损失，要他赔偿。郑凯卿对廖志立说：我正准备代表工人去找他呢，我们正好借这个机会与厂长评评理，带领工友进行一场合理合法的斗争，维护工友们的权益。并告诉廖志立组织工人随时准备接应。

郑凯卿沉着冷静地走进厂长的办公室，代表工人正式向厂方提出增加安全设施、改善伙食、维修职工宿舍等三项要求。他停顿了一会儿，环视了一眼聚集在办公室的人，接着对李厂长说：工人的劳动条件非常恶劣，这种状况若不能马上改善，还可能会出大事的。李厂长不以为然，工人们中暑、烫伤对他来说司空见惯，不是什么大事。郑凯卿非常愤怒，警告道：一个人不能财迷心窍，贪图个人利益，置工人死活而不顾。李厂长被郑凯卿的气势镇住了，一直没讲话。他听到郑凯卿说他财迷心窍，不顾工人死活，一下叫了起来："郑先生不应说这种话，这可是共产党的言论，是要杀头的。"郑凯卿揶揄地看了他一眼，高声反问道："这些都是事实，我为什么不可以说？"说完轻蔑地望了厂长一眼。

廖志立到厂区告诉工人们：李厂长为昨天停产的事正在为难郑凯卿，大家一听都放下手里的活，从车间跑出来，涌向厂长办公室，"郑先生救了我们的命，为工厂挽回了损失，如果工人们死在车间，你就会赔得更多。"大家七嘴八舌地说着。

办公室外围聚的工人越来越多，愤怒的工人们高喊："赔我们的命！赔我们的命！"厂长慑于工人的愤怒，害怕事情影响扩大，被迫答应了郑凯卿提出的三项要求。但是，狡猾的厂长只是派人简单修缮了一下工人的宿舍，对增加安全设施，改善生活和劳动条件的要求，一拖再拖。郑凯卿虽然多次与厂长交涉，但厂长总是敷衍搪塞，毫无解决的诚意。

一个月后，灾难再一次降临。由于劳累，工人甫小明头昏眼黑，站立不稳，跌向锅炉。他身旁的郑邦才、高亮娃眼疾手快，赶紧把他抓住。甫小明被严重灼伤，不断痛苦地呻吟，不知所措的工友大声喊道："赶快去找郑先生，有人烫伤了，叫郑先生带烫伤药来。"

得知郑凯卿和廖志立清晨就到云阳县城去购物品，要等到傍晚才能回厂时，大家都十分着急。工厂附近没有诊所和药店，工人们束手无策，只好眼睁睁地看着甫小明被烧灼的伤痛折磨得痛苦地呻吟，全身抽搐。几个工人跑到离工厂两里远的路上焦急地等候郑凯卿归来。傍晚，太阳西下时郑凯卿终于回来了，此时，等候他的工人们远远看见他俩，飞跑着迎上去，争着讲述工厂发生的事故。郑凯卿和廖志立闻讯和大家一路快跑奔回工厂。郑凯卿看到甫小明伤势严重，心里难过极了。他很快给甫小明消毒，敷上凡士林和自制的桐花油烫伤药，并服用消炎止痛药以减轻疼痛。因为炼油厂工人经常发生烫伤事故，郑凯卿根据王秀才传授给他的家传秘方配制了烫伤药，以备工人烫伤时使用。“甫小明烫伤太严重，如果不及时救治，发生化脓感染，后果不堪设想，必须连夜送县城医院。”郑凯卿焦急地对李厂长说道。但是，厂长不愿意花钱，迟迟没有同意。

工友见状非常愤怒，自发举行罢工，并扬言要把厂房、锅炉砸它个稀巴烂。郑凯卿立即让廖志立通知工人代表连夜商议对策。他们围坐在油灯旁，郑凯卿首先深入浅出地讲解抗战时期党的斗争原则，并给工人们讲述了过去罢工斗争的故事。他说：罢工是我们工人阶级为争自由、争生存与资本家做斗争的一种形式。工人们想砸锅炉、砸厂房的愤怒情绪可以理解。但是现在是抗战非常时期，抗日前线需要工厂生产的油料，砸了锅炉、厂房对抗日救国不利，我们的行动要符合抗日救国的利益，要以民族利益为重。我们要团结起来，以灵活多样的斗争方法，在维护民族利益的前提下维护我们工人的利益。经过郑凯卿的讲解，工人的觉悟有了提高，他们认识到既要维护自身的利益，更要维护国家利益。

郑凯卿用过的木箱

第二天早上，太阳露出惨淡的光，空气似乎凝固，整个工厂死一般的寂静。看到工人们罢工，厂长顿时慌了神，他急得大发雷霆。他知道工厂停工的时间越长，损失就越大，经过一番权衡利弊，他主动找到郑凯卿，答应送甫小明去县医院治疗，并同意工人们提出的增加安全设施、改善劳动条件等要求。见罢工斗争达到预期目的，郑凯卿、廖志立同意暂时复工。

郑凯卿见李厂长态度有了转变，为了争取他加入抗日民族统一战线，郑凯卿苦口婆心地对李厂长进行说服教育，让他明白很多中国人倒在日本军队的屠刀之下，在民族危亡的时候，有良知的中国人都应该团结起来共同抗日。要求他同情、关心工人的疾苦，他们都是中国人，是自己的同胞兄弟姐妹。

李厂长按照郑凯卿、廖志立的要求，增添了安全生产设施，增加了伙食费。郑凯卿利用这一好时机，请了厨工种菜、喂猪，改善工人们的生活，工人的健康状况有所好转，精神面貌焕然一新。郑凯卿还开办识字班，教工人读书识字，宣传抗日救国的道理，使工人们明白了翻身求解放的道理，认识到只有团结起来，共同战斗，才能推翻压在工人阶级头上的三座大山。

捡“炭花”筹经费

郑凯卿夫妇带着小儿子郑邦才和两个女儿住在大华炼油厂附近废弃的碉堡里，生活极其贫苦。后来，郑邦才到炼油厂上班，住进工厂宿舍。为解决一家人的温饱，李雅卿常常到田间地头挖地米菜、马齿苋，摘野板栗……以备在食物短缺时给孩子们充饥。

这天，李雅卿提着竹篮去挖野菜。突然，她闻到一股呛人的煤灰味，只见在大华炼油厂不远处的山坡下，腾起一阵烟雾，这是什么？不像雾气，也不像炊烟，原来扬起的是煤渣的灰尘。回到家里，雅卿把看到的情况告诉了丈夫。第二天清晨，郑凯卿沿着山路走到山坡，坡下滚满了煤渣、煤灰，还有未烧尽的炭花。他捡起一块拳头大的炭花看了看，心想这可是能再利用的好东西啊，就这样浪费太可惜了。

那时南来北往的同志缺衣少食，有的人衣衫单薄、鞋子破旧，有的人身无分文，连路费都不够用，只有徒步跋涉。郑凯卿想，炼油厂厨房炊事员烧火用的都是煤炭，其实用这种炭花就行了，炭花易燃，比煤炭好用，而且便宜许多，可以节约费用。如果能把这些炭花捡回去卖给工厂厨房，用这些钱可以缓解急需。

郑凯卿把想法告诉妻子，雅卿主动提出去捡炭花。第二天，雅卿来到山坡下，看见炭花撒满一地，有拳头大的，也有桃子、李子大的。大的捡回去卖给工厂厨房，小的捡回家生炉子做饭，不用买煤，节约生活费。捡着，捡着，半天时间过去了，雅卿背着一大筐炭花往家里赶，回到家已是下午两点了。两个女儿长时间未看到母亲，不知道妈妈发生了什么情况，十分着急，哭得满头大汗。雅卿心疼地安抚道：不要哭了，不要哭了，妈妈没事的，妈妈马上给你们做饭。

后来，郑凯卿带着两个工友在山腰处，用锄头整出了一块平地，用茅草搭了一间八尺长、六尺宽，像大瓦片形态的小房子。茅草屋很特别，后面和左、右两面用席子一围，前面敞开做门，可以遮风挡雨。凯卿还做了两把长方形的大铁筛子，一把筛子的网眼大，另一把筛子网眼小，把筛子放在斜坡上，网眼大的筛子放在上面，角度放陡一些，另一把网眼小的筛子接在第一把筛子的下面，稍微平缓一些。工友从炼油厂运来烧过的煤炭渣铲到第一把筛子上，细灰碎渣就通过筛子的网眼，漏到山坡下面去了，第二把筛子里被挡住的全部都是煤渣和炭花。通过铁筛子筛一筛煤灰，再捡煤

郑凯卿工作时装文件用的瓷坛

渣和炭花就容易多了。

凯卿对妻子说道，你捡炭花时把季云、季霞也带上，让她们锻炼锻炼，养成爱劳动的好品德，也不用担心两个女儿独自在家，无人照顾不安全。于是两个小女儿也提着小篮子，帮助母亲一起捡炭花。她们坐在小板凳上，两手迅速地捡着炭花，把核桃或李子大小的炭花放在篮子里。辛勤的劳动结束后，姐妹俩走在回家的路上，季霞看见姐姐脸上黑不溜秋，笑着指着姐姐的脸说："麻胡子，云姐成了个'麻胡子'。"季云看了季霞一眼，也笑了起来："你才是'麻胡子'呢。"说着，她们两人同时朝妈妈看去，妈妈满头满脸全是炭灰，黑黝黝的，只有一双眼睛是明亮的。

回到家里，妈妈打来清水，为两个孩子洗脸、洗头，还特别给两姐妹每人煎了一个荷包蛋。吃完饭，女儿睡觉后，雅卿还在灯下忙碌着。她找出三块布，剪成圆形，在圆布的周围用针缝一圈，然后慢慢地拉紧，分别拉到自己的头围和两个女儿的头围大小，再缝上几针，打个结，就做好了三顶帽子。煤灰太大，她们戴上帽子可以阻挡一部分灰尘。凯卿说妻子聪明，考虑周到。

一天中午，雅卿带着孩子正在捡炭花，突然天阴沉起来，一条乌龙似的长云飞向前面的山峰，从山顶滚落下来，整个天空像墨色的帐篷罩满大地。雅卿知道狂风暴雨马上要来临，她对孩子们喊道："快，快，要下雨了，把箩筐、篮子、铁铲、铁锹和板凳都收到草屋里，我们赶快回家去。"两个小女儿快速地收拾东西。雅卿嘴里说着，手里还在捡着大块的煤渣。突然，她哎哟一声，左手拇指和食指被煤渣刺破，血液从指尖渗了出来。她迅速用拇指捏紧食指，不让继续流血，她忍着钻心的疼痛用右手拖着装煤渣的箩筐送进草屋，快速牵着季霞、季云，连走带跑向家里奔去。

噼噼啪啪豆大的雨点追着她们。她们一进家门，哗啦啦瓢泼大雨倾盆而下，天黑沉沉的，雷声伴着闪电，狂风卷着暴雨，屋外不一会儿变成一片汪洋。雅卿担心孩子们害怕，故意高兴地说："幸好我们跑得快，要不然我们三个会被淋得透湿，像落汤鸡一样。"听妈妈这样一说，两个女儿由惊吓转为安静了。这时，季云、季霞发现妈妈手上、衣服上有血渍，吓得大叫起来：“妈妈，你流血了！”“没事，没事。”雅卿一边安慰女儿，一边用布包扎受伤的左手，因为捏得紧，伤口没继续流血。平时，都是母亲为女儿清洗灰尘。这时，两个懂事的女儿，端来清水，争先恐后地为母亲洗脸，并擦去手上的血渍，望着两个灰头土脸的孩子，雅卿感到非常欣慰。雅卿的十个手指都受过伤，季云、季霞的手指也多次受过伤。捡煤渣实在太脏太苦太累，本不该让季云、季霞这么小的孩子去做。

母亲智慧、坚毅、乐观的品格潜移默化地影响着孩子们，她常常教育女儿，艰苦的劳动可以锻炼人的意志，捡煤渣，就是要培养从小吃苦耐劳、勤奋努力、不怕苦不怕累的好品质。

工厂每隔一段时间，就派人把雅卿装满炭花的箩筐挑回厂里厨房，秤上重量记上账，月底结算。郑凯卿非常感谢妻子，他对妻子说：捡煤渣赚的钱，解决了一些困难。听了丈夫的话，雅卿非常高兴。

舐犊情深

在川东云阳的 8 年时间，郑凯卿走遍了云阳的山山水水。做秘密联络工作，他需要熟悉周边的地理环境、自然山水、乡风民俗。郑凯卿常常带着女儿看这里的一山一水，他走一路给女儿讲一路，把云阳的地理地貌弄个清楚明白。

三坝溪山清水秀、溪水淙淙、鸟语花香，自然环境优美、气候温暖、雨量充足、物产丰富，有“小天府之国”的美称。三坝溪的发源地是一个大峡谷，峡谷两边的山峰重峦叠嶂，巨大的岩壁十分陡峭，如同鬼斧神工雕琢一般。飞瀑顺着沟壑悬空而下，时而在陡坡上一层一层地滑下来，时而从林间坡地流过。由于地势高低有别，水流经过不同地方的响声和景象也不同。从高处泻下时，它像一条闪烁的银练，流水声高昂，震耳欲聋；到了下流地势平缓处，它又像一片随风飘舞、蜿蜒舒缓的薄纱，潺潺流水从弯曲的山谷里悠悠地流淌过来。若在溪边的石头上小憩，可以看到蓝天白云、树木杂草、美丽的水鸟都倒映在溪水里，溪水清澈如镜，鱼虾嬉戏，螃蟹横行。将脚浸在水中，任由鱼虾游过脚背，叫人好不惬意。郑凯卿带着女儿边走边讲，他如诗如画的讲述，给成长中的女儿留下终生难忘的记忆。

三坝溪村因三坝溪而得名，村子后面是连绵起伏的浅丘，油桐树一棵挨一棵，连成一片桐林。每年四五月春夏季交会时，原本绿色的山峦，仿佛一瞬间变色，忽然开出满山遍野的白色油桐花，只见白花簇簇，整个山头变成了花的海洋，随着阵阵清风，空中、大地上便飘起雪白的花雨，宛若天降雪花一般，撒落满山谷。油桐树枝繁叶茂，春天开出白色的花朵，夏天长出青青的果实，秋天果实慢慢地由青色变成褐色，成熟的果实采摘下来后可以榨油。紧靠着油桐林不远的地方种着许多柑橘树，柑橘树一排排、一行行，漫山遍野看不到头。柑橘成熟时，树上的柑橘在绿叶的映衬下，像是橙红色的小灯笼挂满了树枝，景色美不胜收。杂树林里还有数不尽的野果，有桑葚、草莓，还有许多枸杞果。

村里几十户人家，房屋星星点点，零星地散布在绿树丛中。村旁有一垄接一垄的庄稼地，村民在地里种有麦子和豌豆，为了保持水土，人们用石头在山坡上垒起一层一层的阶梯，在田地边的空隙处，见缝插针地种满了红薯，红薯叶绿油油的，远远望去，红色的沙砾山坡上像铺着一床床红、绿相间的地毯。农家的房前屋后种有柚子树、板栗树。郑凯卿和村上的群众关系好，村民们都把他当成自家人。

涨水的季节江面变得宽阔，江上往来一些木船，木船顺江东下时，船工们悠闲自在。然而那逆流西行的船又是另一番景象，船上掌舵的、撑篙的，都忙碌起来，纤夫们全都赤裸着上身，打着赤脚，腰间围一块布，肩上挂一根圆形绳套，绳套系在纤索上，身体向前弯成直角，嘴里喊着号子，两只脚沿着江岸有节奏地迈着步子，拼命向前拉着纤绳，船才能够缓缓向前移动。这些三坝溪的人文风情至今在 80 多岁的郑季霞心中还荡起涟漪。

在那艰难困苦的岁月，郑凯卿想了很多办法培养孩子，送季云、季霞到云阳县中心小学读书。在郑凯卿的教育、影响下，季霞小小年纪喜欢写作文，有一次写游记，有些字不会写，就去问父亲，风景的景字怎样写。郑凯卿回答：一个日字加一个京字。季霞写下“日今”，觉得不太像，拿给父亲看，郑凯卿笑着说不是这个“今”，而是一点，一横，一个口字下面再加一个小字的“京”，“景”字是上下结构，不是左右结构。郑凯卿写给女儿看，季霞拍拍脑袋说：“哦，是这样，我知道了。”她勤奋学习、经常问字，父亲成了她的活字典。

郑凯卿对孩子们的关怀无微不至。一天夜晚，瘦小的季霞站在窗前，毫无睡意，银色的月光洒在她的脸上，她牙疼已经两天了，疼痛使她疲惫不堪。第二天，季霞醒来很迟，天已大亮。吃早餐时，牙齿疼得她龇牙咧嘴，郑凯卿走过来一看，只见女儿左脸红肿，他轻轻拨开孩子的嘴，有一颗牙齿一半都成黑色了。他对妻子说，今天我抽时间带她去医院治牙，郑凯卿背着女儿来到医院，这颗牙活动得很厉害，已经快要掉了，医生没费多大力气，用钳子一下就将牙拔下来了。医生说：好了，吃点消炎药就没事了，要注意口腔卫生。郑凯卿要女儿向医生鞠躬表示感谢。

郑凯卿的双胞胎女儿

在回家的路上，父女俩手牵手走着，路过一个池塘，池塘里有许多荷花。郑凯卿对女儿说：“我想看看荷花，你愿意陪陪爸爸吗？”季霞高兴地点点头，她知道父亲喜欢荷花，父亲常说荷花有高贵的品格，出淤泥而不染，我们做人也要有好的品德，不要受周围环境的影响而犯错误。

荷塘真美，荷叶像一把绿

油油的大伞，荷花千姿百态，有的害羞地藏在荷叶下；有的高昂着头，迎着太阳含苞待放。蜻蜓、蝴蝶、蜜蜂围绕着荷花翩翩起舞。季霞指着荷塘里一群群到处游动、长着尾巴、黑色的小东西问父亲，那是什么？父亲告诉她，它们是青蛙的孩子，叫蝌蚪。季霞高兴地叫道：真有意思呀！原来它们是青蛙的孩子。

郑凯卿摘了一片荷叶，叠成圆形，用青草将四周缝制起来，又摘了几根狗尾巴草，编了一个把手穿在两端，这样就做成了一个“荷叶”小提篮。郑凯卿往里面装了一些水，又舀了几只小蝌蚪放在里面，给季霞带回家。他说：将蝌蚪养大，你要在喂养过程中，注意观察它们的变化，记下它们的成长过程。季霞观察小蝌蚪靠尾巴运动，渐渐发育，先长出后腿，然后长出前肢，尾巴逐渐变短、消失，最后变成青蛙。青蛙跳跃能力很强，还会泅水游泳，以捕食昆虫为生。后来，季霞将养大的青蛙放回到大自然。

送“旱魃神”

三坝溪村村民勤劳，民风淳朴，但是村民封建迷信思想严重。那是一个夏日的黄昏，赵大婶惊慌失措地找到郑凯卿夫妇，双手抓住雅卿的手不停地颤抖。看见赵大婶失魂落魄的样子，郑凯卿关切地询问她是否生病了？赵大婶说：“不得了呀，我遇到了阎罗王的‘鬼灯笼’，它老是跟着我，纠缠着要取我的性命。”原来，几天前，赵大婶母子两人到集市上卖东西，回村时天色已晚，到处黑魆魆的，天边几颗小星星在眨着眼睛。他们经过山坡上矮树林坟地时，一阵风吹过，看到有许多鬼火在游动，忽隐忽现，闪着蓝绿色的光。他们吓得加快步伐，谁知那鬼火还会跟着人走，他儿子胆小，回头一看，鬼火追得紧，吓得摔了一跤，回家以后，一病不起。后来，迷信的村民们看到赵大婶就躲，连自家亲戚都不敢接近他们，说赵大婶母子被死者的鬼魂缠住了，认为他们是不祥之人。郑凯卿听完赵大婶的话笑了，他安慰赵大婶不要自己吓自己，世界上根本就没有鬼，所谓阎罗王的“鬼灯笼”实际上是磷火，是一种很普通的自然现象。

第二年，三坝溪山洪暴发，村民们又坠入迷信的陷阱。数日连降大雨，黄色的浊水夹带着泥沙似脱缰野马奔腾，冲毁了山坡上的果树，冲毁了田地里的庄稼。水涨到三坝溪西岸的小茶棚边，说书人不再摆古，老人们无心喝茶，小学生不能上学，乡民们无法赶集卖山货，酗酒的人也不再猜拳发令。人们被恐惧、忧伤笼罩，个个愁容满面。有人说是“龙王爷”发怒了。于是，人们成群结队，不吃不喝跪在龙王庙前，虔诚地祈求“龙王爷”发慈悲。但是，大雨仍然下个不停。

不幸的是，水灾过后又遇上旱灾，火热的太阳把所剩无几的庄稼晒得卷了叶，田地晒得裂开了口。村民们大惊失色，认为是凶恶的“旱魃神”来了，逼得大家没有活路了。“旱魃神”是何许人？在当地民间流传着一个故事：“旱魃神”是位孝子，长着一副朝上的鼻孔，一天他去接医生给母亲看病，遇到滂沱大雨，水灌进朝天鼻孔窒息而亡，而未能救治母亲。因他死于雨天，所以他不让天下雨。

因此在当地只要遇上天旱，人们就要举行送神仪式。保长假借送神的机会搜刮民财，他妖言惑众、大肆鼓吹“旱魃神”的神功威力，到每家每户收取钱财，然后扎个竹纸人送到江中，让“旱魃神”顺江而下，漂到别的地方去……

村民在饱受自然灾害时，还要遭受土豪劣绅的盘剥和欺凌，百姓生活更加贫困。更让郑凯卿心中难过的是，乡民们受到愚弄却毫不知情。郑凯卿与廖志立商议，带着一部分炼油厂的工人到送神的队伍做工作，破除迷信思想。在送“旱魃神”仪式上，郑凯卿指着纸人问保长，“它就是‘旱魃神’，它能让天不下雨？真有这么厉害吗？”他接着说：“我们今天把‘旱魃神’送走了，明天我们这里是不是就可能会下雨了？”保长心虚，低着头不敢吱声。廖志立对村民们做工作：“这么大的太阳，明天可能还是没雨。”大家抬头看看天空，火辣的太阳发出刺目的光，下雨的希望渺茫啊。郑凯卿趁热打铁地说：“世界上根本没有龙王爷，也没有‘旱魃神’，过去我们也曾经送过‘旱魃神’，但是旱灾还是持续，没有解决问题。如果我们把送神的人力财力用来车水抗旱，就可以减少一部分灾害造成的损失。”一道来的炼油厂工人也对村民说：“郑先生说得有道理，我们都听他的。”以往的经验告诉人们，求了龙王爷，天还是要下雨，送了“旱魃神”，天还是不下雨，现在他们相信郑凯卿说的话是对的，开始怀疑、抛弃千百年祖祖辈辈传下来桎梏人们的迷信思想，认识到靠天靠地不如靠自己。

郑凯卿智慧、勇敢、善良，乐于帮助人，村民们非常敬佩、信任他。按照郑凯卿的建议：筑坝防洪，开塘挖堰治旱，许多户人家组在一起车水、挑水，一棵一棵地浇灌庄稼，再补种一些耐旱的农作物。并组织青壮年到山上打猎，到水中捕鱼，减轻了灾害对生活的影响。

第十八章 情注云阳

支援游击队

由于国民党重重封锁交通运输线，游击队员缺衣少食，连盐都吃不上，急需的钢铁、煤炭等物资非常匮乏。郑凯卿寻找采购游击队急需的粮食、药品，秘密运送到游击队驻地。

当郑凯卿和廖志立打听到位于云阳县城约 20 里外的云安镇有铁矿、煤矿和井盐矿时，喜出望外。怎样才能将食品、盐巴、药品安全运送到游击区，郑凯卿经过分析，决定装扮成当地山民和猎人，走山路羊肠小道运输，山路虽然蜿蜒崎岖，但是可以避开敌人的搜查，相对安全。郑凯卿和郑邦才装扮成行医的郎中，廖志立以及炼油厂的工人装扮成猎人，他们分散拉开一定距离行走，前后相互照应。他们把盐巴、药品藏在笆篓里背着，在崇山峻岭中艰难地跋涉，冒着生命危险，把救命的药品和物资送到游击区。游击队的同志们见到郑凯卿，就像见到久别重逢的亲人，感谢郑凯卿一行人送来的药品和物资。游击区虽然很苦，但游击队员们的斗争精神，克服困难的毅力，使工人们十分感动，当时郑邦才和不少工人都要求留下来参加游击队。郑凯卿说道，为游击队运送药品、物资，这项工作更困难、更危险、更重要。于是郑邦才听从父亲的劝导，回到原来工作的地方。

郑凯卿了解到游击区在铸造方面经常遇到困难，需要尽快培养一批懂得铸造技术的工人到游击区。回到大华炼油厂，郑凯卿和廖志立立即动手，他们在距离工厂后院不远处选中了一个地方，建起了炼铁炉。那里有一棵硕大的梧桐树，树上有许多鸟窝，这些鸟是很好的哨兵，一有异常情况，鸟会惊动飞起来。郑凯卿选中几位能干有经验、愿意参加抗日游击队的工人，把自己掌握的技能传授给他们，经过培训，工人们很快掌握了炼铜、铸铁、倒模技能。郑凯卿将这批工人送到游击区。后来，郑凯卿带领工人多次往返云安镇与游击区之间，为游击区运送药品和物资。

由于国民党便衣特务对炼油厂窃技术、卡原料，以莫须有的罪名扣押工厂技术骨干人员，1943年大华炼油厂被迫停办。一部分工人去了游击区，另一部分人陆续离开了大华炼油厂回家务农，廖志立和几个年轻人去延安。清晨，郑凯卿租来一只小船，依依不舍地送别在一起战斗了多年的廖志立等人，郑凯卿看着冉冉升起的朝阳意味深长地说："你们追着太阳启程吧！祝你们一路顺利。"廖志立紧紧握住他的手说："我会想念我们在一起战斗的日子，你要多多保重！"不久，郑凯卿也离开炼油厂去了云阳县慈善堂孤儿院。

爱撒孤儿

云阳县城西南边有一座庙宇似的古建筑，一个圆形的石洞门的右边挂着一块木牌——云阳县慈善堂孤儿院。在党组织的安排下，郑凯卿以云阳慈善堂孤儿院教员身份掩护工作，李雅卿在孤儿院当保育员，两个双胞胎女儿和难童们一起住在孤儿院里。

孤儿院有孤儿六七十人，小的只有三四岁。他们大多是父母双亡，无家可归的孩子，有一部分是郑凯卿从武汉救援转运到此的难童，战争使他们不得不住进孤儿院。慈善堂孤儿院的负责人姓熊，除了逢年过节来看望一下孩子们，平时很少来孤儿院。孤儿院具体管事的是一个细眉小眼、名叫严旺的中年男子。严旺经常喝得酩酊大醉后打骂孩子，孩子们非常怕他又恨他，暗地里骂他阎王爷。

郑凯卿夫妇刚来孤儿院时，发现孩子们伙食很差，开饭时，十几个孩子围着一盆煮萝卜，一碗咸泡菜，狼吞虎咽地吃着，女孩子吃不赢男孩子，小孩子吃不赢大孩子，常常因抢吃争吵、打架。孩子们居住的房间阴暗潮湿，臭虫和跳蚤多，孩子们蓬头垢面，头上生虱子、身上长疥疮。此情此景，郑凯卿夫妇看在眼里，痛在心上。一天，李雅卿看见小女儿季霞弯着腰，双手在小腿上用力地抓挠，很痛苦的样子。她快步走到季霞身边，高声叫喊：“凯卿啊，你快来看看季霞身上是不是长疮了。”凯卿赶快走过来，卷起女儿的裤脚一看，哎呀！腿上有好多白色脓疱疮，再撸起袖子，胳膊上也有。雅卿牵着女儿走进房间，掀开衣服，前胸后背部也有不少。看到女儿身上抓出的一道道血痕，雅卿心疼不已，流着眼泪说，我的宝贝真可怜，身体怎么会这样差，去年得红白痢疾，身体还没恢复，现在又得脓疱疮。女儿抹去妈妈脸上的泪水，懂事地说道：“妈妈，对不起，我让您操心了。我就是痒得不舒服，没什么的，过几天就好了。”

郑凯卿忙安慰妻子说：“雅卿，都怪我工作太忙，没有注意到孩子的病，你不要难过，我有‘灵丹妙药’能够尽快治好季霞和其他孩子的病。”雅卿问道：“什么灵丹妙药？”郑凯卿所说的灵丹妙药就是用黄连、黄檗、青黛、冰片等混合的清热解毒草药涂抹患处。再加上土办法——猪油蒸红枣拌米饭，红枣健脾养血、补肾填髓，猪油可润肠润肤。李雅卿上街买来猪油和红枣，每天饭熟了，就将蒸好的猪油红枣拌在饭里给季霞和那些身上长脓疱疮的孩子吃。她告诫孩子们，脓疱疮不管多么痒，都不能用手去抓挠，如果抓挠破了，皮肤就会感染脓毒细菌。经过一段时间治疗，孩子们身上的脓疱疮痊愈了。猪油红枣拌饭是一种治病的“药”，也是一种美味，它深深扎根在季霞的记忆里，永远难以忘怀。

为了尽快改变孤儿院孩子们的生活，郑凯卿找熊院长反映孩子们的生活情况。熊院长想不明白，为什么当地政府和自己都投入了不少的资金，孤儿们的生活还是这样糟糕呢。雅卿有几次发现，孩子们吃的米饭有明显的霉味，她提醒严旺注意。然而，严旺充耳不闻。元宵节时，雅卿让严旺买些汤圆给孩子们过节，后来汤圆煮熟了全都变成了粉红色。

雅卿找到严旺理论说，这种变了色的汤圆，已经被污染，食用后会引起中毒，不能再给孩子们吃了，反而被严旺凶巴巴地训斥。这一情景正好被放学回来的季云、季霞撞见了。季霞见严旺凶自己的母亲，立刻冲到严旺面前，双手用力推他，大声叫道：“你这个坏阎王，敢欺侮我的妈妈，我跟你拼了！”严旺大吃一惊，反应过来后，举手就要打季霞，被李雅卿一手拦住了。李雅卿怒视着严旺，严旺不敢轻举妄动，李雅卿回头对季霞说：小孩子不要管大人的事，随即让季云将妹妹带回了家。

后来，熊院长经过仔细检查核实，发现严旺不仅酗酒后打骂孤儿，还购买劣质食品，克扣孤儿的伙食费供自己酗酒挥霍，行为极其恶劣。他撤换了严旺，又派来一位忠厚能干的王先生主持日常事务，王先生十分赞同郑凯卿夫妇建议，请郑凯卿夫妇一起想办法改变孤儿们生活状况。

李雅卿领着孩子们打扫卫生，她让孩子们将发霉的铺盖卷、草垫子搬到太阳下晾晒。又让做饭的徐嫂烧热水给孩子们洗头、洗澡，将衣裤、被单用皂角水洗干净后用开水烫，然后放到太阳下暴晒，清除跳蚤、虱子。孩子们穿着干净的衣服，盖上暖和的被子，不再受到虱子、跳蚤叮咬，感到很舒适。

今日云阳

孤儿院的经费有限，为了改善孩子们的生活，郑凯卿将孩子们分成几个劳动小组，李雅卿组织大一点的孩子在孤儿院后面的荒地上挖土、整垄、开菜地，然后按季节种上辣椒、茄子、丝瓜、萝卜、瓢儿菜，教孩子们给蔬菜上肥、浇水、间苗、除草，给丝瓜、黄瓜搭架子。孩子们一边劳动一边惊奇地问道：李老师，你怎么会种菜呢？李雅卿笑着回答：我不仅会种菜，还会让母鸡孵小鸡呢。她带着孩子去农家买回一只正要抱鸡娃的母鸡和一些鸡蛋，20多天后小鸡陆续破壳而出，一群毛茸茸的小鸡围着母鸡很温馨可爱。有一天，一个小女孩忽然坐在地上，一边呜呜地哭，嘴巴一边嘟噜着："小鸡有妈妈，我没有妈妈，我要妈妈。"李雅卿慈母般地把她搂在怀里轻声说道："谁说你没有妈妈，我就是你的妈妈，郑老师是你的爸爸，你们都是我们的孩子。"这以后有许多孩子都亲热地喊李雅卿妈妈。后来，菜成熟了，鸡长大能下蛋了，孩子们吃到新鲜菜和鸡蛋，享受到自己劳动创造的成果，他们很高兴，劳动劲头更大了。

郑凯卿鼓励孩子们自食其力，做对社会有益的事。他将男孩子分成两组，带领他们学做泥塑工艺和编织工艺，他先组织孩子们买回一些价钱便宜的竹子，四川产竹子，这些原料来得很容易。虽然他对这一行当比较熟悉，可是竹工小组开工前，他还是带领学生去城南老篾匠王师傅篾店找师傅学艺，老人家听说是教孤儿院的孩子们，特别热情、耐心，孩子们很快学会了煮、压、刨、削、编、刻等编制技术。郑凯卿教他们编制了竹篮、竹篓、竹盒等竹器，用竹筒做成饭碗、小盒、花瓶、笔筒等，然后在上面雕刻花鸟鱼虫，素雅的竹雕，犹如艺术品一样。

李雅卿教女孩子们学刺绣，她将自己的刺绣作品展示给孩子们看，孩子们爱不释手，个个争着要拜师学艺。她买了绣花用的针线和细白布，耐心细致，手把手地教她们。孩子们绣错了，她从不责备，而是鼓励她们不怕麻烦和困难，拆了重新绣，直到满意为止。李雅卿自己绣大套件：门帘、帐帘、床帘。孩子们绣小件：小手帕、花荷包、旱烟袋、鞋帮。他们将竹器及刺绣品拿到市场上去卖，不久，很多客户主动找上门订货，生意渐渐红火起来。

几个月后，王老先生找到郑凯卿和李雅卿高兴地说："孩子们做的刺绣、竹器在市场上卖得很好，已经赚了不少的钱。你们为孩子们操心费力，太辛苦了！我已经跟熊院长讲过，想给你们涨点薪水。"郑凯卿笑着说："下一步扩大生产规模，还需要经费，再说马上要过年了，就用涨薪水的钱，为孩子们添置一些新衣服吧。"王先生听完十分感动，对郑凯卿说："你们全心全意地爱护照顾孤儿，你们真是心地善良的好人啊！"

孩子们生活有改善，身体逐渐健康起来。除夕，大雪纷飞，郑凯卿带着孩子们在院子里堆了几座雪人儿，爆竹声声，此起彼落。郑邦才带着季云、季霞两个妹妹上街买了一副对联贴在门上。上联是"五湖四海春常在"，下联是"万水千山尽光辉"，横批：万象更新。孤儿院的孩子们穿上干净、漂亮的新衣服，坐在火炉旁，吃着小麦面做的油炸食品——炸"翻饺""猪耳朵"，心里格外高兴，他们感谢孤儿院和郑老师、李老师，使他们度过从未有过的幸福时光。

那天晚上，郑凯卿把自己的三个孩子都叫到身边，给孩子送上祝福，祝他们健康、勤奋、快乐，并亲切和蔼地对季霞说，做人要正直勇敢，不要太露锋芒，处事要机智灵活，讲究斗争方法。后来，季霞隐约地体会到父亲说的"不要太露锋芒"是指骂严旺的事，她理解父亲所说的要敢于斗争，还要注意斗争的方法和策略。

郑凯卿夫妇把深深的爱倾注在孩子们身上，教孩子们识字学文化，掌握劳动的技能，培养他们爱憎分明、坚韧不屈、勤劳善良的良好品德。

小学教员

郑凯卿的泥塑技艺在云阳闻名遐迩，不少人慕名专程来孤儿院观赏和购买泥塑工艺品。云阳县中心小学的张校长，是一位有民族气节的爱国人士，因爱好泥塑与郑凯卿结缘，是孤儿院的常客。

这天，张校长又来到孤儿院。他没有如以往一样流连于泥塑架前，而是直接来到郑凯卿的办公室，说有事相求。郑凯卿以为张校长想要塑像，便对张校长说："你是不是想要一尊塑像？我也正想为你塑一尊像呢。"张校长喜不自禁："太好了，我一直都想有一尊塑像，就是不好意思开口，今天能得以实现，真是叫人高兴！可是，我今天来是有重要事情相求。"张校长微笑地望着郑凯卿说，想聘请郑凯卿去县中心小学当教务主任兼工艺老师。

张校长知道郑凯卿曾在武汉文华大学教工艺课，赏识他的才华和实干精神，他急切地说："我们注重真才实学，知道你有这个能力，真诚地希望你能同意。"张校长的态度十分诚恳。郑凯卿面露难色，沉思片刻后道出一桩心思：在孤儿院教孩子们学习文化知识、学习生存的本领是他的职责所在，他舍不得已经建立了感情的孤儿们。他请求张校长接纳适龄的孤儿到中心小学读书，适当减免学杂费，使孤儿院的孩子们有继续学习的机会。张校长非常理解，答应郑凯卿在中心小学任职期间可以抽出一定时间到孤儿院继续教孩子们，并且同意接纳适龄的孤儿到中心小学读书，学杂费一部分由学校减免，另一部分由孤儿院自筹。李雅卿仍然留在孤儿院工作。

郑凯卿听了很高兴，让孤儿们到县中心小学继续学习的愿望实现了，他很感谢张校长热心相助。郑凯卿很快熟悉了县中心小学教务工作，编排课表、听课、评课、抽查教师备课和学生作业，组织学生进行学习竞赛，激发学生的学习兴趣，提高学习成绩，教务工作做得很出色。

学生们上工艺课兴趣盎然，郑凯卿给他们讲泥人张的故事："泥人张塑像时只需看'模特'，做出的泥塑像惟妙惟肖，这样的本领是他勤学苦练的结果，你们应该向他学习，时间长了，就能掌握熟练的技巧。"孩子们听得津津有味，学习泥塑的兴趣更浓了。他们跟着郑凯卿上山挖白色、黄色、红色的泥巴作材料。郑凯卿教学很直观，上课前先做好教具，上课时让学生把上课需要的劳作材料放在课桌上，然后一边讲制作方法，一边做示范。学生们认真听、仔细看，照他的样子将黏土在石板上搓、揉、搋、挞，把黏土"和熟"。然后揪一小坨开始捏起来，一会儿就能做出一件有模有样的东西来。郑老师先给学生们示范捏小兔，几只小兔形态各异，有的竖着耳朵，弓着腰欲向前跳跃；有的四脚紧挨肚皮，双耳贴在背上，闭着眼睛打瞌睡；有的耳朵旋转定在某个角度，似乎在倾听，那胆小怕事的神态很是逼真。他每堂课都教学生们做各种不同的动物，学生们制作时，他便在课上巡视，手把手地指导，让孩子们掌握正确的方法。孩子捏得不像时毁了重捏，反复捏塑，直至捏像为止。孩子们学做泥塑非常着迷、投入，经过刻苦训练，泥塑水平有了很大提高。学校把这些泥塑作品集中到市场上出售，卖得的钱为学生买些书籍和文具。

郑凯卿为张校长塑的像，其深邃传神的眼睛，坚毅挺拔的鼻子令熟悉张校长的人赞不绝口。郑凯卿应朋友们要求，经常为人塑像和进行一些泥塑作品创作，大家高兴而来，满意而归。

颇具造诣的美术家唐一矜是泥塑爱好者，也是武汉老乡。他在云阳县城市场上看过郑凯卿的学生们制作的泥塑工艺品，虽然那只是部分、小型的工艺品，却给唐一矜留下了深刻的印象。他听说郑凯卿还有一些泥塑珍藏品，他想一睹为快，于是携夫人来到学校。

唐一矜夫妻在泥塑工艺劳动室看见一些孩子围坐在桌子前，正聚精会神地揉泥、捏泥。工艺劳动室里摆着六个大架子，每个架子都有编号，架子上陈列着郑凯卿几年来制作的泥塑工艺。一号架子上一头牛提起前蹄在水田拉犁奋力向前，栩栩如生。一只公鸡引颈啼鸣，一匹奋蹄腾飞的白色骏马，高昂着头，前蹄作腾空状，马背上的棕毛和马尾随风飘了起来。架子上还有大象、狮子、老虎、犀牛、金钱豹……二号架子上栖息着一群可爱的“小动物”，有的在奔跑、嬉戏，有的在林间觅食，有的在河边饮水，神态生动逼真。看上去简直是迷人的动物世界。

三号、四号、五号架子都是人物泥塑，三号架子上有潜心研究医药学的李时珍，有一脸正气忧国忧民的屈原，有洒脱飘逸的诗仙李白，还有仙女散花，从花篮里飘下来的花瓣清晰可辨。四号架子上有腆着大肚子盘脚坐着的、笑眯眯的胖罗汉，袈裟上那长方形小块布拼缀的花纹都塑得十分精细，一清二楚；八仙的神态各异，颇具特色；三国、水浒、西游记等著作中人物喜怒哀乐的面部表情生动传神。五号架子上有扛锄头的农民、挑担的脚夫、背枪的士兵、扎小辫的女学生、坐在牛背上吹着横笛的放牛娃、背笆篓的妇女、坐在笆篓里的稚气的小娃娃……唐一矜激动地念叨着:真正的工艺品，真正的艺术家。

最后，他们在六号架子发现了一尊用泥堆起来的“老树精”，这老树似人形，还戴着帽子，帽子就是树的枝叶。挨着地面的像老树的皮，疙疙瘩瘩非常粗糙，又像人的手和脚，树干上额头饱满、明润，沉思的脸庞上的眼皮很长很长，铁皮似的，沉重得睁不开，把嘴巴挤得很小很小，半闭的眼睛让人感觉到眼睛如果一睁开，霹雳一声会闪出两道灿烂耀眼的金光，照亮世界，一切善恶、真假、美丑即刻见分晓。

唐一矜指着“老树精”对他妻子说:“我太爱它了，我要买下它。你知道吗，这个郑凯卿不仅能用泥把他看到的东西塑出来，而且还能把人们思想所感受到的情感用泥塑表现出来。”他对正在劳动的学生说:“快去请你们的郑老师来，我有重要事找他。”学生听说他要买“老树精”，赶忙回答:“六号架子上的泥塑不卖，这些是郑老师的珍藏品，只作陈列观赏。”唐一矜的妻子深感遗憾，劝唐一矜放弃。可是唐一矜非常执着，再三要求学生去请郑凯卿。

当天上午郑凯卿因忙着安排几位青年去延安的事没在学校。学生没有找到郑凯卿，把李雅卿请来了，雅卿看到唐一矜如此欣赏、喜爱郑凯卿的泥塑工艺，非常高兴。她正考虑将“老树精”送给唐一矜夫妇时，郑凯卿办完事回到了学校。

郑凯卿与唐一矜一见如故，唐一矜表示想买“老树精”，他称赞说：“它塑造得太好了，我很喜爱。从整体上看，‘老树精’泥塑只不过是一个老态龙钟森林老树的形象，可是在它眼皮下面却蕴藏着震撼世界的力量。这尊栩栩如生的‘老树精’，其深邃的内涵和逼真的形象都表现了雕塑者超凡脱俗的境界。”唐一矜与郑凯卿共同探讨泥塑艺术，交流非常融洽，郑凯卿如遇知音，遂将珍藏品“老树精”作为礼物赠送给了唐一矜夫妇。唐一矜得到了他珍爱的礼物非常高兴，郑凯卿也因此结识了一位爱好泥塑艺术的挚友。孩子们停止了手中的工艺劳动，用惊奇的眼睛望着郑凯卿和两位客人，在孩子们幼小的心灵上，不仅对雕塑艺术的魅力留下了深刻的印象，而且从中受到郑凯卿高尚品格潜移默化的影响。

郑凯卿在课堂上给孩子们讲革命故事和道理，让孩子们知道共产党、游击队是打日本鬼子、为穷苦人办事的，培养他们的爱国精神、民族意识。孩子们悄声地告诉郑老师，长大后也要去当游击队员，狠狠打击日本鬼子，保卫我们的家园。

罢市济贫

清晨，夜的幕帘收了起来，太阳睁开惺忪的眼睛吝啬地洒下一片淡黄色的光。青石板路两边的商铺陆陆续续开张了，经商的人家都起得早，他们热情地招揽生意，笑容可掬地与顾客推荐自家的商品，耐心地与顾客讨价还价。

云阳县城小街一下子热闹起来，青石板路上人来人往。李雅卿带着双胞胎女儿季云、季霞来到街上，准备买一些文具纸张，以及针头线脑的刺绣用品。这时，她看到孤儿院的两个小孩蹲在路边大声哭着，在他们身边有一堆摔坏的猫狗鸡鸭泥塑，装泥塑的篮子倒在一边。李雅卿一边安慰孩子，一边询问情况，孩子们哭着告诉李老师："是警察摔坏的。"李雅卿顺着他们指的方向看去，只见一群人围着几个警察吵吵嚷嚷。走近一看，有许多人拥挤在米店前推推搡搡，一个壮年男子放大嗓门喊道："为什么不卖米？有米为什么不卖，想饿死我们老百姓啊！"话音未落，两个警察立即将这个喊话的男子抓了起来。

"米店有米不卖，一定是贪官污吏勾结奸商囤积居奇，哄抬物价，现在老百姓没有粮食吃，由于敌人的封锁，八路军和游击队粮食也十分紧缺，我们得要想些办法筹集粮食。"雅卿突然想到凯卿跟她说的话，看到被警察摔坏的破碎的泥塑，她冲过去，抓住一个大个子警察，学着凯卿的口气愤怒地说道："你们这些贪官污吏，欺压穷人，岂能容你们横行！"她气得满脸通红，说话像发连珠炮似的："你们赶快赔偿我们损坏的泥塑。"旁边的警察先是一愣，后来才反应过来，赶快掰开李雅卿的手，原来李雅卿抓住的大个子是警察局长，局长气急败坏地叫道："快！快！这个疯女人满口共产党的语言，赶快抓起来关进监狱。"旁边的警察慌忙抓住李雅卿的两只胳膊就往警车方向拉。李雅卿毫不畏惧，边走边骂："你们发国难财，囤积居奇把粮食藏起来，不顾老百姓死活。"季云、季霞吓得大哭起来，她们一边跟着妈妈跑着，一边哭喊着："不许抓我妈妈，不许抓我妈妈！"一边用小拳头捶警察。这时，有个警察来抓两个小女孩，她们灵巧地围着妈妈转圈，躲来躲去不让警察抓住自己，警察气极了威胁道："再跑，就枪毙你们。"警察费了好大劲，才将李雅卿和孩子推上警车，"咔嚓"一声锁上车门。

李雅卿搂抱着两个女儿安抚道："不怕，有妈妈在，谁也不敢把你们怎样。"她嘴里虽然这么说，可是心里还是有些担忧，在看见摔坏的泥塑时，她只想跟警察评评理。后来米店不卖米，还抓人，她控制不住愤怒的情绪冲动起来，并没细想这样做会导致什么严重的后果。她并不为自己担忧，只是不愿这事给凯卿惹麻烦。

孤儿院的孩子看见李老师被关进警车，又气又急，高声喊："放李老

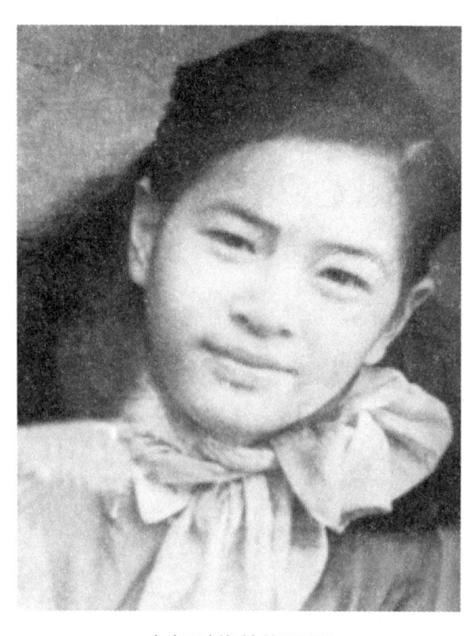
少年时代的郑季霞

师出来！”周围群众拥了过来：“放了李老师，两个女娃儿犯了啥子罪嘛！”有人还喊起了口号：“打倒奸商！”米店门前的大街上人声鼎沸。

此时，郑凯卿正在和大家一起研究通过罢市斗争严惩不法米商、逼迫当局开仓卖粮，为缺粮的穷人和游击队筹粮的斗争方案，不知道李雅卿在街上被警察抓捕。大多数正直诚信的商户对少数奸商发国难财，把粮食藏起来的行为非常不满，但是有警察局的人支持，大家敢怒不敢言。现在在党组织的领导、鼓动下，大多数正直诚信的商户决定罢市，几个小时后，云阳县城的商铺全部关门了，无人卖东西，自然就无人买东西，刚才热热闹闹的市场，现在空无一人，连街上提篮挑担做小生意的也难觅踪影。

与此同时，郑凯卿秘密组织工人视情况随时准备支援罢市的商户，并准备好挑绳、麻袋等运粮工具，一方面为穷苦的百姓送粮食，另一方面准备为游击队买粮送粮。

众多的群众团团包围警察局，大家高喊“打倒政府中的败类！”“严惩不法米商！”“要民主、要自由！”，口号声此起彼落。警察局局长急得焦头烂额，有人对局长说：“局长，事态严重啊！问题是什么不卖米呀，抓人呀，引起了事端，如果罢市的影响扩大，工厂、学校都行动起来，就不好收拾了。”因为警察局长的父亲也是米商，所以局长迟迟下不了决心。这时，愤怒的群众越聚越多，又有人劝告局长：“您一定要劝老太爷，另寻生财之道，这开仓卖粮是当务之急。”还有人提醒局长说：“罢市如果继续下去，老百姓没米下锅，成百上千的人一拥而起砸了米店、粮库，抢了粮食，这么多人怎么去抓？”警察局局长认为这些闹事的人都是受到了共产党的煽动，但又没有抓住共党分子。他迫于压力，权衡利弊，最后只好同意放人，并让米商开仓卖粮。一场严惩奸商的罢市斗争取得了胜利。后来，郑凯卿得知妻子与奸商斗争，被关进警察局，感到十分惊讶。平时温柔娴静的妻子，竟然和警察做斗争，真是女中豪杰，太可敬可爱了。

第十九章

离川回汉

迎接解放

1945 年 8 月 15 日，日本宣布无条件投降，中国人民经过 14 年浴血奋战，终于取得抗战的最后胜利。喜讯传来，举国上下万众欢腾，云阳处处鞭炮声响彻云霄，像过年一样喜庆热闹，郑凯卿一家欣喜万分。

1946 年秋，郑凯卿经组织安排携家人乘船离开云阳回武汉。临行前，他应云阳县中心小学张校长的请求，将凝结着他心血的泥塑作品大部分赠送给了云阳县中心小学，他用粗棉布把少部分塑像包好后，夹带在稻草之中，放入藤箱里，并在藤箱外面包上油纸。郑凯卿和家人乘坐的木船顺江直下，船行至三峡，两岸悬崖峭壁，江中激流险滩，奔腾的长江在峡谷中蜿蜒咆哮。一天，江上突起大风，把船吹向漩涡，情况十分危急。船老大高叫："快，快！赶紧把笨重的物品都丢下水去，保人要紧。"为了减轻船的重量，船工慌忙扔东西。一个船工拎起郑凯卿的藤箱就丢，郑凯卿伸手阻拦，还是未能抢到。郑凯卿心痛地看着藤箱坠入水中，深深地叹气，感到无比遗憾。这些泥塑就这样永远留在了长江三峡。

郑凯卿回到文华学校，为迎接武汉解放做准备。抗战胜利后，曾举校迁至云贵一带坚持办学的联中，于 1946 年 6 月重返昙华林武昌原校办学，华中大学和文华中学在同一校园。不久，党组织又安排郑凯卿到童子军师范学校总务处工作，管理全校师生的生活，组织师生一起迎接武汉解放。

这时，当年与郑凯卿一起办文华大学童子军的严家麟担任校长，孟寿彭出任副校长，后来严家麟退休后住北京子女家养老，孟寿彭接任校长全面管理童子军师范学校的工作。孟寿彭原是文华中学的学生，入学之初，他的父母特地到学校找郑凯卿，希望对自己孩子严格要求，郑凯卿对年少的孟寿彭在学习生活方面都很关心照顾，孟寿彭后来毕业留校当老师，与郑凯卿搭档训练过童子军。在大革命失败后的白色恐怖中，孟寿彭、宋百廉等人曾跟郑凯卿一起到汉阳门码头，搭盖“工人烤火处”木房子，协助郑凯卿为人力车工人和码头工人提供帮助。孟寿彭见郑凯卿回到学校分外高兴。孟寿彭住在童师北楼，郑凯卿一家人和另外几位老师住在南楼。东楼是女生宿舍，西楼是教学楼及男生宿舍，校园中间是一长方形操场。校园外北边有一片农田，南边是一块坟地。

此时的郑凯卿不断设法寻找在战乱中失散的孩子，所幸的是，半年后在战乱中失散多年、杳无音信的两个孩子，陆陆续续回到武汉，寻找到了父母亲。原来两个孩子在日机轰炸武汉时，随着逃难的人群失散了，逃到了外地。抗战胜利后，两个孩子历经艰难回到武汉找到父母。一家人终于团聚，郑凯卿和妻子抱着孩子们喜极而泣。

1947 年底到 1949 年春，中共中央南方局向武汉派遣了一批党员骨干，以加强武汉党组织的力量。武汉各级党组织重建后，郑凯卿等地下党员根据党长期坚持白区工作要实行“隐蔽精干，以待时机”、以“职业化、社会化、群众化”的要求开展地下工作。他以童子军师范学校总务处主任的身份作掩护，组织发动学校师生培养积极分子，壮大进步力量。反动派在学校安插了以学生面貌出现的国民党、三青团等密探。在恶劣的环境里，郑凯卿领导师生秘密建立起党的外围组织“新教协”“新青社”“青年读书会”“九头鸟学社”，通过这些组织的活动，让学生们读进步书籍，交流读书心得，讨论革命形势，把师生团结在地下党的周围。《大众哲学》等进步书籍、地下党油印刊物、传单、小册子、革命歌曲（单），在校内外学生中秘密传阅。高尔基的《母亲》、奥斯特洛夫斯基的《钢铁是怎样炼成的》、伏尼契的《牛虻》等小说，在当时属于禁书，不允许学生看，可同学们争相传阅。操场上，田野里，草坪上，树林里，小湖边，都有人在阅读进步书籍，回宿舍就把这些进步书籍换个封面，有的同学把《母亲》这本书的封面换上爱情小说《飘》的封面，以此来躲避搜查。国民党反动派特务活动猖獗时，为不引起敌人的注意，他们把书籍、传单、歌单藏在鸟窝中、树洞里、墙壁缝，或者用油纸包起来藏在坟地里，躲过敌人的搜查。

这时，郑凯卿的双胞胎女儿季云、季霞也在童师就读，和她们关系要好的同学陈裕玲、肖淑芳、吴世玺、雷美莲，都参加了进步组织团体，她们一起在同学中宣传、传递从解放区送来的各种传单。当这些同学到季霞家里来玩时，郑凯卿、李雅卿总会留孩子们吃饭，做些孩子们喜欢吃的炸藕丸子、仔鸡烧板栗。冬天，李雅卿还会做小鱼冻子和凌（冻）豆腐烧野蘑菇，招待这些小客人。相处时间长了，大家就像一家人，关系特别融洽。

陈裕玲圆脸蛋，短头发，一双大眼睛总是带着微笑，乖巧活跃，很招人疼爱。一天，陈裕玲到季霞家中玩，看到郑凯卿雕刻的塑像，非常感兴趣。郑凯卿思念战友董必武、陈潭秋，从云阳回到武汉后，又雕刻了他们的像，放在家中柜子上。陈裕玲仔细地端详着陈潭秋的塑像，沉思片刻后，她问季霞："这是谁雕刻的像呀，这尊塑像很像我的叔爷爷陈潭秋。"后来，季霞将此事告诉了父亲，郑凯卿听罢，心中一阵惊喜，难道陈裕玲是潭秋的亲戚？他让女儿找来陈裕玲，仔细询问了解她的家史，得知她是陈潭秋的侄孙女，郑凯卿非常高兴。他看到陈裕玲，就如同看到了战友陈潭秋，就好像找到了失散多年的亲人。陈裕玲知道郑凯卿是自己叔爷爷陈潭秋的革命战友，对郑凯卿更加尊敬。此后，陈裕玲经常来家里，还帮着做一些家务事，像在自己家里一样。郑凯卿夫妇把她当自己孩子一样疼爱。郑凯卿自江苏与陈潭秋分别后，一直没有再相见，直到武汉解放前夕才知道，陈潭秋于 1943 年已在新疆牺牲，郑凯卿悲痛不已，非常怀念这位曾经生死与共的战友。

在学校，郑凯卿组织进步师生举办读书会、歌咏会等。那时从解放区传来很多关于蒋家王朝即将灭亡，革命形势一片大好的传单，以及《解放区的天》《大山那边好地方》《你是灯塔》等革命歌曲。起初师生们只是半公开地轻声哼唱，慢慢地，控制不住内心兴奋的情感，就大声唱起来。每天晨曦初露或是黄昏时分都能听到歌声，陈裕玲、吴世玺、邓瑞龙、沈既馨、景良才等青年学生，打着节拍，高声唱着："解放区的天，是明朗的天，解放区的人民好喜欢，人民政府爱人民，共产党的恩情说不完。呀嗬嗨……""你是灯塔，照耀着黎明前的海洋，你是舵手，掌握航行的方向……”，歌声在校园里飞扬，歌声呼唤同学们觉醒，歌声鼓舞同学们的斗志，歌声振奋同学们的精神，歌声使同学们更紧密地团结在一起，共同迎接武汉解放。当时有同学要求到解放区去，到大别山去投奔刘、邓大军，郑凯卿总是热情鼓励他们，并为他们周密安排昼伏夜行的路线，将景良才等同学送上革命道路。文华学校和童师先后有三批进步学生奔赴解放区。

新中国成立初期的《你是灯塔》歌本

黎明前的黑暗

随着解放战争胜利发展，国民党统治区人民反对反动派的斗争日益高涨，全国学生运动风起云涌。1947 年 5 月，上海学生举行“要饭吃，要和平，要自由；反饥饿，反内战，反迫害”示威游行，遭到反动军警的殴打，各校学生立即罢课抗议。5 月 20 日，京沪苏杭等地学生代表 6000 余人，组成请愿团在南京举行联合示威游行，遭反动军警残暴镇压，伤百余人。针对国民党的暴行，北平学生提议“六二”为反内战日，并以“华北学生反饥饿反内战联合会”的名义发表宣言通告全国，号召全国各界在 6 月 2 日这一天一致行动，以罢课、罢教、罢工、罢市与游行等行动制止内战。“六二”反内战日的号召传到武汉，得到武汉学生热烈响应，决定由国立武汉大学发起，武昌大中学校学生联合举行“反饥饿、反内战、反迫害”示威游行。

5月31日，郑凯卿发现校园周围有陌生人鬼头鬼脑窜来窜去，行为诡秘，他预感是不祥之兆，又有消息说敌人可能要下毒手，几个进步学生对郑凯卿说:“郑老师，我们可能受到监视。”郑凯卿叫同学们提高警惕，不要随便行动。

军警搜查频繁，道路被特务把守没法通过。郑凯卿只得从珞珈山的另一条小路赶往武汉大学。也是在这一日，国民党当局制订了“六一”大逮捕计划，决定以武力镇压“六二”反内战日游行。这晚，武汉大学举行“争取和平文艺晚会”，会上决定响应华北学联提出的定于6月2日举行全国各大城市学生大游行。就在这时，一场有预谋的大逮捕悄然进行。6月1日凌晨3时，大批军警宪特荷枪实弹，包围了武大珞珈山校园，闯入武汉大学教职员和学生宿舍大肆逮捕尚在睡梦中的师生，徒手的学生与之进行英勇的反抗，想夺回自己的师长和同学，和军警爆发激烈的冲突，军警鸣枪威胁，埋伏各处的军警纷纷开枪，抛掷手榴弹，并以机关枪扫射手无寸铁的学生。

珞珈山上硝烟弥漫，学士路（今樱园路）上弹痕累累。在惨案中，军警竟使用国际上禁止使用的达姆弹，开枪打死武大学生王志德、黄鸣岗、陈如丰，打伤20多人，制造了震惊全国的“六一”惨案。事后，武汉当局不仅封锁新闻报道，而且还捏造事实，诬蔑武大学生私藏军火，企图暴动。

被堵在武汉大学的郑凯卿目睹了这突来的事件，不顾自身危险，连夜抄小路从珞珈山赶回童师，以最短的时间油印出武大快讯，揭露国民党反动派残杀武大师生的暴行。当快讯传到一女师、二女师、童师以及其他大、中专院校时，广大师生感到无比悲痛。“六一”惨案引起了全国人民的愤怒。6月2日，华中大学、湖北省立农学院、湖北省立医学院等校学生和市民，不顾军警威胁，排着队，佩戴白花，抬着花圈来到武汉大学吊唁，控诉反动派的罪行。4日，国民党当局迫于政治与社会压力，释放了被捕师生，被迫撤销了武汉警备司令彭善的职务。

投入护校斗争

1948年秋到1949年春，革命形势发生了急剧变化。解放战争取得了辽沈、淮海、平津三大战役的伟大胜利，全国解放指日可待。盘踞在武汉的国民党反动派垂死挣扎，企图迁走军事设施、大中型工厂、学校，策划炸毁水电、交通、电信等重要设施，使武汉变成废墟。在地下党的领导下，一场“反搬迁、反破坏、护厂护校、保卫武汉，迎接解放”的战斗开始了。

郑凯卿等党员按照“平行作战、单线联系”的原则，把进步师生组织起来，投入护校斗争。郑凯卿说，现在是胜利的关键时刻，大家要团结起来，坚持斗争，决不能搬迁学校。他提出要储备粮食，要把粮食掌握在自己人手里，他把邓瑞龙、沈既馨等进步学生安排在伙食委员会里管理学生的伙食，日夜守在保管室里。一天，国民党特务窜进童师进行骚扰，当晚郑凯卿就叫邓瑞龙、沈既馨等同学将粮食转移到东楼女生宿舍的地下室里藏起来，确保了在解放军进城以前全校师生的粮食供应。

为防止特务、地痞流氓的骚扰、破坏，郑凯卿把学生分成几个小分队，拿起“童子军”的棍棒武装自卫，配合全市“护厂护校”行动。学生们加强对校园内外的巡逻，通宵轮流值班。为了应对突发事件，师生们约定吹响童子军的铜号作为紧急情况的联络信号。

孟寿彭校长的岳母听了国民党关于共产党共产共妻的反动宣传，有些害怕，要女婿把全家搬到乡下去避难。孟寿彭请郑凯卿做老岳母的思想工作，郑凯卿对老人家说：“共产党是天下最好的政党组织，是替劳苦大众救苦救难，为老百姓打天下、谋幸福的，什么共产共妻，那都是反动派对共产党的污蔑，千万不要听信谣言。”在郑凯卿劝导下，孟寿彭校长全家留在武汉，积极支持护校活动，和师生们一起迎接解放。

1949 年 5 月 16 日，中国人民解放军进入江城，饱经 14 年抗战和国民党内战忧患的武汉人民终于冲破黎明前的黑暗，迎来了自己当家作主的时代，武汉历史从此翻开了崭新的一页

解放军进城的前几天，几个国民党残余“散兵”鬼鬼祟祟地向童师走来，被放哨站岗的同学拦住，“散兵”说是执行上级搬迁学校的任务。站岗的同学立刻吹响童子军的铜号，发出联络信号，不一会儿许多师生都跑了过来。敌兵又声称不搬迁就拿钱买回学校，师生们不听那一套，严阵以待，不许他们向前迈进一步。师生人多，势不可当。几个敌兵见状，只有骂骂咧咧地走了。由于反搬迁工作布置严密，师生团结一致，终于完整无损地保住了学校。

1949 年 5 月 16 日，武汉解放了，重新回到了人民的手中。在这个大喜的日子里，童子军师范学校师生的秧歌队、腰鼓队上街去迎接解放军。同学们问道：“郑老师，您也去吗？”“去，大家都去。”郑凯卿高声回答。成千上万的工人、学生、市民涌上街头，夹道欢迎解放军进城。人们簇拥着毛主席、朱总司令的巨幅画像，高举着一面面彩旗，有的旗上绣着“人民救星”的字样，有的旗上写着“五月十六日是武汉复活的日子”的标语。童师师生扭起秧歌、打着腰鼓，高唱“解放区的天是明朗的天”。鞭炮声、锣鼓声、口号声、欢笑声响彻天空，整个江城沉浸在欢乐的海洋中。

武汉解放时，军管会文教部接管了童师，孟寿彭调到革命大学。低班同学合并到湖北教育学院附属师范学校（由湖北第一女子师范、第二女子师范组成），高班同学保送到革命大学、中原大学学习。

第二十章

山高水长

喜看祖国新貌

新中国成立后，祖国建设日新月异。20 世纪 50 年代，武汉是国家重点建设的城市。郑凯卿十分关心武汉的建设状况。在第一个五年计划中，中央政府决定在武汉建立钢铁基地，1954 年 11 月成立了武汉钢铁公司，在他祖籍地青山这片希望的原野上，一支支建设大军从天南海北来到武汉，建造新中国第一个钢铁基地。他怀着满腔热情，每隔一段时间就要到建设工地附近看看走走，在那峥嵘岁月里，青山地区红钢城相继集结 5 万多工人和近 7 万名职工家属。郑凯卿经常教育孩子们要为建设新中国努力工作，他说起在战争年代炼铁、铸造，为童子军、抗日游击队制作刀枪的往事，无限感慨地说，新旧社会就是不一样，过去炼铁与现在武钢没得比，武钢才是现代化的铸铁炼钢的基地。看到新中国建设快速发展，他感到无比的骄傲和自豪。郑凯卿还时常到武重、武锅等建设工地去，看看那种火热的建设场面，每一次都让他精神振奋，容光焕发，笑逐颜开。

1957 年 10 月 15 日，武汉长江大桥建成通车，那天，郑凯卿从武昌上桥一步一步走过大桥。新中国成立以前，长江上没有桥，人们只能通过小船、轮渡过江。现在建了桥，步行一会儿就走过了长江，真是太方便了。他要他的孩子们都走走大桥，他说只有亲自走过大桥，才能感受国家翻天覆地的变化，体会到祖国强大带来的幸福感。“一桥飞架南北，天堑变通途”。一次，郑凯卿一边吟诵着毛主席的诗词，一边与女儿在长江大桥上散步。他告诉女儿季霞，自己年轻时，从长江挑水，卖水为生，常常看到外国轮船在长江上横冲直撞。那时他就想：如果有一天，我们国家的工业发达了，长江上行驶的轮船，都是我们国家自己制造的多好。我们还要铺设很长很长的水管，把江水直接送到千家万户，那该多好呀！就不用再干挑水这种辛苦的活了。没有想到现在都实现了。

1958年，人力车退出历史舞台。郑凯卿对此无限感慨地说，这是人力车工人大解放，是新中国人民当家作主的具体体现，社会进步了，国家发展了，人民就会幸福。武汉的人力车于1888年在汉口租界出现，到1958年彻底退出历史舞台，在武汉存在了整整70年。郑凯卿见证了武汉人力车工人拉着人力车奔跑在马路上，风霜刀剑，昼夜不息，饱含血泪的心酸历史。郑凯卿加入党组织后将这个城市里工作最辛苦、生活最贫穷、地位最低下而人数众多的人力车工人作为党组织的重点工作对象，他深入人力车工人中开办工人俱乐部和夜校，组织他们学习革命理论，学习文化知识，向他们宣传阶级斗争的道理，启发他们的阶级觉悟。郑凯卿领导人力车工人求生存、求解放，进行了无数次奋争，组织建立了“汉口租界人力车夫工会”“汉口人力车夫工会”等，随后人力车夫工会与其他工人组织联合发起成立了中国第一个地方总工会——武汉工团联合会。郑凯卿和林育南、施洋等一起领导人力车工人进行罢工斗争，成为新民主主义革命中的一支有生力量。1946年11月，郑凯卿所在的文华中学学生就人力车问题举办辩论会，双方学生均到武昌人力车工会处详细调查，取得第一手资料并向郑凯卿请教，征询郑凯卿的意见，郑凯卿和双方学生进行交谈，给他们讲述了人力车工人的苦难和不断抗争的历史，为参加辩论会的学生提供了许多生动的素材。武汉解放初期，人力车工人队伍庞大，随着三轮车的兴起，城市交通得到快速发展，人力车最后退出了历史舞台。

看到祖国欣欣向荣、日新月异的气象，郑凯卿常常想起为革命献身的烈士们。在女儿的搀扶下，他登龟山、上蛇山，驻足山顶，观看武汉三镇飘扬的五星红旗，此时，他十分怀念曾在一起战斗过的战友。每逢清明节，郑凯卿拄着拐杖，有时带着老伴雅卿，有时让子女陪伴，采摘一些鲜花或带上一些供品为烈士扫墓，告慰英烈。他深情地对牺牲的战友们说：你们放心吧，我们毕生努力奋斗的事业成功了，在共产党的领导下，我们推翻了三座大山，建立了新中国，在党的领导下我们一定会把祖国建设得更富强，更美好！

党组织关怀

1949 年 5 月武汉刚解放时，党组织还未公开，组织上拟安排郑凯卿出来工作。《青山史话》记载了这样的史实：武汉地下党负责人吴德峰派人提了一挂肉到郑家看望，并请郑凯卿出来工作。郑凯卿说：战争年代，自己常以拉人力车作掩护，和施洋一起进行革命活动，如果要干，就给施洋看墓好了。郑凯卿朴素的语言令众人动容。那时生活十分艰苦，郑凯卿住在一个芦席棚子里，时常漏雨。郑凯卿的大儿子郑邦文工作努力，被评为武汉市劳动模范，在武汉市第一届劳模大会期间，吴德峰（时任武汉市第一任市长）得知情况后，派专人到郑凯卿家为其修好芦席棚子，换上了白铁皮的房顶，让郑凯卿心里暖融融的。

新中国成立后，董必武派人到武汉看望郑凯卿，请郑凯卿上北京，并告知与董必武联系的方法。郑凯卿考虑年岁大身体不好，决定不去北京。郑凯卿是一个普通的党员，有着崇高的革命理想，坚定的革命意志，顽强的革命精神。他热爱党，热爱人民，无私无畏。每当革命处于重大历史关头，每当党有重大任务之际，忠心耿耿，出生入死，不遗余力地为党工作，完成任务。他在党内没有高的官衔和显赫的职务，却始终在重要工作岗位，为党，为人民，为中国革命做出贡献。作为一名共产党员，他已将一切献给了党，献给了人民，献给了共产主义事业。革命成功，是他最大的心愿。由于战争年代艰苦的环境致使他晚年经常咯血，身体很差。他说国家的建设和管理应该让比自己更年轻、更能干的人去做。

郑凯卿对新中国有着无限的感情。他看到人民当家做了主人，从内心感到中国共产党的伟大。在新中国成立初期，国家百废待兴，虽然物质短缺，人民的生活并不富裕，但是人民能够昂起头、挺起胸，不再受帝国主义的欺负和压迫，不再因战乱流离失所，人民生活安定，社会和谐。

在中国共产党领导下，全国人民万众一心积极投身火热的祖国建设，自力更生、艰苦奋斗，医治战争创伤，用较短的时间就奇迹般地在战争废墟上恢复了国民经济，人们生活水平不断提高，郑凯卿感到无比欣慰。

校外辅导员

时任大东门小学教师的郑季霞

郑凯卿的小女儿郑季霞在湖北教育学校读书期间，正值苏联电影《乡村女教师》在全国热映。郑季霞看过这个影片后，深深地被影片中的主人翁瓦尔瓦拉的精神品质所感动。她打算毕业后，投身广阔的乡村去开展启蒙教育工作。郑凯卿知道后，积极支持。季霞远赴湖北公安乡村小学任教，临行前她把特别喜欢的《乡村女教师》中的一首诗《学生》朗诵给父亲听：挺起了胸膛向前走，天空、树木和沙洲！崎岖的道路，喂！让我们紧紧地手拉手！……前面是光明的大道！社会就是一所大学校！我们要认清了目标，在不断的学习里，努力地去改造！郑凯卿听后高兴地说道："社会是一所大学校，努力地去改造吧！"

1955年春节，郑季霞从外地回武汉探望父母亲，遇见父亲生病发烧，母亲年迈照顾得十分吃力。一次，季霞给父亲倒痰盂时发现痰盂中有血，在季霞一再追问下，父亲才说出自己的旧病复发，咯血有好一段时间了，他怕影响儿女们工作，又怕女儿担心，所以一直隐瞒病情，季霞听后泪如雨下，心疼不已。次年开春，季霞回到学校，领导得知情况后，劝说她回武汉工作，便于照顾、陪伴年迈的父母。后来，郑季霞调回武汉，分配到武昌大东门小学工作。此时，组织安排郑凯卿夫妇搬到大东门小学对面的小平房里，便于子女们照顾。

郑凯卿和妻子平时在子女面前从未主动说过干革命的事。直到有一天，郑季霞得知父母早在20年代初就与董必武、陈潭秋等人一起工作和生活过。郑季霞在与父母的共同生活中，有更多的时间和父亲交流，她非常希望了解父亲传奇的一生。她陪伴着父亲，认真聆听父亲讲述了自己的革命经历，以及他和战友们为中国革命所做的努力和贡献。听了这些讲述，郑季霞更加敬仰自己的父亲。

大东门小学领导得知郑季霞的父亲郑凯卿是老革命，便邀请郑凯卿当学校的校外辅导员，他欣然接受了。郑凯卿支持学校做师生的爱国主义思想教育、革命传统教育，思想品德、道德品质的培养教育等方面的工作。给师生们讲战争时期革命先辈的故事，讲述战争年代他和他的战友们一起不畏艰险，为祖国和人民英勇战斗的往事，用革命先辈的崇高品质，教育孩子们从小树立远大的理想，珍惜今天幸福美好的生活，努力学习文化知识，将来担负建设祖国、保卫祖国的重任。他鼓励教师们以

郑季霞阅读父亲校外辅导的讲稿

郑凯卿、李雅卿夫妇和家人在一起

父亲坐在一块大石头上，两个女儿钻进灌木丛飞快地摘起枸杞来。父亲说：要小心，别让枸杞梗上的刺扎伤了手。她们摘得快，手稍微碰重一点，枸杞的汁液会流出来。手指被树枝划伤，她们却不在意。小女儿季霞想再多摘一些，钻进更深的灌木丛，摘着摘着不小心被树枝钩住了裤腿，怎么也摆不脱。季霞大声叫道："爸爸救我，云姐救我！"由于心急，她用力过猛，脚下一滑，摔倒在地，裤腿撕了一道口子。父亲和姐姐闻声赶过去，将她搀扶起来。郑凯卿看到季霞坐在地上，双手还紧紧地抱着篮子，担心摔倒时枸杞会撒出来，他对女儿的行为看在眼里，心中赞赏。回家后，郑凯卿换着花样为雅卿做各种枸杞饮食，将枸杞果蒸煮着吃、泡茶喝或者炒菜时放一些，希望枸杞能缓解妻子的眼病。父亲的言传身教让子女们懂得感恩，用更多的时间照顾父母。

雅卿年纪大了，女儿季霞每隔一段时间，就要帮母亲拔眼睫毛和剪脚指甲。雅卿的眼睫毛有倒着长、斜着长的，刺得眼睛又疼又痒，特别难受。季霞为母亲拔倒睫毛非常仔细，每次操作前，先洗手，再用酒精把镊子消毒，做好这些准备后，选一个光线敞亮的地方，让母亲坐在矮靠背椅上，她单腿跪在母亲跟前，左手翻开母亲的上眼皮，右手拿着镊子轻轻地、稳稳地夹住倒长的眼睫毛，快速地用劲一拔。腿、腰、背、手都要协调用力，绝对不能碰到母亲的眼球，拔完倒睫毛后，再用硼酸水洗洗眼睛。

雅卿放足后，除了拇指，其他四个指头都已弯曲，贴在脚板上，脚板有的地方长着厚厚的茧，硬硬的老茧堆积在一块，很疼。指甲长长了，刺着脚板，走路时脚更疼。女儿季霞给母亲剪脚指甲时，让母亲坐在高凳子上，自己坐在矮凳子上。先用温水帮母亲泡脚，等脚指甲泡软后将脚擦干，放在自己的膝头上，再用小剪刀轻轻剪去指甲壳和那些厚厚的茧，一点一点地剪，动作特别轻柔、利索，每次母亲都会幸福地笑着说："季霞拔眼睫毛、剪脚指甲，比医院医生的手还轻巧，感觉真舒服。"

雅卿擅长刺绣和编织，所绣被面、枕套、虎头帽、猫猫鞋、小肚兜等刺绣品，绣面平服、针法丰富、线迹精细、色彩鲜明。虽然年纪大了，视力不太好，一双手却十分灵巧，她编织各式各样的衣服为家人抵御风寒，带来温暖。

雅卿早年跟着凯卿东奔西忙，晚年常和凯卿一起到武昌蛇山首义公园散步。雅卿最大的乐趣还是听戏，大多数时候都是雅卿带着孙子和外孙去听戏。听戏是雅卿的最爱。傍晚，太阳的余晖慢慢地消退，雅卿照顾家人吃过晚饭，带着7岁的孙子和5岁的外孙来到武昌蛇山的首义公园，晚风吹散山林中聚积的热气，空气中弥漫着桂花的香味，沁人心脾。公园里有个戏园子，一到了晚上就热闹非凡，戏园子门口有一些卖油炸臭干子、油炸藕丸子、瓜子、糖果之类的小吃摊。一个卖油炸臭干子的老头，嘴里不停地吆喝着，右手拿着"火钳"将锅里的臭干子挨个地翻面，左手则拿起装干子的碟子，舀一小勺子辣椒酱放在碟子里，然后将炸好的干子夹到碟子里递给客人，忙得不亦乐乎。孩子们围着卖糖果的摊子，眼睛露出期盼的目光，小手指指点点，议论着哪种糖果更好吃。来看戏的人们三三两两地坐在公园的排椅和花坛的石围栏上等待进场。当进场的铃声响起，人们纷纷起身，涌入园子，门口一下子冷清了下来。戏园经常演出《穆桂英》《铡美案》等戏剧，这些戏李雅卿看过许多遍，对剧情以及剧中的人物、对白、唱段都非常熟悉。雅卿佩服穆桂英是巾帼英雄，武艺超群、机智勇敢，带领杨家将一起征战卫国，大破天门阵，屡建战功。雅卿同情秦香莲，看到她带着孩子流落街头要饭时，不禁伤心落泪；看到陈世美昧着良心不认妻儿时，她愤怒地说：陈世美的良心让狗吃了，包老爷，一定不能让他的阴谋得逞！看到陈世美最终被铡，她长吁一口气，轻轻地说："铡得好，这种人就是该杀！"看戏过程中，她的情感随着剧情的发展而变化，完全与剧中人物的感情交融在一起。

两个孩子刚开始进戏园子时和小伙伴们一起捉迷藏，玩累了就在李雅卿两条腿上一边趴一个睡着了。剧终了，两个孩子一边揉着睡眼惺忪的眼睛，一边牵着李雅卿的手，跌跌撞撞地跟着李雅卿回家。一路上，雅卿情不自禁地哼着剧中的唱段，到家后李雅卿照顾两个孩子睡下，自己仍沉浸在剧中人物的悲欢离合中，为剧中人物的命运唏嘘不已。

凯卿常常用土法子替孩子们治病。一次，季霞风寒感冒，郑凯卿煮碗红糖生姜汤治感冒。他对女儿说，生姜是一种多年生草本植物，幼时"脚"（根茎）穿着黄褐色的"鞋"，"身"披针形叶的衣服，"头"戴穗状花，成熟后是人们烹饪常用的调味品，而且还有药用价值。早年凯卿在文华大学当厨师时，时常用红糖生姜汤为学生们治感冒。他告诫女儿，挑选生姜有讲究，烂姜绝对不能用，烂姜产生"黄樟素"具有很强的毒性，会对肝脏造成很大的危害。

凯卿要家人每年的清明节都要吃野菜，清明节前，李雅卿都要做较长时间的准备。她要带领孩子们到湖塘边挖野藕，捡野鸭蛋，到田地边采地米菜、马齿苋，到山坡上摘野板栗，到树林里潮湿的地方捡地衣菜，挖地梨。孩子们很乐意帮母亲做这些事，他们把野菜、野果采摘回来、清洗干净，有序地放好。

清明节，凯卿和雅卿早早起床，他们将野藕擦成泥状炸成藕丸子，再带上野鸭蛋炒枸杞、地米菜炒地梨、莴苣炒藕带、凉拌马齿苋等菜，以及自家酿造的米酒、荞麦馍馍，两人带着孩子们来到亲人的墓地，在墓前摆上供品祭奠亲人。清明时节，凯卿还会专程到施洋和黄负生烈士墓地扫墓，陪同前往的孩子非常虔诚，下跪磕头，鞠躬行礼，祭奠完毕，选一块平坦的地方，摆上野菜，一家人围坐在一起，一边吃着野菜，一边听凯卿回忆过去岁月的往事。

痛失爱妻

从 1959 年下半年开始到 1961 年，由于缺少粮食，人们经历了长达三年的自然灾害时期，有些家庭的老人省吃俭用，自己饿着肚子，省下粮食给年轻人，因此长期营养不良引发疾病。一天中午，邻居陈奶奶的孙子小旺跑来找郑凯卿，“郑爷爷，不好了，我奶奶摔倒了。”郑凯卿和李雅卿闻讯赶快来到陈奶奶家，郑凯卿看她脸色苍白，知道她是营养不良造成贫血。原来，陈奶奶想照顾干体力活的儿子、媳妇，让他们多吃一点，自己长时间不吃饱，结果头晕眼花，摔倒在地上不能起来。郑凯卿对妻子说：“把我们家的红薯拿些来吧。”李雅卿回到家，把蒸好的红薯送到陈奶奶家，还送去一些生红薯。

这些红薯是郑凯卿夫妇去潜江农场三儿子郑邦才家带回来的。此后，郑凯卿夫妇去农场的次数更多了，他神秘地对妻子说，我们去农场可以搬“救兵”。雅卿惊奇地问：“搬什么救兵？”郑凯卿笑呵呵地回答：当然是去搬“红薯救兵”啊。前一段时间，他们把儿子送的红薯、南瓜和蔬菜分别送给了左邻右舍，已经再也没有什么东西可以救助那些时常断餐的老人和孩子们了。

“农场的红薯质量好，价钱便宜，我们多买一些回武汉送给大家。”郑凯卿对妻子说道。儿子、媳妇听爸妈说是送给邻居的，他们主动出钱，孙子们也拿出了自己的储蓄罐捐钱，买了好几箩筐红薯和南瓜。儿媳何明璧勤俭持家，她将自己腌制的咸菜和晒制的豇豆、扁豆等干菜，装了好几袋子送给父母。郑凯卿和妻子带着这些食品以及一些红薯藤子和蔬菜种子，由农场的司机用汽车将他们送回家，郑凯卿带回的这些“救兵”帮助了那些需要救助的邻居。

郑凯卿夫妇从潜江回到武汉后，在家的后院开了一块荒地，铲去草皮，捡掉石头、杂物，种上韭菜、茄子、南瓜，插上红薯藤，将土压实。在他们的精心侍弄下，红薯藤长出了新须根，藤蔓生长得很茂盛。女儿季霞着急地问父亲，地底下的红薯是不是长大了？郑凯卿总是笑嘻嘻地说：快了，快了，不久就能挖红薯了。邻居们看见郑凯卿夫妇开荒种红薯和蔬菜，也学着开荒地，种上蔬菜和红薯渡难关。

为改善苦日子，邻居黄婆婆常常与李雅卿相约，到武昌火车站或人多的地方去售卖自己编织的生活日用品和针头线脑来贴补家用。1959 年 12 月 2 日，黄婆婆来喊雅卿一同前往火车站。这天清晨，大雾弥漫，李雅卿刚起床不久，就听见黄婆婆在外面一边敲门，一边喊：“雅卿，准备好了吗，咱们走吧。”李雅卿赶紧推着郑凯卿给她做的两轮小推车，黄婆婆也推着她的小推车，两人在狭窄的小巷中缓缓行进，昏暗的街灯洒下微弱的光，随着车轮的转动，车轴发出吱吱嘎嘎的响声。李雅卿的推车上挂满了虎头帽、猫猫鞋、小肚兜等生活服饰用品，那些都是李雅卿自己刺绣的。黄婆婆的推车上放满了针头线脑、各式各样的纽扣，她们推着车向武昌火车站方向走去。

从家里出发到火车站，她们如果走大路需要走很远，于是，两位老人选择了一条去火车站比较近的小路。而这条小路路面凸凹不平，推着小车十分吃力，她们小心翼翼地选择着平坦的路面，避免车轮被石缝隙卡住。两人一前一后，推着小推车来到一个小路与铁路的交叉路口，要经过铁路到小路的另一边去，必须上一个小坡。上坡时，李雅卿推车感觉很吃力，她便转过身去，将推车转到身后，拉着车子走，用力将车子拉上铁轨，来到小路的另一边。她走了一会儿，发现黄婆婆还没跟上来，便停下来，手扶着车把，喘着气站在那里回头看。雾气越来越大，李雅卿站在浓雾中向铁轨方向张望着，这时她隐隐约约听到有火车行驶时发出的“轰隆轰隆”的响声。她着急起来：黄婆婆年长，耳朵又聋，这万一有个三长两短的……

李雅卿不敢多想，放下推车，回头赶紧向铁路跑去。李雅卿由于转身太急，脚被车把手绊了一下，重重地摔在石碴上，她顾不上膝盖流出的血，忍着伤痛，跛着脚，一蹶一蹶地往铁路跑，她看到黄婆婆的推车左边车轮被卡在石缝里，车子向一边倾斜着。黄婆婆的腰弯得像一把弓，憋足了劲，拼命想把车子拉出来，但是车子只是晃荡着，就是拉不出来。

李雅卿听到火车的轰隆声越来越大，便大声喊道："黄婆婆，火车来了，快跑呀！"黄婆婆由于耳聋，没有听到李雅卿的喊话和火车的声音，仍然埋头弯腰，拼命拉车。李雅卿看此情景，更加着急，她一边向黄婆婆那边跑，一边喊着："火车来了，你快离开呀！"这时，黄婆婆感觉到了铁轨的震动，意识到有火车要来，但是，她依旧固执地想把车子拉出来，因为那个推车和车上的物品是她和家人赖以生存的生活资料，损失了推车和物品，就意味着一家人要饿肚子，所以她不甘心，拼命想把车子拉出来。李雅卿来到路口，想把黄婆婆拉过来，但是黄婆婆死命拉住车把不松手，无奈之下，李雅卿只有绕到黄婆婆的推车后边，帮忙拼命推车。

火车离路口越来越近了，火车司机发现路口上有人，启动了紧急制动，车轮停止了转动，车轮在铁轨上摩擦，发出尖锐的声音。车辆在惯性的作用下，向路口冲了过来，这时，李雅卿用力推了一把黄婆婆，黄婆婆一个趔趄，越过铁轨跌倒在路旁。火车滑过路口……黄婆婆回头望时，李雅卿已被火车撞伤，倒在血泊之中。黄婆婆吓坏了，她扑到李雅卿身边，大声哭喊着：雅卿，雅卿啊，都是我不好，我不该要车子的呀。李雅卿依偎在黄婆婆怀里，靠着黄婆婆的肩膀，吃力地问道："你还好吧，你没事就好！"李雅卿因伤势过重，失血过多，抢救无效去世了。

李雅卿为救邻居黄婆婆献出了自己宝贵的生命，她永远地走了，永远。雅卿受苦一辈子，好日子才刚开始，郑凯卿感到前所未有的悲恸，那种穿透骨髓的悲伤，使他无法承受。他和妻子共同生活的岁月里，两人相敬如宾，相濡以沫。他们既是生活伴侣，又是革命战友。从创立武汉中国共产党早期组织、掀起工人运动高潮到经历二七风暴的惊涛骇浪、抗日救亡图存运动和川东艰苦岁月，郑凯卿和李雅卿人生的黄金时代，重合了中华民族最艰难、动荡的岁月，也是他们激情燃烧的岁月。他们虽然很平凡，历史的风雨可以改变他们命运的方向，却不能改变他们的信仰。在新中国成立前那些腥风血雨的危险年代，李雅卿支持丈夫闹革命，保护丈夫和丈夫的战友度危难，为掩护郑凯卿和林育南，雅卿机智地用“调虎离山计”把军警引开，她与不法米商斗争，为游击队筹集粮食，被关进警察局毫不畏惧……他们忠贞不渝的爱，经历了战斗的洗礼，炮火的考验，令人敬仰。

李雅卿是一个无私善良、勇敢坚强的人，心里总是想着别人，唯独没有她自己，她在生命的最后一刻，舍身为人，感天动地。痛失爱妻，给郑凯卿带来巨大的打击，使他陷入极度的孤独和痛苦之中，看到雅卿用过的物品，路过雅卿去过的公园，听到雅卿喜爱的戏曲……郑凯卿总忍不住举目四望，静静地感受妻子的气息，在他的生命里，妻子是温暖的来源。然而，他睹物思人，随时随地又陷入悲伤，漫漫时光真是难熬。他常常暗自落泪，难以从思念中自拔，健康状况欠佳的郑凯卿身体更加衰弱了。

最后岁月

李雅卿去世后，郑凯卿由小女儿季霞照顾。郑凯卿是孤儿，早年失去父母，所以他对子女十分疼爱，此前买菜买米、买煤买柴，做煤球、劈木柴这些大大小小的事他都是事必躬亲，不要子女们插手。现在，女儿季霞都不要他再做，细心照顾他的饮食起居。凯卿一辈子都是由雅卿照顾，吃惯了妻子做的硬爽米饭、米粉子和各种蒸菜。女儿季霞就仿照母亲的做法，为父亲做硬爽米饭和一种特殊的米粉。这种特殊的米粉是将糯米、麦粒洗净，沥干，放在锅里用小火慢慢炒，使之变成焦黄色，盛起来摊凉，用石磨磨成粉子，再把买回的猪筒子骨砸断，把筒子骨煮熟，并从筒子骨里倒出柔软的像油似的骨髓，在炒锅里用小火熬，再把粉子与骨髓放在一起拌均匀，放在坛子里。吃的时候，用开水冲成糊状，想吃甜的加点糖；想吃咸的加点盐，非常方便。季霞用米粉烹调出各种香酥糯软的蒸菜，粉蒸鱼、粉蒸肉、粉蒸茄子、粉蒸莲藕都非常好吃。郑凯卿喜欢吃南瓜饼，他们将自己种的老南瓜切块蒸熟后去皮，用锅铲将南瓜压碎，加上盐葱姜蒜，用米粉调成糊状，用手掌按压成圆饼，然后用少许油在锅里炕熟。南瓜饼酥脆香甜，非常好吃。郑凯卿吃着女儿做的这些美食，觉得非常幸福。

在女儿无微不至的照顾下，郑凯卿的身体健康状况稍有好转，悲伤的心情渐渐得到缓解，他还为女儿、外孙亲自下厨做白菜骨头汤，这着实让女儿替父亲开心了好一阵子。晚年的郑凯卿挂念命运多舛的哑妹，多次嘱咐女儿季霞寻找失散多年的哑姑姑，哑姑姑最喜欢喝白菜骨头汤。郑凯卿看到白菜骨头汤就想起了哑妹，他多么希望在有生之年能够见上哑妹一面。然而，直到他离开人世，他的哑妹也没有消息。

春暖花开，郑凯卿拄着拐杖，在女儿季霞的搀扶下，来到他和妻子开荒的地方，他指导女儿、外孙给红薯松土、浇水、上肥、除草、捉虫。夏天蔬菜疯长，绿油油的丝瓜，披紫衣的茄子，黄灿灿圆滚滚的南瓜，五彩缤纷，点缀着菜园子。秋天地里结出了累累硕果，红薯藤匍匐在地上，叶子和须根铺满地面，茂盛极了。郑凯卿对女儿说，现在地下的红薯是真的长大了，成熟了，他带着女儿和外孙在地里挖红薯，一家人弄得灰头土脸的。郑凯卿看到地上一大窝、一大窝的红薯，脸上流露出久违的笑容。

1962 年，74 岁高龄的郑凯卿因在战争年代留下的病痛使他时常咯血，身体远不如从前。但只要与他谈到过去那段艰苦卓绝的战斗岁月，他总是流露出饱满浓郁的豪情，精神倍增。为了他的健康，在潜江总口农场医院工作的小儿子郑邦才，将父亲接到农场家中疗养。

郑邦才早年毕业于革命大学，他先在荆门国营五三农场当医生，后来调到潜江总口农场医院工作，他勤奋学习、刻苦钻研，作为技术专家担任放射科主任。儿媳何明璧在医院服务部工作。季霞想着父亲要离开武汉到潜江，心中虽多有不舍，但是考虑父亲能得到更好的医疗和照顾，只得勉强同意了。郑凯卿在潜江度过了他晚年最后的岁月。

潜江地处美丽富饶的江汉平原腹地。潜江县以境内潜水而得名，是一座与水密不可分的城市。潜江有新中国成立后在江汉平原兴建的第一个大型水利工程——荆江分洪工程，潜江属于荆江分洪工程中的一个重要区域。郑凯卿很早就想去看看这个伟大的工程。新中国成立前洪水肆虐，吞噬着人们的生命、毁坏美丽的家园。因为苦于水患，每年洪汛时人们都提心吊胆过日子。新中国成立后，在全国人民的支援下，建成荆江分洪工程。郑凯卿到潜江后去了章华台，亲眼看见荆江分洪宏伟的工程，望着奔流不息的潜水，他想起年幼时家乡发大水逃难的经历，思绪万千，他说：只有在中国共产党的领导下，人民政府为人民谋利益，才能治理荆江，平波安澜，化险为夷，以人定胜天的英雄气概，消除江汉平原的水患，让人民过上安居乐业的生活。

郑凯卿在潜江袁桥、梅家嘴等地，寻访了中国共产党创始人之一、中共一大代表李汉俊，辛亥革命先驱李书诚，辛亥革命武昌首义革命团体“日知会”总干事刘静庵等人的故居。在这里他怀念已故战友，回忆当年与董必武、陈潭秋、李汉俊等人在建党初期组织学生、工人共同战斗的情形，以及与刘静庵、余日章进行“日知会”活动的经历。他总是说，中国革命是从漫漫征途中一步步走过来的，共产党是我们心中的灯塔，指引我们前进的方向。

郑凯卿在潜江的日子是清贫的，也是幸福的。儿子郑邦才、儿媳何明璧对父亲照顾周全，儿媳妇每次做好了饭菜，就让孙女文珍给爷爷送去。有时，儿媳妇给他盛的饭菜多了一些，郑凯卿没有吃完，准备留到下一顿再吃，孙女文珍知道后偷偷拿走，不让他吃剩菜饭，爷爷告诫孙女不能浪费粮食，要勤俭节约过生活。孙女文珍回忆道，她印象最深的是，爷爷爱看书，有时看着看着，就打起呼噜睡着了。爷爷有一本医书已经破旧发黄了，他却爱不释手，在书中有一张油印的红色歌单，他视同宝贝，歌单上印着一首歌，歌名叫《你是灯塔》。

1966 年秋天的一个周末，郑凯卿的大儿子郑邦文和双胞胎女儿季云、季霞从武汉到潜江探望父亲，郑凯卿非常高兴，他仔细询问孩子们的工作、生活情况，和他们谈理想，谈责任，谈人生价值。女儿帮父亲整理房间，为父亲剪脚指甲。那一天，郑凯卿的精神特别好，和孩子们谈了很长时间。

郑凯卿对子女要求很严格，教育孩子们要把个人的奋斗志向同国家的前途命运联系在一起，对党忠诚，做勤学、俭朴、有为之人。在他的教育、影响下，儿女们成长为人民教师和医务工作者，都在各自岗位上为祖国建设添砖加瓦。看到子女们不断进步、成长，郑凯卿感到欣慰。

孩子们回武汉前，郑凯卿和他们一起唱《你是灯塔》（歌名又叫《跟着共产党走》）。这首歌诞生于 1940 年 6 月，是在中国的抗日战争最艰苦的阶段诞生的歌曲，鼓舞了郑凯卿等无数共产党人跟着党走向胜利。武汉解放前夕，郑凯卿将这首歌印出来发给陈裕玲、肖淑芳、景良才、邓瑞龙等进步学生，很快在学生中流行传唱。

78 岁的郑凯卿在孩子们的伴唱下，再次唱响："你是灯塔，照耀着黎明前的海洋；你是舵手，掌握着航行的方向。年轻的中国共产党，你就是核心，你就是方向。我们永远跟着你走，人类一定解放；我们永远跟着你走，人类一定解放！"他用歌声表达对党无限热爱的深厚情感。

1966 年 11 月 15 日，郑凯卿躺在床上看书，看着看着就睡着了。"爷爷，爷爷，快醒醒，该吃饭了"，孙女走到郑凯卿床边，看到爷爷常看的医书掉在床下边，俯身帮他捡起来，轻轻地放在枕头边。同时捡起来的还有那张印有《你是灯塔》的红色歌单。

一缕冬阳从窗帘缝隙里射进房间，照在郑凯卿慈祥的脸上。郑凯卿被孙女文珍的叫声唤醒，他揉了揉眼睛，发现自己仍然躺在床上，原来刚才又是在做梦啊。他梦见大雪纷飞，雪花像一坨一坨飘落的棉絮，慢慢腾腾地落下来，树变白了，屋顶变白了，整个大地银装素裹，晶莹剔透。恍惚间，伴随着音乐和钟声，他看到妻子笑盈盈地从远处走来，他迎了上去，轻轻地抚摸着妻子的脸庞，夫妻两人在风雪中再次遇见，"久别重逢"已是雪发苍颜，他们热泪盈眶，手挽着手，相拥着从齐腿深的雪道中走过，恍若置身于美丽的童话世界……

郑凯卿向身边的亲人缓缓叙述他梦中的情景，眼里闪着柔柔的淡淡的光。转瞬不长时间，他的心脏停止了跳动，安然辞世，享年 79 岁。一代英杰郑凯卿，走完了他生命的最后时光。

郑凯卿是中国共产党第一位工人党员，是武汉共产党组织的创始成员。他的一生是革命的一生，战斗的一生，光荣的一生。他的逝世，是我们党的损失，给他的亲人和朋友带来巨大的悲痛，女儿季霞无限悲伤，她跪倒在地上撕心裂肺地恸哭，父亲走了，留下了永恒的怀念。

……

郑凯卿离世后，子女们将父亲郑凯卿的遗物和照片捐献给了国家。为此，武汉市文物管理处于 1983 年 12 月特地颁发奖状："你们将珍藏的武汉共产主义小组成员郑凯卿同志的遗物和照片捐献国家，特发奖状，以资纪念。"

1984 年，武汉市文物管理处拨专款在四季鲜花盛开的武昌石门峰，为郑凯卿建墓竖碑，供人们凭吊瞻仰。碑文记录了郑凯卿革命的一生："郑凯卿（1888—1966）早在 1920 年初，在《新青年》上发表调查《武昌五局工人状况》，他与董必武等七人创建了湖北武汉第一个共产党支部。入党后，他积极投身工人运动，参与组建了武汉地区各厂矿工会、工团联合会及社会主义青年团；创办工人夜校，宣传共产主义；1921 年冬领导汉口人力车工人大罢工；1923 年春参与领导支援京汉铁路工人大罢工；抗战时期在鄂西、川东领导支援工人抗日运动。胜利后在武昌童师领导学生开展反饥饿、反内战、反迫害斗争，鼓励青年参加革命，投奔解放区。他知医道，懂烹饪，也会泥塑、篾、藤、木工，常以此作掩护为革命工作。他的夫人李雅卿在他的指导下，做过许多掩护革命和妇女运动工作。"

在荆楚名人文化公园纪念墙上，镌刻着董必武、陈潭秋、郑凯卿、施洋、恽代英……革命先辈的英名，记录了他们为中国人民解放事业而奋斗的足迹，他们的品格高山敬仰，精神长留人间。

《光明日报》刊登关于郑凯卿的文章

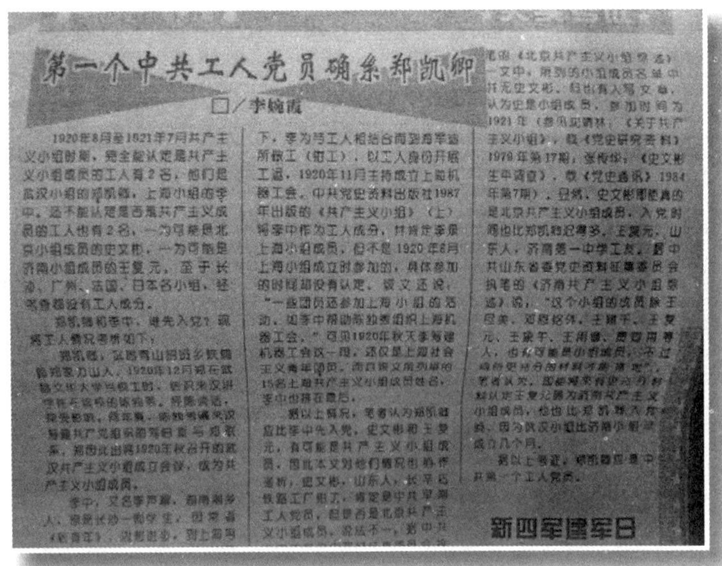

第一个中共工人党员确系郑凯卿

□/李婉霞

1920年8月至1921年7月共产主义小组时期，完全能认定是共产主义小组成员的工人有2名，他们是武汉小组的郑凯卿，上海小组的李中。还不能认定是否是共产主义成员的工人也有2名，一为可能是北京小组成员的史文彬，一为可能是济南小组成员的王复元。至于长沙、广州、法国、日本各小组，经考查都没有工人成分。

郑凯卿和李中，谁先入党？现将二人情况考析如下：

郑凯卿，[illegible]人，1920年12月前在武昌文华大学当校工时，[illegible]，成为共产主义小组成员。

李中，又名李声澥，湖南湘乡人，原是长沙一师学生，因常看《新青年》，觉悟甚快，到上海后，李为与工人相结合而到海军造船所做工（钳工），以工人身份开展工运，1920年11月主持成立上海机器工会。中共党史资料出版社1987年出版的《共产主义小组》（上）将李中作为工人成分，并肯定李是上海小组成员，但不是1920年8月上海小组成立时参加的，具体参加的时间却没有认定。该文还说：“一些团员还参加上海小组的活动，如李中帮助陈独秀组织上海机器工会。”可见1920年秋天李筹建机器工会这一段，还仅是上海社会主义青年团员。而且该文所列举的15名上海共产主义小组成员姓名，李中也排在最后。

据以上情况，笔者认为郑凯卿应比李中先入党。史文彬和王复元，有可能是共产主义小组成员，因此本文对他们情况也略作简析。史文彬，山东人，长辛店铁路工厂钳工，肯定是中共早期工人党员，但是否是北京共产主义小组成员，说法不一。若中共[illegible]笔的《北京共产主义小组综述》一文中，所列的小组成员名单中并无史文彬。但也有人写文章，认为史是小组成员，参加时间为1921年（参见沈鹏林：《关于共产主义小组》，载《党史研究资料》1979年第17期；张传华：《史文彬生平调查》，载《党史通讯》1984年第7期）。显然，史文彬即使真的是北京共产主义小组成员，入党时间也比郑凯卿迟得多。王复元，山东人，济南第一中学工友。据中共山东省委党史资料征集委员会执笔的《济南共产主义小组综述》说，“这个小组的成员除王尽美、邓恩铭外，王翔千、王复元、王象午、王用章、贾乃甫等人，也有可能是小组成员，不过确切史料尚待进一步考证”。笔者认为，即使将来有史料能够认定王复元是济南共产主义小组成员，他也比郑凯卿入党晚，因为武汉小组比济南小组早成立几个月。

据以上考证，郑凯卿应是中共第一个工人党员。

新四军建军日

1996年,《武汉党史》刊登了党史专家李婉霞写的《第一个中共工人党员确系郑凯卿》

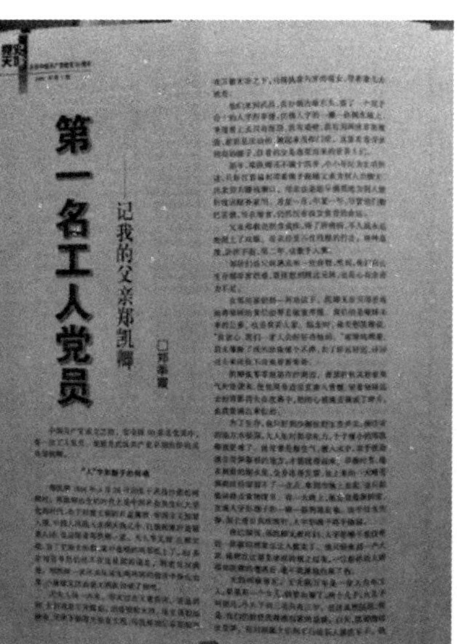
第一名工人党员
——记我的父亲郑凯卿
□郑季霞

纪念建党80周年《党史天地》载：“第一名工人党员——记我的父亲郑凯卿”

2004 年武汉出版社出版的《青山史话》

楚天广播电台大型系列广播“历史不会忘记”今天播出第六十八篇

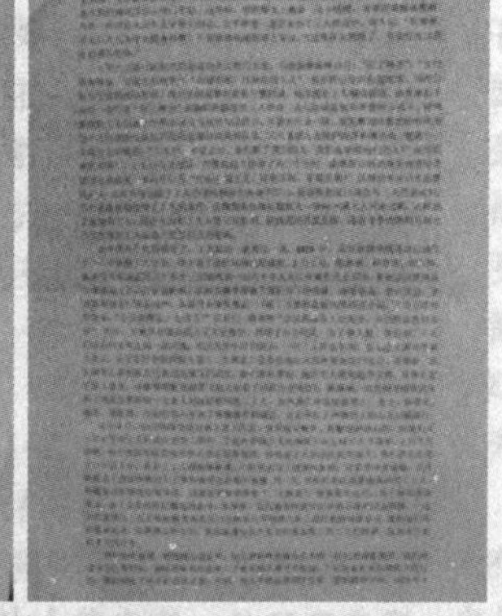

楚天广播电台《历史不会忘记》第 68 篇：中共最早的工人党员

1986年4月25日 星期五 第四版　　湖北日报

做好党员分散情况下……

纪检工作

我省第一位工人出身的党员——郑凯卿

赞「不提意见就不够同志」

1986年4月25日《湖北日报》刊登《我省第一位工人出身的党员——郑凯卿》

2011年4月19日《楚天都市报》专版介绍郑凯卿革命事迹

2017年《武汉工运》连载《郑凯卿的革命生涯》

2021年第5期《武汉宣传》载《中国共产党第一位工人党员——郑凯卿》

后 记

当我写完《我的父亲郑凯卿》的最后一个字，搁笔倚窗，望远空一行大雁飞翔在北归的路途上，不论多么遥远，它们要回到最初起飞的地方，不改初心，不悔征程万里。我的写作犹如大雁北归，虽年岁已高，但初心不改，历时数十载，矢志不渝，现在终于实现我多年的愿望。

我之所以孜孜不倦地写这本关于我父亲的书，是因为父亲和父亲的战友们为中国人民解放事业英勇斗争的精神，无时无刻不在感动着我，激励着我。他们在我心中是巍巍昆仑，是浩瀚大海，是宏伟星辰。同时也是因为我陪伴我的父母一起生活了很长时间，和他们有许许多多在思想和感情上的交流与沟通。这段共同生活经历对我的影响很大，它指引了我的人生航向。于是，怀着对父亲的崇高敬意，将父亲生前讲述的往事以及我搜集到的令我难忘的史实整理记录成书。这本书倾注了我满腔心血和澎湃情感，我希望它能对党史研究、青少年教育有所裨益，让我们的后代了解并铭记老一辈无产阶级革命家为民族独立解放、人民自由幸福而英勇奋斗的崇高品质。知史以明志，知史而毅勇，知史而前行。

由于战争年代许多历史资料未能保存下来，加上父亲讲述的许多历史事件，在其生前我未能及时追问细节，我为无法用我笨拙的笔很好地表达和呈现父亲丰富的革命经验和传奇的人生经历而感到莫大的遗憾。写作中，我的双胞胎姐姐郑季云，侄子戴格

晚年的郑季霞

非给予我有力支持帮助。然由于资料不全等因素，书中难免存在疏漏，在此恳请读者予以指正。

父母亲离世虽有半个多世纪了，但我对他们的怀念之情并未因时间的流逝而淡去。为缅怀父母，我将父母20世纪50年代的合影照片挂在我的房间，照片旁是一幅红梅凌霜傲雪的画。画中一株苍劲的红梅挺立在漫天飘洒的飞雪中，红梅是父母高洁品质的象征。每当我看到照片，父母亲的音容笑貌就会在我脑海中鲜活起来。我年幼时体弱多病，抗战时期随父母在川东，父亲工作忙，母亲带着我们，生活十分艰难，6岁那年我患上痢疾，由于未及时治疗，生命垂危，眼巴巴地盼着父亲回家。我清楚地记得，父亲回家后立即背着我连夜赶往云阳县医院。我趴在父亲宽厚的脊背上，感到无比温暖和踏实，疾病给我带来的痛楚也减轻了许多。每每想起我慈爱的父亲，我都禁不住泪流满面。

父亲深爱着我们兄弟姐妹，旧时代女孩子读书的不多，父亲坚持送我们姊妹去学校念书。在那颠沛流离的岁月里，从湖北宜昌、四川万县到云阳，间断地上学，虽然经济窘迫，也从没有放弃。新中国成立后，我成为光荣的人民教师，父亲教导我对党忠诚，顽强努力，迎难而上，做勤学、俭朴、有为之人，为祖国和人民贡献力量，这让我终身践行而永志不忘。父亲对我们兄弟姐妹要求非常严格，他的言传身教和循循教导，让我们在其潜移默化中受到他思想品德的熏陶。

初春时节，我来到武昌石门峰父亲的墓地，向父亲鞠躬致敬，向他汇报我写的书完稿了。在父亲墓前，我想，无数革命先烈为了建立新中国，为了今天的幸福生活，抛头颅、洒热血，没有留下一个字的碑文，没有留下一个字的档案，甚至连名字都没有留下，他们是永远值得我们追思和缅怀的。在父亲墓前，我的脑子里又响起父亲最喜爱的歌《你是灯塔》——“你是灯塔，照耀着黎明前的海洋；你是舵手，掌握着航行的方向。年轻的中国共产党，你就是核心，你就是方向。我们永远跟着你走，人类一定解放！”我告慰长眠大地的父亲和先烈们，中国共产党带领中国人民创造了人类发展史上的伟大奇迹，中华民族迎来了从站起来、富起来到强起来的伟大飞跃。

敬爱的父亲，我们一定听您的话，跟党走，不忘初心，继续前进。您是党的人，党是您的灯塔，您是我们的灯塔。

2019 年春